이상한 나라의
평범한 심리상담소

이상한 나라의 **평범한 심리상담소**

이원이 지음

오래도록 무용한 것들을 사랑해온 그녀, 상담사 이원이 박사. 어떤 실용주의자들의 눈에 아름다움이란 한갓 무용한 것에 지나지 않는다. 하지만 모든 아름다운 것은 무용한 데서 비롯된다. 꽃, 하늘, 바람, 태양, 음악, 그리고 눈동자. 그녀는 아름다운 눈동자를 지녔다. 그녀의 눈은 너무나 많은 이야기와 눈물과 웃음과 한숨, 그리고 꿈을 담았다. 그녀는 이제 그것을 그녀 자신의 마음만이 기억하고 있는 비밀스러운 곳에서 꺼내, 세상을 향해 소리를 내고자 종이 위로 옮겨 담는다.

그녀의 눈동자를 한 번이라도 조용히 바라본 적이 있는 사람이라면 지면으로 흘러나올 이야기들의 숨소리와 한숨과 같은 슬픈 희망,

그럼에도 분연히 일어나고자 하는 어떤 생명력을 느낄 수 있을 것이다. 정서적 후각이 발달한 사람이라면 꾹꾹 눌러 새겨진 활자 사이로 퍼져나가는 꽃내음을 느낄지 모른다.

그녀의 책이 완성되면 나는 곧바로 지인들에게 선물할 것이다. 사람들은 책을 읽으며 생각할 것이다. '아, 상담사 선생님을 글로만 만났는데도 마음이 따뜻해져요.'

어느 봄,
미상의 비평가

"당신의 눈동자에 건배, 꼬맹이 아가씨(Here's looking at you, kid)."

_영화 <카사블랑카>

　유치원 졸업발표회 날이었다. 같이 졸업하는 한 남자아이의 엄마와 눈이 마주쳤다. 커트머리를 한 친구 엄마의 세련된 옷차림과 고급스러운 목걸이시계가 눈길을 끌었다. 내 호기심 어린 눈길을 눈치 챈 친구 엄마는 씩 웃으며 목걸이시계의 뚜껑을 열어 보여주셨다. 꼭 그분을 다시 보려고 시선을 돌린 건 아니었는데 자꾸 그분과 눈이 마주쳤다. 눈이 마주치기만 하면 그녀는 미소 지으며 시계 뚜껑을 열어 보여주셨다. 한 번, 두 번, 세 번이 넘어가자 왠지 부끄럽고 미안한 마음마저 들었다. 그럼에도 그녀는 눈이 마주칠 때마다 부드럽게 웃으며 시계 뚜껑을 열었다.

꼬맹이였던 시절부터 나이가 한참 먹은 지금까지 이렇듯 주변에 많은 분이 내 작은 눈동자에 건배해주었다. 그래서 내 지난날은 사랑과 걱정, 응원의 눈동자들로 가득하다. 특히 마음이 힘들었던 10대 시절에 받은 뜨거운 사랑의 건배는 내 마음을 흔들었다. 나와 친구들의 시답잖은 우스갯소리에도 큰소리로 웃어주던 눈동자, 언제 찾아가도 반갑게 맞아주던 선생님들의 눈동자, 무언가에 버벅거리고 힘들어 할 때마다 옆에서 차분히 기다려주며 응원을 건네던 눈동자…. 언제까지나 이 눈동자들을 간직하고 싶었다. 그러기 위한 가장 좋은 방법은 그 따스함을 매일 떠올리며 흉내 내는 것이었다.

나는 어린 중학생 때부터 어른이 되면 상담사가 되어 다른 사람의 이야기를 들어주고 박수 쳐주겠다는 결심을 했다. 내가 어른이 되면 상담으로 먹고 살 수 있을 만큼 멋진 상담사가 되어 매일 구슬땀을 흘리고, 나만의 상담 빌딩도 생기고, 수많은 사람의 고민을 들어주며 하루하루 바쁘게 보내는 상상을 했다.

대학교를 졸업하고 근무한 한 실업계 고등학교에서 나는 다시 한 번 나의 삶이, 나의 인생이 어떻게 쓰이길 바라는지 확실히 깨달았다. 학교에서 나는 '무엇을 상상하든 상상 그 이상'의 일들을 겪었다. 그만큼 사건사고가 끊이질 않았다. 열악한 교육환경 속에서 나는 내가 살고 싶은 삶을 명료히 정리할 수 있었다.

'청소년들과 그들의 미래인 청년들, 그리고 그들을 키우고 가르치는 어른들에게 힘이 되는 삶을 살겠다.'

재즈 연주가 마일스 데이비스는 말한다.

"재즈에서 틀린 음이라는 건 없다. 음들이 틀린 장소에 있을 뿐이지. 연주하는 그 음이 틀린 게 아니라, 그다음에 오는 음이 그게 옳았느냐 그르냐를 결정하는 것이다."

오늘을 열심히 살았고, 내일을 살아내야 할 내담자들에게 나는 이렇게 이야기하곤 한다. 당신은 틀린 사람이 아니다. 오늘 하루의 음악을 만들어내고 연주한 것이라고. 이번 생은 망했다고들 하지만 망한 적이 없고, 오늘 하루를 망친 것도 아니라고. 내일의 음이 또 당신을 다음 마디로 끌고 갈 것이라고 말한다. 모든 것이 막막하게 느껴지는 청소년 시절에는, 그리고 진로, 취업, 연애, 결혼 문제 등으로 전전긍긍하는 청년 시절에는 삶과 시간의 소중함을 무심코 놓쳐버리기 쉽다. 그저 나이가 조금씩 들수록 지난 시간이 자꾸만 더 빛나는 기억으로 떠오르고 돌아볼수록 더 따뜻하게 느껴지리라.

교육 일선에서 교사로서 아이들의 마음을 돌보고 치유하는 데 어려움을 느낀 나는 근무하던 학교에 사표를 쓰고 대학원에 진학해 본격적으로 상담 공부를 시작했다. 상담사가 되어 보다 직접적으로 어려운 이들의 마음을 보듬고 싶었다. 학위를 마친 뒤에는 삼성그룹 생활문화센터에서 근무했다. 회사에서의 상담은 내게 많은 것을 가르쳐줬다. 바쁜 업무를 하면서도 자신의 삶에서 가장 중요한 것을 놓치지 않으려고, 혹은 가장 중요한 것이 무엇인지 답을 얻으려고 상담소 문을 두드리는 임직원들과 마주할 때면 마음속에서 존경심이 올라왔다. 퇴사를 하고 문을 연 상담소에서 상담을 하면서도 이런 감동은 계속 일어나곤 했다.

내담자들과 마주하고 그들의 삶을 향한 생명력과 의지에 대해 내가 느끼는 것을 전하는 그 순간, 나는 내담자와 함께 춤을 추는 기분이었다. 그렇다. 상담은 상담사와 내담자가 함께 추는 춤이다. 무슨 말을 해야 할지, 어떻게 하루를 보내야 할지 막막한 내담자에게 상담사가 한 스텝, 한 스텝 리드하면서 상담은 시작된다. 혹은 내담자가 추고 싶어 하는 리듬에 나도 몸을 맡기며 따라가보기도 한다. 힘을 뺄수록 몸이 가벼워지고 함께 추는 춤이 재밌어진다. 힘을 뺀다는 것은 서로를 믿을 때 가능하다. 믿는 만큼 상담이 재밌고, 춤이 늘면서 삶도 가벼워지고 자유로움을 느끼게 된다.

완벽한 댄서로 거듭나서가 아니라 함께 추는 춤의 맛을 알게 되어서 춤이 즐거워진다. 우리는 여전히 미완의 존재지만 서로를 조금씩 더 신뢰하고 믿고 몸을 맡김으로써, 출중하지 않아도 즐겁고 행복할 수 있다는 걸 깨닫는다. 그리고 더 나아가 나 자신을 신뢰할 수 있게 된다.

한번은 내담자 고유님께서 상담을 시작하며 나에게 이런 부탁을 했다. "어디로 갈지 미리 정해놓고 그곳으로 저를 끌고 가지 말아주세요"라고. 그 한마디에는 고유님의 진심이 담겨 있었다. 나도 진심을 담아 대답했다.

> "지금부터 저는 고유님과 함께 춤을 출 거예요. 어떤 춤을 추게 될지, 얼마만큼 추게 될지는 몰라요. 그냥 고유님과의 스텝에 몸을 맡길 거예요."

고유님은 그 말을 이해했고 믿었다. 나는 고유님이 아무리 마음속 깊은 곳에 앉아 있어도, 설사 또다시 깊은 곳에 웅크리고 숨는다 해도 나와 상담하는 순간만큼은 안정감과 깊은 신뢰를 느끼길 바랐다. '상담은 함께 춤을 추는 일'이라는 것을 내가 쓰고 있는 책의 서문에 적을 것이라고 했을 때, 고유님은 자신의 이야기를 적는 것을 허락해주셨다. '고유'라는 느낌 있는 가명도 함께 정했다. 그리고 "선생님 책에 제가 등장한다니 영광이에요"라는 말씀도 해주셨다. 고유님의 그 말이 참 따뜻하게 들렸고, 뭉클했고, 힘이 되었다.

첫 장에 등장하는 학교 이야기를 비롯해 과거의 인물들은 전부 가명이다. 이 밖에 나오는 내담자들의 이야기는 고유님과의 사례를 제외하고는 모두 각색한 것이다. 상담사로서 내담자의 내밀한 이야기를 책에 담을 수 없기에, 오랫동안 고민한 끝에 가상의 사례를 활용하기로 결심했다.

'평범한 상담소' 팟캐스트 방송은 이 책의 모티브가 된 콘텐츠다. 방송을 들은 편집자로부터 책을 써보지 않겠느냐는 연락을 받았기에 이 책도 시작될 수 있었다. 팟캐스트 방송은 이렇게 시작되었다. 삼성그룹 생활문화센터 상담소에서 함께 근무하던 혜원 씨가 어느 날 "선생님, 젊은 직원들과 만날 기회가 많지 않다면 청년을 위한 팟캐스트 방송을 해보시는 건 어떠세요?"라고 솔깃한 제안을 했다. 곧바로 그날 저녁부터 5명의 청년을 불러 팟캐스트 '평범한 상담소' 개국을 준비했다. 이후 수년간 거의 매주 방송을 녹음해서 올리고, 녹음과정을 따로 유튜브에 편집해서 올리기도 했다. 오리지널한 집단상담은 아니지만 청년들과 혹은 엄마들과 둘러앉아 '젊을 때 반드시 생각해봐야 할 질문과 답변' 등에 대해 자유롭게 이야기를 주고받았다. 이 밖에도 책, 여행, 드라마, 영화, 꿈 이야기를 나누며 또 다른 형식의 상담 방송을 이어갔다. 비록 청취자는 많지 않았지만 매번 녹음하는 순간이 즐거웠고 많은 질문과 답변이 마음속에 남았다. 이 시간을 빌어 귀한 시간을 내준 패널 백곰, 제리, 인수 등과 동일, 효빈, 원종 엔지니어, 그리고 응원과 후원을 해준 청취자들에게 진심으로 감사드린다.

한 명의 어린아이가 성장해 어른이 되고 상담사로 살아가는 동안 정말 많은 선생님이, 지인이, 그리고 가족이 사랑과 관심을 주었다. 지금까지도 그들의 사랑이, 다정한 눈동자가 내 마음속에 살아서 응원을 건넨다. 상담을 하면서 많은 내담자와 만났고, 팟캐스트와 유튜브를 통해 많은 청년과 이야기를 나눴고, 다양한 청취자들과 문자를 주고받았다. 글쓰기 프로그램을 운영하면서 글로써 참가자들 스스로 자신의 마음을 들여다보는 연습도 병행했다.

독자 중에도 마음이 힘들고 어려움에도 상담소에 갈지 말지 망설이는 분이 있을지 모른다. 상큼한 음료를 찾듯이 마음을 시원하게 할 무언가를 찾고 있다면 이 책으로 자신의 마음을 노크해보기 바란다. '자, 상담을 시작해보자!'라고 말이다. 평소 상담에서 무슨 말들이 오가는지 궁금했다면 이 책을 통해 살짝 힌트를 얻을 수 있을 것이다. 또한 많은 상담사가 상담사가 되기까지 달려온 인생 트랙이 얼마나 치열하고 진실되고 또 뜨거웠는지 조금이나마 대변할 수 있기를 바란다.

이 책을 읽는 동안 부디 삶 그리고 죽음과 투쟁하는 내담자들의 열정을 전달받길 바란다. 죽고 싶을 만큼 괴로워서, 그래서 죽으려고도 했고 포기하려고 했던 많은 내담자의 눈물과 한숨이 이 책에 담겨 있다. 우리네 인생에서 어떤 아픔에 대해 한 번에 해결할 수 있는 정답 같은 것은 없다. 그렇게 아프기까지 수없이 많은 상처와 좌절이 켜켜이 쌓여왔을 것이기 때문이다. 그것을 어떻게 몇 번, 몇 달 만에 아무것도 없었던 일처럼 만들 수 있겠는가? 다만 상처가 이해되고, 나 자신이 좀 더 이해될 때 한 걸음 더 앞으로 나아갈 용기를 얻는다. 상담이라는 치료과정을 통해 새로운 희망을 얻고 한 발짝, 두 발짝 내딛는 것이다.

지독하게 고독하기도, 고통스럽기도 한 여정을 상담사는 같이 가려 한다. 내담자는 상담사와 함께 지난한 그 길을 걷는다. 그렇게 살아내고 인고한 시간이 바로 자신의 아픔에 대한 정답이 된다. 그러니 이번 생은 망했다며 쉽게 삶을 포기하거나, 우울에 침잠해서 더 깊은 곳으로 내려가려거나, 죽음을 선택해서는 안 된다.

　나도 그간 받아온 사랑을 최대한 잘 흉내 내서 누나이자 언니로서, 나이 차이는 좀 나지만 다른 누군가와 그다지 다를 것 없는 한 사람의 어른으로서 마음속으로 전쟁을 치르는 청년들에게, 그리고 사랑하는 내담자들에게 생명의 에너지가 허락하는 그 순간까지 응원과 사랑을 전달하려 한다. 언제나 나를 일으켜주시고 눈물을 닦아준 나의 하나님께 사랑의 마음과 그것을 나누고자 하는 열정을 날마다 부여해달라고, 그리고 나와 만나는 내담자들이 부디 행복과 평안을 누리게 해달라고 기도 드린다. 글의 힘을 알려주셨던 아빠, 나를 자랑스러워하시는 고마운 엄마, 언제나 응원을 아끼지 않는 남편과 사랑하는 하원, 하준, 명재네 가족, 시부모님 등 가족과 친구, 지인, 그리고 함께해온 내담자들에게 깊은 감사를 드린다. 이 책을 읽는 여러분의 계절이 그 어느 해보다 편안하고 아름답게 빛나기를 바란다.

이원이

목차

3장 내가 나로 살아간다는 건

1장

첫날, 첫 교단, 첫 수업

출발선에
서다

　　　　　　　　　　　"넌 좋겠다" "왜?" "꼭 하고 싶은 게 있어서" 친구들은 나한테 그렇게 말하곤 했다. 그렇다. 나는 꼭 하고 싶은 일이 있었다. 일찍이 그랬다. 목표가 분명한 사람은 좀 다르다고 생각한다. 그 말은 꿈이 있어 대단하다는 게 아니라, 아직 그걸 못 이뤘기에 이루고 싶은 열정이 남아 있다는 뜻이다. 그 벅찬 기대 때문에 설렌다, 여전히.

　이렇게 적고 보니 엄청 대단한 게 아니어서 조금 민망하기도 하다. 그 설렘은 이런 것 때문에 일어난다. 어설픔, 감출 수 없는 본심, 무모함, 불안과 불안과는 한 끗 차이인 희망, 자존심과 기대감 사이의 묘한 긴장감. 이것들을 마주할 때 가슴이 뛴다. 이것들을 품은 젊음이 눈길을 사로잡는다. 오십이 넘은 나이. 내 친구들이 이 말을 들으면 킥킥 웃을지 모른다. "그래, 윈이가 아직 철이 안 들어서 그래" "네가 성숙하지 못해서 그래" "나이 드는 걸 받아들이지 못해서 그래" 등등 여러 말이 오갈 것이다. 그럼에도 여전히 20대를 추억하면, 더 나아가 10대까지 거슬러 올라가면 마음이 꽉 차오른다.

나의 상담소에 방문하는 이들 중 상당수가 청년이다. 상담을 하러 오는 청년들뿐만 아니라 상담소 주변에는 늘 청년들이 눈에 띈다. 근처에 야구장이 있고, 맛집과 오락시설이 많기 때문이다. 야구 경기가 있는 날에는 오후 4~5시부터 새우만둣집, 닭강정집에 청년들이 줄을 한참 길게 서 있다. 야구경기가 끝난 늦은 밤이면 좋아하는 선수의 등번호가 새겨진 옷을 걸친 청년들이 식당가로 쏟아져 들어온다. 길을 오가며 스치는 청년들에게 눈길이 간다. 그들 뒤에 있을 추억과 가슴 안의 뜨거움, 불안, 그리고 그들이 안고 갈 꿈, 실패, 성공과 같은 미래의 일들이 겹쳐 보인다. 그들은 참 많은 것을 품고 있다.

그런데 참 아이러니하게도 가장 많은 것을 가진 청년들은 대개 아무것도 갖고 있지 않다고 생각한다. 그들이 가진 것들은 너무 무겁고, 때로는 너무 뾰족해서 온 살과 마음을 쿡쿡 찌르기 때문이다. 눈에 보이지 않는다는 이유로 눈앞에 놓인 수많은 길과 기회를 쉽게 놓치곤 한다. 희망, 기대, 자신감, 용기 그런 건 남의 일이고 내 것은 아니라고 치부하면서. 그래서 자꾸 나도 모르게 마음속으로 되뇐다. 들리지도 않는 마음의 소리를 건네고 또 건넨다. 조금만 들여다보라고. 보이지 않더라도 귀를 기울여보라고.

물론 나 역시 마찬가지였다. 내가 20대일 때도 어디론가 열심히 걷긴 했는데 앞이 잘 안 보여서 자꾸 되돌아오고 걸어온 길을 되짚곤 했다. 하지만 내가 잘 알아듣지 못해도 내 마음은 늘 쉬지 않고 나에게 무언가를 속삭였다.

'네가 좋아하는 일을 해.'
'네가 하고 싶은 일이 있잖아.'

학부를 마칠 때쯤, 서울 시내에 있는 한 고등학교에 취업하게 되었다. 생각보다 빨리 찾아온 기회에 나는 정말 감사했다. 졸업을 앞두고 아이들을 만날 생각에 기뻤다. 그런데 입사가 예정된 학교로부터 뜻밖의 전화가 걸려왔다.

"기부금을 낼 수 있는지요?"

'기부금? 아, 정말 이런 게 있구나' 하고 나는 생각했다. 기부금을 낼 수는 없었다. 아마 감당하지 못할 만큼 큰돈일 테지만 그런 식으로 취업하고 싶진 않았다. 기부금을 지불하면서 첫 취업을 하면 앞으로도 계속 비싼 '취업등록금'을 내면서 살아야 할지도 모른다는 생각이 들었다. 그런 식으로 값비싼 교단에 서고 싶지 않았다. 부끄러운 마음으로 아이들과 마주하고 싶지 않았다.

상담사가 되어야겠다는 생각은 중학생 때부터 했지만, 훗날 유능한 상담사가 되기 위해서라도 지금은 일단 교단에서 학생들과 만나고 싶었다. 하지만 이 일을 겪으면서 내가 세상을 너무 모른다는 생각이 확 들었다. 그간 자신 있게 큰소리쳤던 말들, 바람과 달리 아직 내가 세상에 나설 준비가 안 된 상태라는 것을 실감했다.

그럼에도 포기하지 않았다. 그다음으로 노크한 곳은 경기도에 있는 모 실업계 여고였다. 9등급 중에서도 9등급의 학생이 가는 학교였다. 면접을 하신 교무부장 선생님께서 귀띔을 하셨다.

"선생님, 아마 견뎌내기가 쉽지는 않으실 거예요. 서울에서 온 선생님들은 대개 한 달을 못 버티고 그만 두시더라고요."

그 말을 듣는 순간 '내가 번지수를 잘 찾아왔구나!' 하는 생각을 했다. 그런데 당장이라도 출근하라고 할 것 같았던 면접 분위기와는 달리 최종 확정 연락이 금방 오지 않았다. 시간을 마냥 흘려보낼 수가 없어서 학교에 연락을 해보니 남자 교사와 나를 두고 최종 고심을 하고 있다고 했다. 학교에서는 아무래도 금방 관둘지 모르는 젊은 여교사가 내심 불안한 모양이었다. 처음 경험해본 누군가와의 직접적인 경쟁이었다. 한참의 저울질 끝에 학교는 나의 손을 들어줬다.

첫 출근날이 왔다. 점심시간쯤 오라는 전화를 받고 시간에 맞춰 대중교통에 몸을 실었다. 시간을 재보니 편도로 2시간 30분이 걸렸다. 운동장에 들어서자 아이들이 체력장을 하는 모습이 보였다. 그중 가장 처음 눈에 확 들어온 것은 100m 달리기를 하는 아이들이었다. 사실 나는 이 첫 대면에서부터 충격을 받았다. 고등학교 때 나와 나의 친구들은 체력장에서나마 1점이라도 더 벌려고 온 힘을 다해 달렸다. 운동을 잘하든 못하든, 공부를 잘하든 못하든 일단 매사 전력을 다했다. 그런데 이 학교 아이들은 선생님이 출발을 알리는 신호탄을 쏘아도 뛰지 않았다. 그나마 처음엔 조금 달리다가도 지켜보던 아이들이 "가슴이 출렁이네!"라고 큰소리로 깔깔거리자 뛰는 둥 마는 둥 걷는다. 결승선까지 끝까지 걸어오는 아이도 별로 없다. 금방 선로를 이탈해버린다. 나는 마음이 복잡해졌다.

첫 수업이 시작되었다. 시간표에 맞춰 한 교실에 들어갔다. 문을 여니 서향인 학교 창문으로 햇빛이 가득 쏟아졌다. 햇빛은 아수라장인 교실에 가득한 먼지를 너무나 선명하게 드러내 보였다. 수업이 시작되었음에도 자리에 앉은 아이가 별로 없었다. 새 선생님이 온다고 하니까 일부러 더 그러는 듯했다. 조용히 하라고 소리를 지른다고 해서 그 소리가 들릴 리도 없을 것 같았다. 아니, 들은 체도 안 할 것 같았다.

나는 그냥 아무 말 없이 가만히 교탁 앞에 서 있었다. 얼마나 시간이 지나갔는지 모르겠다. 아주 잠깐이었을지도 모르고, 꽤 긴 시간이었을지도 모른다. 한 학생이 나를 쓱 훑어보더니 다른 아이들을 향해 큰 목소리를 낸다.

"야, 야, 야! 조용히 해. 선생님 쫀다."

그러자 귀신이라도 금방 스쳐간 듯이 교실이 조용해진다. 기가 막힌다. 대장 격으로 보이는 아이의 한마디에 학생들이 쪼르륵 제자리로 돌아간다. 언제 그랬냐는 듯이 다소곳한 포즈와 표정이 더 어이없다. 큰 목소리로 아이들을 자리에 앉힌 그 아이는 거만한 포즈로 나를 힐끗 쳐다본다. 아이 가슴팍에 있는 '전진아'라는 이름표에 눈

이 갔다. 어이없는 혼잣말이 입가에 돌아다닌다. '진아야, 선생님한테 쫀다가 뭐니, 쫀다가.'

지금도 햇빛 가득한 창가와 들나귀처럼 교실 여기저기를 뛰어다니는 아이들의 소리, 뿌옇게 꽉 찬 교실 속 먼지가 생생히 떠오른다. 먼지 가득한 교실은 마치 자신에게는 미래가 없다고 치부하는, 겉은 요란하지만 속내는 서글픈 아이들의 마음속과 같았다.

부디 아이들이 자신의 레이스를 끝까지 완주해내기를, 몇 초가 나오든 이왕 출발선에 섰다면 힘껏 뛰어보기를, 결승선에 다다라 손으로 브이를 그리며 너스레를 떨어보기를, 숨이 차도록 한계까지 뛰어 결승선을 밟는 그 기분을 느껴보길 바란다고. 교사로서 출발선에 선 나는 그렇게 아이들에게 말없는 메시지를 던졌다.

시험 점수가, IQ가
알려주지 못하는 것

충격적인 첫 수업 이후, 나는 마음을 다시 가다듬고 학교로 출근했다. 교실 문을 열려고 하는데 손이 잠시 멈춘다. 어제와 똑같이 교실 안이 정말 시끄럽다. 저절로 기도가 나온다. 문고리를 잡고 찰나의 기도를 했다. '무사히 수업을 마치기를, 그리고 뒷문이 아닌 이 앞문으로 유유히 걸어 나올 수 있기를.' 20대 때의 나는 겁이 참 많았다.

문을 열자 보이시한 키 큰 학생이 장난기 가득한 얼굴로 나를 보고 웃는다. 자리에 앉은 건 아니고 서서. 그러면서 자기 허리춤쯤 오는 단짝 친구를 가리키며 "선생님, 다음 주면 시험기간인데, 이 애가 글쎄 어젯밤에도 남자애랑 잤대요." 하며 깔깔거린다. 만일 내가 다

넜던 학교에서 수업시간에 누가 이렇게 큰소리로 충격적인 말을 내뱉었다면 그것만으로도 학교가 뒤집어졌을 것이다. '이런 이야기를 수업시간에?' 나는 또 한 번 아연실색했다.

키 작은 친구는 조금 민망해 했지만 당했다는 표정은 아니다. 다른 아이들은 선생이라고 온 풋내기 서울 여자를 한 번 쳐다보고는 다시 각자 자신의 일들을 한다. 이 친구들은 선생님 앞에서 그것도 수업시간에 큰소리로 이런저런 이야기를 주고받는 게 그다지 큰 일이 아닌가 보다.

무분별하게 성관계를 갖는 문화가 이 아이들의 문화일지도 모른다고 생각하니 서글픈 생각이 들었다. 길지도 않은 100m를 완주할 만한 삶의 욕심도 없으면서, 자기 인생을 열심히 가꾸겠다는 욕심도 많이 못 내면서, 진한 화장을 하고 남자친구와 성관계를 갖는 아이들을 바라보며 마음이 참 아팠다.

나는 교무실에서 내 앞에 퇴직한 선생님이 출제하다 만 시험지를 이어받아 중간고사 문제를 만들었다. 그러면서 생각했다. '윤리 과목만이라도 시험 점수를 잘 받아보는 그 좋은 기분을 선물해줘야겠다' 라고. 전교에 윤리 선생님이라곤 나 한 명뿐이니 전교생에게 틈틈이 중간고사 시험 힌트를 흘렸다.

어느 날엔 한 아이가 손을 든다. '와, 질문이라니!' 그 순간이 감격스럽다.

"선생님! 질문 있어요."

"그래, 말해봐."

"선생님, 이렇게 시험 문제를 다 알려주시면 경찰한테 잡혀가지 않으세요?"

"음, 너 신고할 거니?"

"아뇨!"

"그럼 괜찮아."

이런다고 안 하던 공부를 하게 될 리는 만무하지만, 주관식 시험에서 만점을 받는 경험이 아이들에게 도움이 될 것이라 생각했다. 이미 아이들은 중학생 때부터 '실패' 경험이 더 많았다. 공부 못하는 아이들로 낙인 찍혀 더더욱 공부를 하지 않았다. 어떤 선생님은 내가 흘린 윤리 시험 힌트를 모아 한 장짜리 프린트물로 출력해 본인 반 아이들에게 복사해 주시기도 했다. 자신의 반 아이들이 시험을 잘 보길 바라는 담임선생님의 마음은 어느 학교에서나, 어느 지역에서나 다 똑같다.

어느 날이었다. 그 날도 대부분의 아이들이 열심히 힌트를 받아 적었다. 이번 단 한 번으로 끝날지라도 아이들이 고개 숙여 공부하는 광경은 언제든 다시 꺼내 보고픈 명장면, 진풍경이었다. 그런데 한 명의 아이가 거드름을 피우며 아무것도 하지 않았다. 첫날 대장 노릇을 하던 진아였다.

"전진아! 너 왜 안 적어?"

"아, 종이가 없어서요."

"오, 그래?"

아이 나름의 반항이었겠지만, 나는 종이가 없다는 말이 끝나기가 무섭게 내 윤리교과서 겉장을 북 찢었다. 그리고 진아를 향해 부메랑을 날리듯 찢은 교과서 겉장을 눕혀 휙 날렸다. "거기에 적어" 하고 말하며. 그렇게 진아와 나는 두 번째 대화를 나눴다. 먼지구덩이 속 교실에서의 첫 대화와는 사뭇 다른 분위기였다.

그다음 날부터 평소 나를 본체만체하던 1학년 아이들이 하나둘 나에게 공손히 인사를 한다. '엥? 얘네가 갑자기 왜 이래?' 속으로 생각했다. 나중에야 그 이유를 깨달았다. 진아는 소위 학교 '짱'이라는 걸. 짱인 진아는 내가 마음에 들었나보다. '교과서 겉표지 사건' 이후 나는 교내를 오가는 게 한결 수월해졌다. 어느 세계에서나 최고 권력자와의 친분은 여러모로 유익하다.

아이들을 가르치는 일 말고 입사 후 첫 번째로 부여받은 미션은 결재 서류들을 철하고, 서류들의 번호를 기록해두는 업무였다. 철제 캐비닛 속에는 이것저것 정리할 서류가 많았다. 학교에 들어간 지 얼마 안 되었지만 이 일에 능숙한 사람처럼 해내려고 애를 썼다.

별생각 없이 철끈에 꽁꽁 묶인 생활기록부를 정리하다 나는 흠칫 놀랐다. 계속계속 넘겨도 아이들의 아이큐가 90 언저리거나 90 미만이 태반이었다. 넘겨도 넘겨도 그렇다. 실제로 학생들 가운데는 경계선 지능을 가진 것으로 보이는 아이도 있었다. 하지만 대부분은 공부를 안 해서 그렇지 말도 잘하고, 때때로 조목조목 논리적으로 따지며 대들기도 잘한다. 어른에게 무작정 대드는 건 잘못된 일이지만 그 내용을 들어보면 재치 있고 매우 순발력 있다. 때때로 예쁜 얼굴로 조신하게 서서 이런저런 핑계로 담임선생님께 조퇴증을 받아내고 마는 모습도 지켜보게 된다. 이 아이들의 머리가 정말 나쁘다면 그렇게 할 수는 없다.

그런데 왜? 어쩌다 한두 명도 아니고 이 많은 아이들의 아이큐가 90 미만인 걸까? 80대면 경계선 지능인데 말이다. 내가 그동안 봐왔던 경계선 지능을 가진 아이들과 학교 내 아이들은 전혀 달랐다. 이 똘망똘망한 아이들의 아이큐가 80대일 리 없다. 그래서 옆자리에 있는 선생님께 물어봤다.

"선생님, 아이들 아이큐가 한두 명도 아니고 어떻게 거의 다 80~90인 거예요?"

"아, 애들 머리가, 음, 안 나쁘죠. 나쁜 정도가 아니라 아주 좋죠."

"그럼 이 점수들은 뭐죠?"

"애들 보셨잖아요. 아이큐 테스트를 제대로 했겠어요? 다 찍고 자거나, 답을 아예 안 쓰고 자거나 둘 중 하나였겠죠."

그러니까 그 아이큐도 짜고 친 고스톱처럼 점수가 비슷비슷한 것이었다. 체력장에서의 모습이 떠올랐다. 출발을 종용하는 총포가 울려도 아무도 제대로 뛰지 않던 100m 달리기. 의욕 없는 아이들에게 100m 달리기나 아이큐 테스트나 다를 게 없다.

학창 시절, 지능검사를 할 때의 긴장감을 기억한다. 지금이야 아이큐 같은 걸 생활기록부에 기재한다는 게 말도 안 되는 일이지만 그때는 그랬다. 초등학교 1학년 때, 6학년 때, 중학교 때, 그리고 고등학교 때도 적성검사와 지능검사를 했다. 단체 지시문이 교실 스피

커로 흘러나오면 일제히 열심히 풀고, 그래도 도저히 모르겠으면 정성을 다해 답을 찍는다. 마침을 알리는 소리가 스피커로 흘러나오면 선생님께서 "다 연필 놓고 손머리" 하고 외친다. 그럼에도 한 글자라도 더 적겠다며, 기를 쓰고 머리가 좋은 아이가 되려고 노력했던 순간들이 떠올랐다. 과제가 주어지면 열심히 임하는 게 당연한 건데, 이 아이들은 지능검사마저도 다 찍고 엎드려 잠을 잤던 것이다.

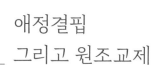

애정결핍
그리고 원조교제

———————— 첫 학교를 떠올리면 나는 막대사탕, 이유식, 원조교제라는 전혀 상관없어 보이는 단어들이 떠오른다. 교실에 들어가면 항상 입에 막대사탕을 물고 있는 아이들이 여럿 있었다. 한두 명도 아니고 꽤 많았다. 고등학생 나이에 수업시간에 막대사탕이라니.

또 어느 날이었다. 칠판에 판서를 하는데 뒤에 느낌이 이상하다. 살짝 뒤돌아보니 아이들이 분유통도 아닌 이유식통을 들고 한 순가락씩 퍼먹고 있는 것이 아닌가? 나는 깜짝 놀라 "도대체 이유식은 왜 먹는 거니?" 하고 물었다. 아이들은 입을 모아 "키가 많이 큰다고 해서요"라고 답한다.

"이유식을 한 숟가락씩 돌려 먹는다고 키가 클 거라 생각하니? 그것도 수업시간에?"

그다음 날 아침에 출근을 했는데 자리에 이유식통이 없었다. 말도 없이 아이들이 가져간 것이다. 언제 교무실 안에 들어와서 가져간 걸까? 저녁에 야간수업도 있었고 나도 일찍 출근했는데, 정말 대단하다. 나는 안 되겠다 싶어서 이유식통의 주인이 있는 교실을 찾아갔다. 아이들과 한창 이야기 중이던 해당 반 담임선생님은 아직 풋내기 교사인 나를 매우 못마땅하게 쳐다보신다. 하지만 물러날 수가 없었다. 나는 그 학생을 불렀고 다시 이유식통을 압수했다.

사실 막대사탕도, 이유식가루도 먹는 게 나쁜 일은 아니다. 수업시간에 몰래 돌려가며 먹는 게 놀라웠다. 조용히 지나갈까도 생각했지만 그런 나의 반응이 아이들 훈육에 좋지 않을 것 같다는 생각이 들었다. 그래서 아침 자습시간에 이유식통 주인과 그 친구들을 불렀다. 다른 아이들은 미안해 했지만 정작 이유식통 주인은 온통 이유식통 생각뿐인 것 같았다.

나는 나중에야 아이들이 막대사탕, 이육식 등에 집착하는 이유를 깨달았다. 아이들은 심각한 애정결핍을 앓고 있었다.

시간이 지날수록 이곳 학교의 선생님들을 존경하게 되었다. 아무나 이 아이들을 다룰 수 없었다. 겪어보니 하루하루가 전쟁이고, 결투고, 상처다. 그렇게들 안 하셔도 되는데 선생님들은 조를 짜서 방과 후부터 저녁 8시까지 학교에서 멀지 않은 지하철역 주변을 순찰했다. 주로 남자 선생님들께서 순찰을 돌았다. 나는 집이 멀다고 순찰을 빼주셨지만, 나도 몇 번 따라다녔던 기억이 난다. 그때의 광경이 아직도 잊히지 않는다.

역 출입구 옆으로 로터리처럼 회전하는 구간이 있는데 거기에 우리 학생이 서 있었다. 민성이란 아이였다. 민성이는 정말 예쁜 아이였다. 방과 후 해 질 녘에 역 앞에 서 있던 그 아이는 누구라도 한 번쯤 돌아볼 만한 매력적인 모습이었다. 화장을 곱게 하고 예쁘게 차려입었다. 다가가서 아는 척을 하려는데 검정색 로얄프린스 차량이 민성이 앞에 서더니 순식간에 민성이가 시야에서 사라졌다. 쫓아갈 수가 없었다. 내 옆에 계시던 선생님도 마찬가지로 차의 뒤꽁무니만 한참을 쳐다보셨다.

그다음 날 아침, 아이들이 교무실로 잔뜩 잡혀왔다. 그중에는 평소 내 수업시간에 큰소리로 까불던 2학년 선정이도 있었다. 다른 학교 남자애들하고 호프집에서 맥주를 마시다가 걸렸다고 했다. 선정이는 자꾸 자기 친오빠랑 마신 거라고 우긴다. "야, 너랑 학년도 같은 ○○고 2학년 애들이 무슨 네 친오빠야!" 하고 선생님이 화를 내도 꿋꿋이 우긴다. 오빠랑 오빠 친구들이라고 한다. 그런데 듣다 보니 정말 오빠가 맞았다. 성도 틀리고 나이도 같은데 오빠인 것이다. 이 학교에는 엄마나 아빠가 재혼, 삼혼을 하신 경우가 많아서 가족과 가족이 합쳐지다 보니 형제자매가 8남매인 아이도 있고, 그중에 동갑인 형제가 한두 명 더 생기는 경우도 있었다.

예상대로 어제 어떤 남자의 차를 타고 사라졌던 민성이도 불려왔다. 민성이는 어머니뻘의 담임선생님에게 혼이 나고 있었다. 내 자리가 그쪽이라 나도 그쪽에 가서 앉아야 하는데, 너무 진지하게 조용히 혼나니까 다가가기가 좀 그랬다. 최대한 조용히 내 자리에 앉았다. 내가 자리에 앉기가 무섭게 민성이 담임선생님께서 나에게 "글쎄, 얘가 벌써 이렇다니까요" 하고 하소연했다.

민성이 얼굴 쪽을 살짝 돌아본다. 낮의 차림은 학교에서 보기 힘든 모범생 복장이다. 평소에는 조용하게 학교에서 잘 지내다가 수업을 마치면 집에 가서 예쁘게 차려 입고 역으로 나선다. 민성이가 어제 순식간에 올라탄 검정 로얄프린스 차량은 젊은 청년들이 즐겨 타는 차는 아니었다. 꽤 나이 많은 분과 만나는 것 같았다. 사실 그날 처음 본 사이일지도 몰랐다. 민성이가 방과 후에 만나는 사람들 중에는 처음 만나 따라가는 사람도 있을 것이고, 알고 지내는 사람도 있을 것이다.

나는 뭐라 할 말을 찾지 못했다. 그래서 그냥 보여지는 걸 말했다. "민성아, 너 참 예쁘더라" 하고. 실제로 아가씨처럼 화장하고 세련되게 차려 입은 민성이는 정말 예뻤다. 옆에서 듣던 담임선생님께서 "윤리 선생님, 이 나이 때 차려 입고 이만큼도 안 예쁜 사람이 어디 있어요!" 하고 말했다. "난 더 꼴도 보기 싫으니 이민성, 너는 윤리 선생님이랑 얘기 좀 더 하고 가!" 하며 민성이를 나에게 떠넘기셨다. 나는 졸지에 민성이와 상담을 하게 되었다.

그날 나는 민성이와 이런저런 이야기를 나눴다. 매일 밤이 늦도록 집에는 아무도 없고, 엄마는 새벽이 되어야 들어오신다고. 그나마도 잘 안 들어오는 날이 많다고. 아빠는 원래부터 같이 살지 않는다고. 그런데 저녁에 만나는 아빠는 너무 잘해주신다고 했다. "그게 무슨 소리니? 저녁에 만나는 아빠라니?" 하고 내가 묻자 진짜 아빠는 따로 있고, 학교 끝나고 저녁에 만나는 사람이 저녁에 만나는 아빠라고 했다. 그 아저씨가 그냥 자기를 아빠라고 부르라고 했다고 한다. 용돈도 많이 주는 정말 좋은 사람이라고 했다.

'아, 이럴수가' 나는 속으로 개탄했다. 그런 남자들은 어쩜 이렇게 마음이 힘든 아이들이 무엇을 필요로 하는지 잘 아는 걸까? 돈도 주고 안아주는 아저씨가 진짜 아빠보다 더 포근하고 든든하게 느껴졌겠지. 아주 잠깐 동안은. 수년이 지난 후 이런 말도 안 되는 관계를 칭하는 신조어가 생겨났다. 바로 원조교제다.

집과 학교에서는 받기 힘든 따뜻한 말 한마디, 따뜻한 눈빛, 따뜻한 포옹, 아이들은 이런 게 좋았던 것이다. 이런 어이없는 관계는 판단을 흐리게 만들고, 사건사고는 생각이 달릴 수 있는 속도보다 더 빠르게 앞질러서 벌어진다. 좋은 것은 좋은 곳으로부터, 좋은 사람으로부터 얻어야 한다. 그걸 가려서 볼 수 있는 눈과 가려서 달려갈 수 있는 발이 이 아이들에겐 필요했다.

수업시간에 내가 앞에서 아무리 재롱을 떨며 관심을 끌려 해도 아이들은 금방 시큰둥해진다. 마음으로는 토론도 하고, 반 아이들과 게임도 하는 여러 가지 아이디어를 신나게 펼치지만 막상 교실에 들어서서 시큰둥한 얼굴들과 마주하면 나도 다리 힘이 확 풀린다. 나의 재롱잔치로는 이 노인네처럼 무기력한 아이들을 일으킬 수 없었다.

아이들로 하여금 스스로 교단에 서게 하는 방법밖에는 없다는 생각이 들었다. 그래서 돌아가면서 자신의 사랑 이야기를 하자고 제안했다. 첫 번째 학생이 미리 써놓은 글을 읽어 내려간다. 사랑하게 된 남자는 전과범이라고 했다. 학교 바로 인근에 교도소가 있어서인지 전과를 가진 남자친구가 있는 아이들이 좀 있다는 걸 알게 되었다. 첫 발표하는 아이의 사랑 이야기치고는 무거웠다.

"제가 사랑하게 된 그 남자는 전과범입니다. 죄명은 강간이고요."

그 순간 나는 왜 이런 프로그램을 시작했나 후회가 밀려왔다. 아이들이 사귀는 남자친구가 학생 신분이 아닌 것까지는 백번 양보한다 쳐도 전과범, 그것도 강간범이라는 건 정말 듣고 싶지도 알고 싶지도 않았다. 갑자기 어깨를 짓누르는 무기력감이 나를 집어삼켰다.

자신의 이야기를 발표하는 건 너무 개인적이고 내밀한 무언가를 꺼내는 활동이기도 하고, 이 아이들의 일상은 일반적인 고등학생의 수준을 훨씬 넘어서는 경우가 많아서 그만두기로 했다. 대신 자기 이야기나 자기가 좋아하는 글을 노트에 돌아가며 적기로 했다. 전교를 돌아다닌 노트에는 사랑에 관한 글귀와 시로 한 줄 한 줄 채워졌다. 모든 학생이 다 적는 건 아니었지만 '윤리의 노트'에는 학년을 가리지 않고 이 반 저 반 다양한 아이들의 글귀가 담겼다(아이들은 자기들끼리 윤리 과목 교사인 나를 '윤리'라고 불렀다). 마음에 드는 시나 글귀를 발견하면 노트가 있는 교실을 찾아가 글귀를 적어놓곤 했다. 다른 선생님들께서도 그 노트를 읽거나 좋은 글귀를 적기도 했다.

　어느 날 본 기억이 없는 낯선 얼굴이, 사각형의 얼굴을 한 아이가 교실에 앉아 있었다. 승혜였다. 나도 초등학교 때 임파선염으로 얼굴이 퉁퉁 부어서 네모가 된 적이 몇 번 있었다. 그때의 고통을 잊을 수가 없다. 나 혼자는 도저히 얼굴이 무거워서 머리를 들 수도, 일어나 앉을 수도 없었다. 그런데 승혜의 얼굴은 그때의 내 얼굴보다 더 네모난 것 같았다. 하얗고 예쁜 얼굴이 네모가 되니 알아볼 수가 없다. 속상했다. 하지만 왜 얼굴이 그렇게 되었냐고 직접 승혜에게 물어보지 못했다. 쉬는 시간에 교무실에 가서 승혜의 담임선생님께 물어봤다. "아 승혜요, 그거 글쎄 그 나쁜 놈이, 그 애 남자친구가 그렇게 만들어놨대요" 하는 답이 돌아왔다. 아, 그 말이 사실이 아니길. 도대체 어떻게 때리면 갸름한 얼굴을 저 지경으로 만들어놓을 수가 있나. 나이가 더 많은 오빠라고 들은 적이 있는 것 같은데.

　승혜의 일이 있은 뒤로 아침 등교 지도를 할 때면 나는 아이들의 상태를 세세히 관찰했다. 교문에 서서 아침부터 수다가 만발한 아이들을 맞이한다. 주말을 보낸 월요일 아침이지만 아이들은 참 활기차다. 곧 수업이 시작되면 온 세상의 피로를 다 짊어진 사람마냥 연신 하품을 하다가 엎드려 잠을 청하겠지만 친구들과 함께하는 등굣길만큼은 유쾌하고 즐겁다. 그런데 목 뒤에 파스를 붙이거나, 얼굴에 흉터가 나 있거나, 여름인데 긴팔을 입은 아이를 보면 가슴이 철렁 내려앉았다. 승혜의 일이 떠올라 심장이 덜컥 내려앉았다.

　어느 날은 주은이가 파스 붙인 목을 가리며 내 눈을 피해 쓱 교문을 지난다. "주은아, 이리 와" 하고 말을 건네자 "아, 왜요~" 하고 괜히 귀찮게 하지 말라는 듯 답한다. "목에 그 파스 뭐니? 다쳤니? 아님 누구한테 맞았니?" 그러자 "어젯밤에 아빠한테 맞았어요" 하는 뜻밖의 답이 돌아온다. 아빠들이 딸들의 비행을 막기 위해 때려서라도 훈육을 하려 한다는 건 알고 있었다. 말보다는 체벌이 더 효과가 있다고 생각하는 경우가 많아 주은이처럼 파스를 붙이고 오는 아이가 많았다.

나는 교무실에 와서 주임 선생님께 "애들이 부모님께 많이 맞는 편인가요?" 하고 물었다. 월요일 아침부터 무거운 질문을 하는 의도가 궁금하셨는지 선생님께서 힐끗 곁눈으로 나를 보며 "왜요?"라고 되물었다. "여름인데 목 뒤에 파스를 붙이고 오는 애들이 많아서요. 여자애들인데 부모님들께서 체벌을 심하게 하시나 봐요"라고 했다. "아, 그거요. 나 참, 걔네가 그거 아빠한테 맞은 거래요? 그거 아빠가 때린 거 아니에요. 아빠들은 보이지 않는 엉덩이나 종아리, 손바닥 이런 데를 때리죠"라고 말하며 주임 선생님은 한숨을 쉬었다. 아, 그제야 알았다. 그건 체벌에 의한 멍 자국이 아니었다. 나는 아직 멀었다. 아이들이 겪고, 저지르는 일들을 알아차리고 이해하기에는.

수업에 빠지는 일이 없던 정아가 결석을 했다. 윤리 수업이 일주일에 1시간밖에 없어서 그날만 결석을 한 것인지는 잘 모르겠다. 그런데 왠지 심상치 않은 느낌이 든다. 출석부를 보면 되겠다 싶어 출석부를 살펴보니 이번 주 내내 결석이다. 그다음 주 수업시간에 들어가 보니 정아가 돌아와 있다. 그런데 표정이 좋지 않고 얼굴에 핏기가 없다. 정아에게 분명 무슨 일이 있었음이 틀림없다. 그냥 학교에 나오기 싫어서, 밤새 놀다가 아침에 못 일어나서 무단결석한 것은 아닐 것이다.

정아는 나와 눈을 마주치지 않는다. 모든 학생과 애정 어린 눈빛을 주고받는 사이는 아니지만 정아와는 좀 그런 사이였다. 이 아이가 나와 눈을 마주치지 않는다는 건 무슨 말 못 할 이유가 있다는 뜻이다. 나는 그러면 더더욱 다가가 묻기가 어려워진다. 무슨 일이 있었는지, 그 일로 얼마나 마음이 아팠는지 묻고 싶은 말이 참 많았지만 끝내 별 다른 말을 건네지 못했다. 무거운 마음으로 오후 수업을 마치고 퇴근한다. 지는 해를 등지고 전철 파란 의자에 몸을 기댄다. 다음 역에서 두 명의 학생이 탄다. 우리 학교 교복을 입었다. 내가 이리 오라고 손짓하니 와서 옆자리에 앉는다. 둘 다 정아의 절친이다.

정아의 친구 민지가 "저…" 하고 말끝을 흐린다. 할 말이 있는 것 같아 다음 역에서 같이 내렸다. 햄버거 집에 들어가서 이야기를 시작했다. 먼저 지영이가 입을 열었다. 처음엔 가볍게 우스갯소리로 "선생님, 전 오빠도 있는데 우리 엄마가 38살이라 너무 창피해요. 그런데 민지 엄마는 34살이래요, 히히" 하고 웃는다. 아이들 나이가 17살 아니면 18살인데 엄마가 34세이면, 민지와 지영이 나이 때 엄마가된 것이다. 이렇게 시작된 이야기는 정아의 이야기로 흘러갔다.

혹시나 했지만 정말 아니기를 원했던 이유로 정아는 학교를 일주일 결석했다. 무단결석 기간이 일주일이면, 불법 무허가 시설에서 낙태를 하고 오는 경우가 많다는 걸 그때 처음 들었다. 그러고 보니 일주일씩 결석하는 학생이 가끔 있었다. 어떤 학생이 일주일을 무단결석하고 그 뒤에 다시 열심히 학교에 나온다면, 그 일주일은 단순히 비행에 의한 무단결석이 아닌 것이다. 무슨 사고가 있거나, 아니면 아팠거나. 잘 지내보려는데 그게 잘 안 되는 크고 작은 사건이 생긴 것이다.

'무슨 고등학생 아이들 생활이 이래…' 속상함과 화와 울분과 약간의 절망감이 마구 뒤엉킨다. 민지, 지영이와 헤어지고 깜깜해져서야 전철에 다시 올랐다. 서울로 돌아가는 길이 참 멀고도 길게 느껴지는 밤이었다.

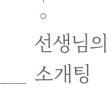

선생님의
소개팅

———————— 보통 누군가에게 소개팅을 권한다는 건 상대
가 좋게 보였기 때문일 것이다. 저 괜찮은 사람에게 좋은 만남의 기
회를 주기 위해 혹은 그 사람에게 잘 보이기 위해 그럴싸한 조건을
가진 이성을 소개하며 소개팅을 권한다. 연애에 그다지 소질이 없었
던 내게 소개팅은 대체로 반가운 제안이었다. 친구들은 나에게 늘 이
런 말을 하곤 했다.

"여자는 여자한테 잘 보여야 돼. 직장이든 어디서든 주변에 남자
없다고 아무렇게나 입고 다니지 말고 늘 잘 꾸미고."

털털한 내 성격을 잘 아는 친구들의 진심 어린 조언이었다. 나는
이 말을 주변의 여자 선배들이나 동기들한테 잘 보여야 한다는 말로

이해했다. 그런데 이 학교에서는 의외의 곳에서 소개팅 제안이 들어오곤 했다. 학교 선생님들께서 제안하는 만남은 늘 있는 일이었지만, 간혹 가다 아이들이 소개팅을 제안하곤 했다. 아마 미혼의 고등학교 선생님들이라면 제법 머리가 굵어진 학생들로부터 가끔 비슷한 제안을 받을 것이다. 그런데 우리 학교 학생들에게 소개팅 제안을 받으니 왠지 더 반갑고 고마운 마음이 들었다. 그만큼 이제는 나를 자신들의 사람으로 인정한다는 뜻 같았다.

2학년 교실에서 수업을 하는데 갑자기 전진아가 큰소리로 "선생님!" 하고 나를 부른다(수업시간에 갑자기 다른 이야기를 하는 건 이제 놀라운 일도 아니다). "왜, 진아야?" 하고 묻자 "소개팅 하실래요?"라는 답이 돌아온다. 옆에 앉은 친구 미경이가 말린다. "안 돼, 선생님은 진실한 사람을 만나야 돼!" 나는 그 말을 듣고 웃음이 터질 뻔했지만 간신히 참았다. '진실'이라는 단어가 이렇게 강렬한 느낌으로 다가온 적은 없었다. 진실이 무슨 뜻인가? 진아가 소개해주는 사람은 진실하지 않다는 걸까, 아니면 내가 고지식한 이미지라는 뜻일까.

당연히 거절할 생각이었지만 진아와의 대화가 즐거워 "그래? 그럼 쉬는 시간에 좀 더 이야기해보자" 하고 장난스레 답했다. 쉬는 시간이 되었다. "선생님, 25살이시죠? 그 사람도 25살인데요. 화요일 2교시 끝나는 쉬는 시간에 교문 앞으로 하얀 차를 끌고 올 거예요. 보시고 마음에 드시면 만나시고요." 나는 웃으며 돌려 거절했다.

그다음 주 화요일, 연달은 1~2교시 수업을 마치고 머리가 아파 운동장에 잠깐 나왔다. 갑자기 진아와 미경이가 교문으로 뛰어나가는 게 눈에 띈다. '헉, 오늘이 그 화요일이구나. 난 소개팅한다고 안 했는데 진짜 온 건가?' 가슴이 덜컥 내려앉았다. 교문을 슬쩍 보니 진짜 하얀 차 한 대가 서 있었다. 나는 놀라서 얼른 숨었다. 진아와 미경이 둘이서 차에 탄 남자와 한참 이야기를 나누더니 종이 치고 그 남자는 갔다. 나는 다음 시간 수업이 없었지만 부리나케 교무실로 돌아왔다. '참, 얘들은 도대체 밖에서 누굴 만나고 다니는 거야?' 하는 생각이 들었다. 딴에는 차도 있는 남자를 소개시켜주려고 마음 써준 것은 고마웠다. 한편으로는 그 남자가 나쁜 사람은 아니길, 어린 여고생들과 어떤 특별한 관계가 아니길 바라는 마음이 들었다.

며칠이 지나 또 두 명의 3학년 학생들에게 소개팅 제안을 받았다. 시험을 앞두고 본인 반 자율학습 감독을 해달라는 상업 선생님의 부탁으로 고3 교실에 들어갔는데, 갈색 생머리의 하얀 얼굴을 한 은유가 작은 소리로 날 부른다. "선생님, 제 삼촌이 세무 공무원이에요" 하는 갑작스러운 말에 "그래? 근데?" 하고 답했다. "우리 집안에서 대학 나온 유일한 사람이에요. 삼촌이 되게 똑똑해요"라는 말에 그제야 은유의 의도를 눈치 챘다. 그냥 나는 "아냐, 고마워" 하고 유유히 그 자리를 지나갔다.

다른 고3 수업에 들어갔다. 수업을 마치고 교실을 나서는데 커트 머리인 윤지가 따라 나와 쪽지를 건넨다.

'선생님, 저 윤지입니다. 제가 선생님 소개팅을 시켜드리고 싶은데 만약 소개팅할 생각이 있으시면 칠판 오른쪽 위쪽에 분필로 ×표시해주세요.'

윤지는 말이 없고 학교를 잘 나오지 않는 학생이었기 때문에 나는 장난스레 '여러 개의 ×로 대답해야지, 마치 나무에 노란 손수건을 매단 것처럼' 하고 마음먹었다. 그런데 다음 수업에 윤지는 결석했다. 그다음 주도, 그다음 주도 나는 답장을 전하지 못했다. 윤지는 누구를 소개시켜주려던 것이었을까? 수십 년이 지난 지금, 윤지는 잘 살고 있을까? 문득 궁금해진다.

아이들의 순수한 마음이 참 고마웠다. 나를 좋게 봐주고, 자신들이 아는 나름의 괜찮은 사람을 연결시켜주려는 그 마음이 참 예쁘게 느껴졌다. 말썽꾸러기도 좋은 것을 권하고 나누고 싶은 착한 마음이 있고, 또 일종의 과시였다고 해도 그것이 인간미와 성장하고자 하는 젊은 의지로도 느껴졌다. 아직까지도 하얀색 차가 서 있던 교문과 칠판의 'X' 표시, 아이들이 소곤소곤 말을 걸어오던 자율학습시간이 가끔 생각난다. '연애는 잘했겠지? 결혼들은 했을까?' 오늘도 아이들의 소식이 궁금하다.

평범함에 대한 동경

해가 점점 더 짧아진다. 계절은 약속한 시간을 어기는 법이 없다. 계절의 흐름은 하루도 빠짐없고, 시간을 어김이 없다. 아이들은 100% 출석률을 보이진 못해도 하교시간이 되면 100% 학교를 빠져나가고, 또 밤이 되면 야간반 아이들이 등교한다. 이렇게 몇 번을 반복하면 아이들은 한 학년씩 올라가고, 20살이 되어 어른이 된다. 반복되는 시간 속에서 나름의 고충을 겪어내고 있을 이 아이들의 미래는 어떻게 펼쳐질까? 꿈을 꿔야 하는 시간에 잠들지 못하고 늦도록 공부하는 야간반 아이들의 밤이 좀 더 편안하고 즐거웠으면 좋겠다.

꿈을 실현하기 위해 고단한 육신을 이끌고 교문에 들어서는 야간

반 아이들. 처음으로 야간 수업에 들어갔을 때는 마음이 굉장히 설렜다. 야간반에는 공부를 잘하고 똑똑한 아이들이 많다고 여러 선생님들께서 말씀해주셨다. 학교 주변에 공장들이 있어서 낮에 공장에 다니면서 밤에 학교를 오는 학생들이 많은 것 같다. 한 학년에 4개 반이나 되니 꽤 많은 편이다. 이토록 열심히 사는 아이들은 어떤 아이들일까?

늦은 밤과 새벽에 다녀야 하는데 옷은 따뜻하게 잘 챙겨 입었을까? 일이 끝나고 숨차게 달려와 교실에 앉으려면 밥 먹을 시간이 없을 텐데 끼니는 잘 챙겼을까? 혼자 고민하는데 아이들이 쏟아져 들어오는 소리가 들린다. 꺄르르 웃음 뒤에 하루 종일 공장 먼지를 들이킨 고단함을 이겨낸 생명력과 꿈이 꿈틀거린다. 아이들의 밝은 얼굴을 보니 마음이 따뜻해졌다. 주간반 아이들보다 훨씬 고단할 텐데 얼굴이 환하다. 얼마나 열심히 듣고 필기들을 하는지 주간반 아이들과 사뭇 다른 분위기에 순간 당황스러웠다. 학교를 온다는 것, 고등학교를 졸업할 수 있다는 것이 이 친구들에게는 큰 의미다. 17살이 되면 고등학교에 가고, 19살을 지나 20살이 되면 고등학교 졸업장을 받는 것이 당연한 일이지만 당시에 그 아이들에게는 그렇지 않았다. 당연한 건 없는데, 우리는 당연한 일이라고 생각하곤 한다.

수업이 끝난 늦은 밤, 아이들과 같이 교문을 나선다. 씩씩한 발걸음과 삼삼오오 떠드는 소리가 어찌나 당당하고 우렁찬지 정신이 팍 든다. 밤안개가 가득한 길은 물기가 꽉 찬 대지의 생명력과 밤만이 줄 수 있는 매력을 뿜낸다. 저녁 수업을 향해 뛰어오고 또 삼삼오오

무리 지어 떠들썩하게 하교하는 야간반 아이들의 에너지처럼 느껴져서 감격스럽다. 집에 가면 거의 새벽 1시일 테고, 내일 새벽 5시 반이면 다시 집에서 나와야 한다. 그래도 여긴 서울이 아니라서 그런지 별이 보인다. 멀리서 빛나는 별들과 아스라이 사라지는 아이들의 웃음소리. 밤의 공기가 가슴을 꽉 채운다. 심장이 두근거린다.

지하철 안에서 입이 바싹 마르고 목이 막 갈라진다. 오늘 하루 너무 열정적으로 수업을 했기 때문이다. 잠실역에서 내려야 하는데 몸이 일으켜지질 않는다. 다음 역에서 겨우 내려 정거장에 섰는데 버스가 끊겼는지 오질 않아 걷기로 한다. 문득 오늘 저녁 수업 때 처음 만난 아이들의 초롱초롱한 눈동자와 밝고 생기 가득한 얼굴이 떠올랐다. 그 아이들의 몸은 나보다 훨씬 천근만근일 텐데, 표정만큼은 생기를 잃어버리지 않은 그 생명력에 전율이 느껴진다. 삶에의 의욕과 솟아날 만한 구멍이 없어 보이는데도 어디선가 스멀스멀 올라오는 풋풋한 에너지, 힘든 상황 속에서도 멈추지 않고 꾸는 꿈. 그 꿈이 오늘 밤에도 내일 밤에도 계속되고 살과 가지가 더 통통하게 붙어 살아 움직이는 실체가 되기를. 남의 것이 아닌 너희들 자신의 것이 되고, 너희 자신이 되기를.

1학년 지아는 싹싹하게 인사를 잘하는 아이였다. 싹싹한 성격으로 봐서는 교실 한편에서 친구들과 신나게 떠들며 잘 지낼 것 같은데, 왠지 지아는 친구들과 잘 어울리지 않았다. 그리고 결석이 잦았다. 창밖을 자주 내다보는 지아는 눈동자도 힘이 빠져 있는 게 마음이 늘 다른 어디엔가 가 있는 것 같았다. 한 번 얘기할 기회가 있었다.

"지아야, 넌 선생님 보면 잘 웃어주고 인사도 잘해서 친구도 많을 것 같은데, 선생님이 가끔 지나가면서 보니까 혼자 있을 때가 많더라" 그러자 지아가 "선생님, 전요. 중학교 때의 친구들이 너무 보고 싶어요"라고 답했다. "만나면 되잖아. 가끔씩 만나고 그러지 그래" 그러자 지아는 "제가 이사 오기 전에 살던 동네는 너무 멀어요. 차비가 많이 들어요" 하며 고개를 가로저었다.

그때는 삐삐밖에 없어서 핸드폰 문자 같은 걸 할 수 없던 시절이었다. 지금처럼 SNS, 문자가 자유롭지 않다 보니 지아의 말 속에는 그리움과 외로움이 뚝뚝 묻어났다. 이야기를 듣자 하니 가족 문제로 이사를 했다고 하지만 '어쩌면 부모님께서 중학교 친구들과 지아를 떨어트려 놓기 위해 이사를 하신 건 아닐까?' 하는 생각도 들었다.

그러던 어느 날이었다. 교무실이 웅성웅성하다. 지아 담임선생님 주변으로 사람들이 모여 있었다. 지아 담임선생님 눈에 눈물이 그렁그렁하다. 뜻밖의 말을 듣는 나도 눈에 눈물이 맺혔다. "네? 지아가 지금 혼수 상태라고요?" 지아는 오랜만에 자기가 살던 동네에 놀러 갔다고 한다. 남자친구와 오토바이를 타면서 신나게 동네를 돌았나 보다. 그런데 사고가 난 것이다. 남자친구가 헬멧을 지아에게 씌워줘서 지아는 목숨을 건졌지만 남자친구는 즉사했다. 말로만 듣던 오토바이 사망사고…. 며칠 전 지아랑 이야기를 나눴던 대화가 머릿속에서 마구 맴돌았다.

나는 교무실 한편에서 소식을 주워듣는 것 말고는 달리 할 수 있는 게 없었다. 하루, 이틀, 사흘 시간이 흘렀다. 지아는 일주일이 넘도록 깨어나지 못했다. 모두 마음의 준비를 해야 한다고 생각했다. 그렇게 한 달이 흘렀다. 교무실에서 선생님들의 환호성과 웅성웅성하는 소리가 겹쳐 들렸다. 지아가 한 달 만에 의식을 되찾은 것이다. 나도 한껏 박수를 쳤다. "그런데 걷질 못 한다네요." 아, 이건 또 무슨 말인가. 깨어났다는 기쁨은 잠시 다시 마음이 축 가라앉는다. 그리고 얼마 뒤 깜짝 놀랄 이야기를 들었다. 지아가 잘 일어나 앉지 못하는 몸이 되었지만 아침에 학교 등교할 시간이면 가방을 매고 앉아 있다는 것이다.

몸도 많이 불편한데 지아는 아침마다 가방을 꼭 끌어안고 침대에 앉아 있으려 했다. 퇴원을 하고 이제 다시 걸을 수 있게 되면 꼭 학교를 열심히 다니겠다고, 학교가 너무 가고 싶어서 그러는 거라고 했다. 코끝이 찡했다. 불의의 사고로 남자친구를 잃고 혼자 돌아온 지아가 마음먹은 일은 학교를 열심히 다니는 평범한 삶을 사는 것이었다.

나는 눈물이 나는 걸 꾹 참았다. 진심 같은 건 없는 것처럼 막 대들고, 도망 다니고, 욕할 때의 모습만 보면 이 아이들을 '문제아'로 정의하기 쉽다. 하지만 아이들 마음속에는 평범한 학생으로서 누리는 평범한 일상에 대한 뜨거운 동경이 있었다.

마지막
수업

─────────── 두 번째 해의 마지막 수업일. 나는 종업식 날 사직서를 냈다. 개학 후 새 윤리 선생님이 부임하셨을 텐데, 아이들에게 인사를 하지 못한 것이 마음에 걸린다. 아무렇지 않은 듯 떠들 테지만 아이들은 선생님이 바뀌는 데 민감하게 반응할 것이다. 선생님이 자신들을 버리고 더 좋은 곳으로 갔을 거라고 생각한다는 이야기를 들었을 때는 많이 놀랐다. 물론 실제로 그런 경우도 많다. 더 좋은 환경의 사립 학교로 가거나 대학원을 가는 경우가 가끔 있다. 이 아이들이 느끼는 상실감은 다른 학교 아이들의 것보다 훨씬 무겁다. 내가 첫 수업에 들어간 날, 아이들이 나를 거들떠보지도 않았던 것처럼 아이들은 '이별'을 최대한 솜털처럼 가볍게 취급하려 노력한다.

많은 아이가 이미 가족관계에서 상실을 경험했다. 아이들이 나에 대해 어떻게 기억하고 있을지는 모르지만, 혹시라도 비슷한 상실감을 누군가에게 주었을지 모른다는 생각에 많이 미안했다.

새 학년, 새 교실에서 만나지는 못할 거라는 말을 차마 할 수 없었다. 수십 년이 흘러 이제 아이들은 나를 기억하지 못하겠지만 나는 아직도 가끔 미안해진다. 그 시절 내가 좋아했던 소녀들은 어디서 무얼 하고 있을까? 결혼을 해서 아이들의 엄마가 되어 있겠지? 행복할까? 아마 나이는 이제 마흔이 넘었을 것이다. 하지만 내 마음속의 그들은 언제나 열일곱, 열여덟, 열아홉의 소녀들이다.

내가 교단에서 내려오기를 결심한 이유는 공부를 더 해야겠다고 마음먹었기 때문이다. 많이 공부하고, 수련해서 더 단단한 사람이 되어야 했다. 그래서 사표를 쓴 그다음 해에 대학원에 입학했다.

나는 어릴 적 말을 잘하고, 지는 것을 싫어하고, 말대답을 꼬박꼬박하는 부담스러운 아이였던 것 같다. 할머니와 살 때는 할머니를 등에 업고 늘 당당했는데, 이사를 하면서 할머니와 떨어지게 되었다. 이웃 간 비밀이랄 게 하나도 없었던 관사 아파트에서 살게 된 나는 아줌마들의 조직력 속에 옴짝달싹 못하게 되었다. 옆집 아줌마는 베란다에서 놀이터를 내려다보다가 아이들 중 하나가 싸우면 빗자루를 들고 내려오곤 했다. 어느 날 나는 옆집 친구와 싸우고 있었다. 싸움의 현장에 빗자루를 들고 달려온 옆집 아줌마에게 "왜 애들 싸우는 데 참견하세요?"라고 쏘아붙였다. 그날로 나는 확실히 도장이 찍혔다. 친구로서는 매우 위험한 아이로. 계속 새로운 사람들이 이

사해 들어오는 이 작은 관사 마을에서 매우 높은 경계 순위 대상이 되었다.

첫 1년은 그럭저럭 지냈으나 그 사건 이후 나는 마음 둘 곳이 사라졌다. 아이들과 유치원을 같이 가는 것도 힘들어졌다. 1km 넘는 등원길을 나 혼자 아침 일찍 나섰다. 그때는 직장맘이 지금처럼 많지 않아서 아이 혼자 유치원에 일찍 등원하는 일이 거의 없었다. 아이들과 어울리지 못하니 나는 마치 직장맘의 딸인 것처럼 아주 일찍 유치원으로 향했다. 조심스레 유치원 현관문을 열자, 김마리아 수녀님께서 머리를 다듬고 계셨다. 나는 사무실 바깥에서 수녀님의 머리 빗기가 끝나길 기다렸다. 그다음 날도, 그다음 날도 나는 아침 일찍 유치원에 갔다. 수녀님과 단 둘이 유치원에 있는 것만으로도 참 좋았다.

유치원 마당엔 놀이터가 있었다. 돌로 된 미끄럼틀 두 개가 나란히 놓여 있었다. 다들 짝을 지어 내려오는데 나는 누구와 내려와야 할지 몰라 머뭇거렸다. 그러자 담당 교사인 우 선생님께서 마지막에 내 손을 잡고 내려와 주셨다. 우 선생님 손을 잡고 함께 미끄럼틀을 내려온 그 짧은 순간, 우 선생님과 마주보며 다른 손은 하늘을 향해 쭉 뻗어 있던 그 순간이 참 황홀했다. 그 순간은 지금까지도 내 마음속에서 반짝반짝 빛을 내고 있다. 창고 깊숙한 곳에 숨겨져 홀로 빛나고 있는 보물처럼.

김마리아 수녀님과 우 선생님은 아이들과 잘 어울리지 못하는 내가 이곳에 잘 적응할 수 있도록 물심양면 신경 써주셨다. 시간이 흘러 유치원을 졸업하고 초등학교에 입학했다. 1학년 2학기가 시작되고 반장 임명일이 있던 어느 날이었다. 선생님께서 "누가 반장이 되면 좋겠니?"라고 묻자 우리 반 아이들은 큰소리로 대답했다. "이원이요!" 나는 겉으로 티를 내진 않았지만 마음속으로 울었다. 엉엉 울었다. 김마리아 수녀님과 우 선생님이 떠올랐다. 마음속으로 그분들과 얼싸안고 울었다. 나는 그분들의 사랑과 관심으로 다시 태어났다. 사교성이 좋은 아이로, 인기가 많은 아이로.

나는 그렇게 김마리아 수녀님과 우 선생님의 손을 잡으면서 사회에 적응하기 시작했다. 장맛비와 거센 바람에 다 뒤집힌 우산을 쓰고 교회 여름성경학교에 나타난 어린 나에게 함박웃음으로 맞아주시던 교회 담임선생님이 떠오른다. 서울대학교 수원캠퍼스 옆에 붙어 있던 교회에는 대학생 선생님이 많았다. 초등학교 1학년 때 선생님은 서울까지 통학하던 인기 만점의 성악 전공생이었고, 2학년 때 선생님은 원예학과를 다니던 예쁜 선생님이었다. 그 선생님들과 학교 실험실도 가고, 딸기농원에서 배가 터지도록 딸기를 먹기도 했다. 3학년 때 선생님은 대학생과 결혼해 가난한 살림을 열심히 꾸리던 고졸 선생님이었다. 비좁은 하숙집 신혼방에서 양은 접이식 밥상에 차려준 밥을 실컷 먹고 나면 선생님은 항상 눈물로 나와 내 친구를 위해 기도해주셨다. 선생님의 기도는 매번 어린 우리들의 마음을 울컥하게 했다.

중학교 때는 왜 그랬는지 학교 교과목 선생님 댁에 자주 놀러 갔었다. 훗날 나의 고등학교 국어 선생님과 결혼하신 중학교 국어 선생님 댁, 그리고 천생 여자인 가정 선생님 댁에 수차례 방문했다. 신문지를 펼쳐놓고 선생님과 함께 떡볶이를 먹으며 친구들과 시간 가는 줄 모르고 낄낄거리다 오곤 했다. 한동네 사는 미술 선생님은 나와 이야기하는 게 재밌다며 종종 집으로 초대했고, 미술 선생님 댁에 가면 밤늦도록 이야기를 나눴다.

기독교 청소년 캠프에서 만난 대학생 선생님들과의 만남은 나의 진로에 커다란 영향을 주었다. 자원봉사로 캠프에 참가한 선생님들과 공휴일엔 등산을 함께 가고, 때때로 불쑥 찾아가면 어린 우리에게 커피 대신 분유를 타주셨다. 잡채를 만들어주신 적도 있는데, 가난한 선생님께서 만들어주신 잡채엔 비싼 고기 대신 어묵이 들어갔지만 그렇게 맛있을 수가 없었다. 캠프대장님은 정말 쓸데없는 우리들 이야기에도 항상 껄껄 웃어주셨다. 한번은 밥을 사준다고 주머니에서 꼬깃꼬깃한 4만 원을 꺼내 식사비를 내셨다. 막 오픈한 롯데백화점 식당의 식사비는 가난한 대장님께는 너무 큰돈이었다.

중학생이었던 나는 막 시작된 아버지의 투병생활과 동시에 할아버지의 갑작스러운 소천으로 마음이 참 힘들었다. 선생님들께 그런 집안 사정을 세세하게 말할 순 없었지만, 영양가 없는 시시콜콜한 이야기를 박수 치며 들어주는 것만으로도 너무 따뜻하고 든든했다. 그들은 언제라도 내 이야기에 귀를 기울여줬고 토닥토닥 보듬어줬다. 그래서 나는 결심했다. 이야기를 들어주는 일을 직업으로 삼겠노라고. 평생 그 일을 하겠다고. 나는 그렇게 상담사로의 꿈을 꾸기 시작했다.

아버지의 입원으로 부모님이 안 계신 집에는 나와 내 동생, 할머니뿐이었다. 부모님이 비우신 집은 쓸쓸함으로 가득했다. 텅 빈 것 같은 집에서 왔다 갔다 하다 우연히 아버지의 손때 묻은 책을 꺼내 보는 취미를 갖게 되었다. 그중 미우라 아야코의 상담편지 수필집 『보랏빛 사연들』과 『이 고독에도 손길이』라는 책이 나에게 여러 가지 의미로 큰 도전이 되었다. 미우라 아야코는 소설 『빙점』을 통해 불륜과 원죄에 관한 내용으로 큰 반향을 일으켰는데, 그 덕에 많은 독자로부터 상담편지를 받았다고 한다. 그녀는 독자들의 편지에 일일이 답장을 썼고, 아버지의 서재에 있던 책들은 그 내용을 엮어서 만든 수필집이었다.

빛바랜 책을 몇 번이고 반복해 읽으면서 서신 교환만으로 상담이 된다는 사실에 크게 매료되었다. 이다음에 상담사가 되면 사정상 상담소까지 찾아오지 못하는 이들과 편지로 마음을 나누는 일을 해보고 싶다는 생각을 했다. 김마리아 수녀님과 우 선생님처럼, 교회 선생님과 캠프 선생님처럼 마음이 힘든 이들의 이야기를 실컷 들어주고 위로해주리라 마음먹었다. 어린 시절, 내 이야기는 무게가 있지도, 기억해둘 만큼 쓸모도 없었지만 그 말들 뒤에는 차마 털어놓을 수 없는 힘든 슬픔이 숨겨져 있었다. 그런 쓸데없는 이야기를 정성껏 들어준 어른들이 있었기에 캄캄하게만 느껴졌던 유년 시절을, 청소년 시절을 무사히 보낼 수 있었다.

마지막 수업을 마치고, 나는 그 꿈을 이루기 위해 교실을 떠났다. 가벼워 보이고 언뜻 보면 쓸모없는 이야기를 마음 편히 털어놓을 수 있는 공간을 만들기 위해 대학원이라는 또 다른 배움의 장으로 떠났다. 마음이 힘들 때면 찾아가고 싶고, 찾아가면 이야기를 들어줄 누군가가 반드시 기다리고 있는 그런 곳이 필요했다. 그리고 나는 그곳에서 사람들을 기다리는 그 '누군가'가 되어야겠다고 마음먹었다.

나는 비록 1980년대를 사는 풋내기 중학생이었지만, 상담이 앞으로 중요한 직업이 될 것이라고 확신했다. 어디선가 상담을 업으로 삼으려면 박사까지 공부해야 한다는 말을 들은 적은 있지만, 박사과정까지 그 긴 세월을 공부만 한다는 것은 나의 길이 아닌 것 같았다. 그때 문득 든 생각은 영화 속 소림사 같은 곳에서 무술을 배우는 문하생이나 만화 〈머털도사〉 속 머털이처럼 청소하고 밥을 지으며 기술을 하나씩 전수받는 것이었다. 하지만 청소를 별로 좋아하지 않는 내가 상담소에서 청소를 하며 기술을 배우기란 쉽지 않겠다는 판단이 들었다. 그래서 탐정사무실 같은 곳에서 타자를 치면서 명탐정을 돕는 비서처럼 상담사 옆에서 상담 내용을 정리하다 보면 저절로 상담을 배우게 될 것이라는 막연한 기대감을 가졌다. 그런 마음으로 대학에 입학하자마자 타자를 배웠다. 한 달 정도 수업을 듣고 있는데 어느 날 청천벽력과 같은 소리를 들었다.

"이제 그만 와라. 타자기 다 버릴 거야."

"헉! 왜요, 선생님?"

"이제 워드프로세서의 시대가 왔거든. 누구든 쉽게 타이핑을 하고 컴퓨터를 배울 수 있게 되었지."

나는 순간 당황했다. 컴퓨터 학원에서 8비트 컴퓨터로 겨우겨우 계산식을 입력하던 시대가 지나다니. 그럼 나는 이제 청소를 해야 하는 건가? 막막했지만 현실적으로 남은 길은 박사과정밖에 없었다. 일단 심리학과 문학을 공부해야겠다는 생각을 했다. 사람을 알기 위한 공부를 하고 싶었다. 여전히 사람의 마음에 관심이 많고 더 많은 공부를 하고 싶지만 상담사가 될 수 있을지 확신은 들지 않았다. 관련된 공부는 하면 할수록 더 재미있었다. 하지만 학교 안에서만 하는 공부에는 좀처럼 흥미가 붙질 않았다. 하루라도 빨리 마음이 힘든 청소년들과 만나고 싶었다. 그리하여 나는 소위 '문제아'라 불리는 아이들이 다니는 여자고등학교에 부임했다.

학교를 다니면서 어느 날부터인가 선생님들을 위한 좋은 프로그램을 만들어서 선생님들도 쉴 수 있고, 아이들 마음도 보듬을 수 있는 그런 일을 하고 싶어졌다. 선생님들에게 관련 상담기법도 전해드리면 좋겠다는 생각이 들었다. 당시에는 학교 내에 상담교사가 따로 있진 않았지만 머지않은 미래엔 상담교사가 늘어날 것이라 확신했다. 예비 상담교사들을 교육하고, 슈퍼비전을 진행할 수 있는 기회가 있으면 좋겠다는 마음이 간절했다.[1]

결국 나의 길은 학교에 남는 것이 아니라 선생님들과 학생들을 실질적으로 도울 수 있는 방법을 찾는 것이었다. 학교 현장에서 만난 학생들, 그들과 함께한 시간, 항상 진심으로 아이들을 바른 길로 지도하고자 노력했던 선생님들의 구슬땀을 잊지 않고 꼭 이들에게 도움이 되는 사람이 되고 싶었다. 어떻게 하면 생활고 등의 문제로 아이들을 제대로 훈육할 수 없는 부모님과 재혼, 삼혼의 과정 속에서 여기저기 맡겨져 큰 아이들, 폭력과 가난 때문에 고통받는 아이들, 각종 비행과 비정상적인 이성 교제로 몸과 마음에 상처 입은 아이들을 도울 수 있을까? 그리고 현장에서 이들을 지도하는 선생님들께 어떻게 힘이 될 수 있을까? 이 고민이 깊어진 어느 날, 나는 사표를 썼다. 그리고 대학원에 진학해 상담 공부를 시작했다. 본격적으로 '상담'이라는 또 다른 길에 들어서게 되었다.

어느덧 세월이 흘러 나는 중년의 나이가 되었다. 오랫동안 마음에 품어온 길의 또 다른 관문을 열고 새로운 여정을 시작했다. 상담소는 길가 빌딩 8층에 있다. 도심 속 큰 빌딩들 사이에 위치한 작은 방이지만 상담소에 오가는 사람들은 저마다 평소 다 뱉어내지 못한 마음의 소리를 털어놓는다.

2장

어서오세요,
심리상담소에

평범한 상담소와
1층 편지방

나만의 상담 빌딩을 꿈꾸던 시절, 내가 꿈꾼 상담소는 2층짜리 작은 가상의 건물이었다. 1층엔 김 사장네 편지방이, 2층엔 누구나 마음 편히 찾을 수 있는 평범한 상담소가 있다. 도심 속 큰 빌딩들 사이에 위치한 초라하고 작은 빌딩이지만 작은 마당이 있고, 그 앞으로는 탄천이 흐른다. 1층 편지방에는 항상 김 사장님이 상주한다. 김 사장님은 내가 회사에 다닐 때 만난 김 대리님이다. 회장님 비서실에서 근무하던 야무지고 발랄한 사원이었다. 만날 때면 언제나 편지방을 차리고 싶다고 말하곤 했다. 그때마다 나는 "그렇게 하고 싶으면 차리세요!"라고 농담처럼 응수했다. 그러던 어느 날 김 대리님이 이렇게 대꾸하는 것이었다. "아, 네! 박사님이 상담소 차리시면 저도 바로 따라갑니다" 그 말을 듣자, 마치 뒤통수를 한 대 얻어맞은 것처럼 운명의 시간이 성큼 내 눈앞에 다가왔다는 걸 직감했다.

우리나라에서 제일 큰 회사의 고급스러운 상담소, 널찍하고 모던한 인테리어 디자인이 참 좋았다. 힘이 들어 그렇지 직원들을 위한 프로그램도 얼마든지 만들어 제공할 수 있었다. 오랫동안 기획한 글쓰기 치료 프로그램도 막 무르익어 성황리에 진행되던 참이었다. 하지만 언젠가부터 그곳을 떠날 때가 되었다는 생각이 들곤 했다. 그런 즈음에 내가 상담소를 차리면 따라오겠다는 김 대리님의 말은 '박사님 바로 지금이에요!'라는 외침으로 들렸다. 수십 년이 흘렀지만 언제까지고 내 기억 속에서 푸르른 10대 소녀들로 남아 있을 제자들의 얼굴도 떠올랐다.

"그럽시다. 상담소도 차리고, 편지방도 꾸리죠. 갑시다!"

그렇게 나는 퇴사하고 상담소를 차렸다. 그곳에서 나는 수많은 내담자와 이야기를 나누며 시간을 보냈다. 나만의 상담 건물도, 김 대리님의 편지방도 아직 현실로 이뤄지진 않았다. 하지만 나는 누구나 마음 편히 찾아올 수 있는 공간을 만들었고, 공간의 제약으로 찾아오지 못하는 사람들을 위해 유튜브와 팟캐스트도 시작했다. 그곳을 통해 사람들이 사연을 전해오면 이를 바탕으로 방송을 송출한다. 유명하지 않은 내 방송에 찾아와 댓글을 달거나, 이메일로 문의하는 이들의 사연을 읽으면서 '어떤 마음으로 노크를 한 걸까? 무슨 이야기가 듣고 싶고, 또 어떤 이야기가 필요할까?' 하는 질문을 내 자신에게 던진다.

'박사님' 혹은 '너무 힘들어요' 하는 제목을 보면, 제목마저 한숨을 쉬고 있는 것 같다. 이 기운 없는 편지가 온라인 편지함에 도달하기까지 얼마나 망설이고 고쳐 쓰며 애를 썼을까.

현실로 이루진 못했지만 내 마음속에 자리 잡은 평범한 상담소는 서쪽으로도, 동쪽으로도 창문이 나 있다. 해 질 무렵에는 서쪽 창가가 참 예쁘다. 때로는 날이 무겁고 흐리다. 그런 무거운 날은 아마 쉽게 마음의 문을 열지 못하는 내담자와 만났거나, 심각한 곤경에 처한 사람들의 사연을 읽은 날일 것이다.

꿈을 꾸는 것이 두려워 내일에 다가갈 용기를 내지 못하는 무거운 발걸음이 남은 하루해를 힘겹게 당긴다. 못 다한 일들이, 보잘것없는 내 품새가 이렇게 하루를 끝낼 수는 없다고 태양의 옷자락 끄트머리를 잡아당긴다. 그렇지만 태양을 이길 수는 없다. 아무리 많은 서글픈 눈동자가 옷자락 뒤로 쏟아져도 태양은 그날 일을 마치면 반드시 어둠 뒤로 사라진다. 내일 다시 떠올라야 하기 때문이다.

뜨는 태양은 너무도 강렬해서 오래 쳐다보고 있을 수 없지만 지는 태양은 온 하늘을 아련하게 물들인다. 오늘 상담소를 드나들었던 젊은이들의 한숨은 내일을 위해 잠시 저무는 저녁 태양과도 같다. 힘없이 땅 아래로 꺼지는 것 같지만, 실은 온 세상을 노을로 아름답게 물들이고 있다. 불뚝 솟아올라 있는 높은 빌딩뿐만 아니라 그 사이사이 납작해서 잘 보이지 않던 작은 집까지 비춰주고 있다는 걸, 내일 다시 떠오를 준비를 하는 과정이라는 걸 그들이 알 수 있기를.

자존감이라는
거울

딩동, 초인종 소리가 울린다. 청춘의 심장에서 시작해 팔을 타고 흐르는, 꿈을 엮어가는 그 젊은 전류가 손끝에서 초인종 버튼을 지나 인터폰으로 전해진다. 누군가는 같은 소리, 그냥 벨소리라고 할지 모르지만 나는 느낀다. 내담자마다 소리 크기도, 떨림도 다 다르다. 누가 누르든 나를 찾아온 그들의 숨결에 심장이 두근거린다. 나는 문을 열고 내담자를 반갑게 맞이한다.

"경희 씨, 어서 와요."

"선생님, 안녕하셨어요? 이런 시간 만들어주셔서 감사해요."

"날이 참 예쁘죠. 오늘 경희 씨도 참 예쁘네요. 분홍색 원피스랑 분홍 모자가 너무 잘 어울려요. 발그레한 볼터치도요."

"선생님이 예쁘게 봐주시니까 그렇게 말씀하시는 거죠."

경희 씨와 이런저런 이야기를 주고받는다. 그녀는 거울에 민감하게 반응한다. 내가 보기엔 봄꽃처럼 너무 화사하고 예쁜데, 그녀는 화보 촬영이 잦은 직업 특성상 늘 자신의 외모에서 부족한 점을 찾는다.

"경희 씨는 거울을 볼 때 무슨 생각을 하세요? 특히 아침에 처음 거울을 볼 때 말이에요."

"음, 보통 어제 너무 먹고 자서 부었다, 얼굴에 뭐가 났다, 아니면 살이 너무 쪘네 같은 거요. 그러고 보니 아침에 제가 마음속으로 제 자신에게 하는 말들은 늘 이런 느낌이네요. 더 예뻐야 하는데, 더 아름다워야 하는데 오늘도 미달이네, 20**년 **월 **일 미달! 이런 도장을 받는 느낌이에요."

그녀는 담담히 자신의 이야기를 이어나갔다.

"매일 아침이 그래요. 아침에 일어나면 엄마가 가르쳐준 습관대로 쭉 기지개를 펴요. 겨우 이부자리를 정리하고 거울을 들여다보면 피곤해서 앉은 얼굴 딱지들이 제 인생에 붙은 낙오자 딱지들처럼 꼴 보기 싫어져요. 뜯으면 안 되는데 나도 모르게 뜯고 있어요. 피가 나면 그때서야 아뿔싸, 손을 대서 한층 더 흉해진 얼굴을 보면 눈물이 납니다. 무언가 하려고 하면 할수록 나이만 들고 망가지는 제 인생 같아요. 그래도 할 일이 가득 채워진 메모장을 보면서, 5분마다 울려대는 알람을 끄면서 겨우겨우 씻고 집을 나서요. 음, 시리얼을 먹는 날도 있죠. 제가 좋아하는 음식 중 하나가 시리얼이에요. 시리얼이

저에겐 아주 짧은 희망처럼 느껴져요. 크게 살찔 걱정도 없고, 완전
식품인 우유에 쉽게 말아 먹을 수 있는 서민음식. 어디다 말아 먹어
야 그나마 영양소가 채워지죠."

"하루의 시작이 밝은 분위기는 아니네요. 제가 경희 씨의 외모라
면 아침에 옷을 10벌쯤 입었다 벗었다 할 것 같아요. 옷들이 너무 다
잘 어울려서."

"저는 제가 예쁘다고 생각해 본 적이 없어요. 고등학교 때는 제가
너무 마음에 안 들어서 몇 달 동안 거울을 보지 않은 적도 있어요."

"아, 그렇군요."

"언제쯤이면 제 얼굴이 마음에 들까요? 거울을 보고 부족한 점을
콕 집어 찾다 보면 제 얼굴이 괜찮아질까요? 맨날 새로운 흠이 보여
요. 앞으로 더 나아질 것 같지 않아서 기분이 안 좋아져요."

"사실 답이 없는 문제죠. 거울 보기가 성형수술도 아닌데. 하지만
선택을 할 수 있어요. 내 얼굴, 이쯤이면 괜찮다, 이쯤이면 예쁘다 하
면서 마음을 다독여야 해요."

경희 씨가 탁자 위에 놓인 작은 거울을 흘끔 본다.

"경희 씨, 그 거울을 들고 가만히 바라보세요. 그리고 가장 듣고
싶은 말을 떠올려보세요."

"음, 경희, 너 참 예쁘다. 그리고 매력 있다. 이런 말을 해주고 싶
어요."

"그 말이 해주고 싶으면 그냥 하세요. 선택을 미루기에는 인생이
너무 짧아요. 청춘은 더더욱 짧고요. 아닌 것 같고 안 어울리는 것 같

아도 내가 나를 그런 눈으로 봐야 남들도 나를 예쁘게, 사랑스럽게 본답니다. 화장을 아무리 해도, 명품을 입고 걸친다 해도 내 마음에 안 들면 이상하게 다른 사람 눈에도 예뻐 보이지 않아요. 그냥 '경희야 좋다, 오늘도 예쁘다, 너 참 매력 있다' 이렇게 말해주세요."

내가 '사랑스러운 순간'을 떠올려보자. 도무지 나를 보고는 좋은 말이 안 나오는가? 꼭 예쁘다는 말이 아니어도 좋다. '훌륭해' '잘했어' '괜찮아' 하며 스스로를 안아주자. 스스로를 감싸 안는 일이 힘든가? 그럴 땐 그런 말을 대신해줄 수 있는 사람을 찾아가야 한다. 마음이 너무 힘들 때 생각나는 사람, 찾아갈 수 있는 사람을 꼭 만들어둬야 하는 이유다.

내가 울 때 말없이 휴지를 건네 줄 수 있는 친구, 창피한 순간에도 같이 있어 주고 아무 일도 없다는 듯이 먹을 것도 사주는 친구, 햇빛 좋고 경치 좋은 곳을 알아와 같이 걸어주는 친구, 그러면서 답답하고 속상하면 연락하라고 여운을 남기는 친구. 그런 친구는 엉망이 된 내 모래바닥을 아무 일 없다는 듯 파도처럼 다가와서 시원한 소리와 함께 싹 씻어준다. 내 발밑을 시원하게 해주고, 힘들고 불편한 기억을 씻겨주는 든든한 존재다. 그리고 우리도 누군가에게 그런 존재가 될 수 있다.

날 알게 되면
싫어할 거예요

바람이 많이 부는 날이다. 먼 길인데 잘 오고 있을까? 해맑고 둥근 내담자의 미소를 떠올리며 달콤한 밀크티를 데운다. 가끔 홍차 티백에 따뜻한 우유를 부어 마시기도 하지만 우유랑 홍차 잎이랑 함께 끓인 다음 후다닥 홍차 잎을 건져내기도 한다. 떫은맛이 더 나기 전에, 홍차의 가장 홍차다운 맛이 우러날 타이밍을 놓치면 안 된다. 또 우유가 너무 끓으면 냄비 바닥에 들러붙는다. 이치고 빠지는 과정은 좀처럼 익숙해지기 힘들다. 어떻게 적절히 해야 할까? 너무 떫지도 않으면서 가장 홍차다운 맛을 내려면 어떻게 해야 할까? 흑당 같은 것이 달콤함을 더해주기도 하지만 밀크티는 역시 주재료인 홍차 잎의 맛과 향이 핵심이다. 다른 것들이 홍차를 뛰어넘으면 그건 진짜 밀크티가 아니다. 꾸며낸 것들이 나의 본연의 모습을 가려버리면 그때부턴 내가 아니듯이.

주기적으로 함께 팟캐스트를 진행하는 윤아, 재희, 정희 3명의 그녀들은 많이 닮은 듯하지만 다르다. 오늘은 윤아 씨가 조금 일찍 도착했다.

"선생님, 저는 언니들이 너무 좋은데요. 언니들은 서로 알고 지낸 지 좀 되었잖아요. 저를 잘 알게 되면 저를 싫어하게 될까 마음이 많이 쓰여요. 제가 자꾸 긴장하니까 녹음할 때도 왠지 폐만 끼치는 것 같고요."

"나는 윤아 씨가 무언가 열심히 하려는 모습이 보기 좋던데요? 매사 열심히 임하니 〈달려라 하니〉의 하니 같기도 하고, 윤아 씨가 하는 말이 더 마음에 와 닿고 그래요."

"아, 선생님. 선생님은 무조건 사람을 좋게만 보시는 거 아니에요? 그러다 당하신다니까요, 하하. 선생님은 다른 사람에게 좋게 보이려고 애쓰신 적 없으세요?"

좋게 보이고 싶은 마음이 왜 없겠는가? 그런 마음은 누구나 갖고 있다. 그러나 인간은, 아무리 완벽하게 보이는 그 어떤 사람일지라도 내밀히 들여다보면 누구나 빈틈이 있다. 빈틈을 파고 들면 파고 들수록, 그 빈틈을 가리고 무언가 새로운 것을 꾸며낼수록 또 어디선가 더 큰 빈틈이 보이기 마련이다. 그래서 누군가에게 '좋게' '완벽하게' 보인다는 건 우리 능력으론 감당하지 못하는 일이다. 그냥 있는 모습 그대로, 나는 그럴 수밖에 없는 존재라고 여겨야 한다.

하버드대학교의 인생학 명강의를 엮은 『어떻게 인생을 살 것인가』에는 마이클 패러데이의 어록이 나온다.

"자신을 충분히 보여주면 됩니다. 복잡하게 생각할 필요도 지나치게 긴장할 필요도 없습니다. 그냥 완전히 자신의 마음을 여는 것만으로도 충분히 좋은 강연을 할 수 있습니다."

마이클 패러데이의 '자신을 충분히 보여주고, 마음을 여는 것'은 강의뿐만 아니라 학교나 회사에서 프레젠테이션을 해야 할 때도, 인간관계에서도 진리로 작용한다. 그러나 실천하기가 쉽지 않다. 마음을 여는 것만으로도 충분하다는 걸 머리로는 이해해도 잘해보겠다는 욕심, 기대치 이상을 보여줘야 인정받을 수 있지 않겠냐는 불안을 내려놓기란 쉽지 않다.

"좋아하는 사람 앞에서 잘 보이려 할수록 실수나 오해를 살 만한 행동을 하게 되잖아요. 왠지 자신을 과장하게 되고. 호감이 가는 이성 앞에서 사실과 다른 무용담을 늘어놓거나 거짓을 꾸며낸 경험이 있으신가요?" 하고 내가 묻자 뒤늦게 합류한 재희 씨가 대답했다.

"있죠. 저는 엄청 허둥대거든요. 저는 조금 앞뒤로 부풀려서 제가 저지른 황당한 실수를 유머러스하게 포장하곤 해요."

"맞아요. 상대에 따라서 같은 이야기를 좀 더 과장하기도, 애처롭게 표현하기도 하죠? 내 모습이 마음에 안 들어서 자꾸 꾸미고, 내가 서 있는 곳에 대해 부풀려서 묘사하고. 내가 아닌 모습이어야만 상대방이 나에게 호감을 가질 것 같은 불편함을 느낀 적은 없나요?"

재희 씨가 "전 요새 소개팅남이랑 계속 만나고 있거든요?" 하고 말문을 뗐다.

"그 사람이 집안도 스펙도 너무 좋아서요. 저도 뭐가 있는 것처럼 자꾸 '척'을 하게 되더라고요. 거짓말로라도 상대가 궁금해 하는 무언가에 답을 해서 이 사람을 붙잡고 싶었어요. 외모도 딱 제 타입이고요. 아, 잘생겼다는 건 아니고 부지런하고 믿음이 가요. 재정에 대해서도 다 계획도 있고 투자도 잘하고요. 그런데 가끔식 저한테 얼마를 버는지, 관리는 잘하고 있는지 물어봐요. 만난 지 얼마 안 되었는데 말이에요. 제가 돈을 많이 버는지 알아보려는 이유는 아닌 것 같고, 그 사람이 돈에 관심이 많아서 제가 돈 관리를 잘하는 사람인지 확인하려는 이유 같아요. 계획성? 통제력? 뭐 이런 게 궁금하겠죠. 그런데 제가 딱히 고정된 직장이 없잖아요. 우리 집도 빚이 산더미고요. 그래서 자꾸 회사 일이 바쁜 척, 회사가 괜찮은 곳인 척하게 되어요. 한 번 더 물어보면 가짜로 회사 이름을 댈 판이에요."

재희 씨는 고개를 살짝 숙인 채 "저에 대해 다들 실망하셨죠?" 하고 말했다. 정희 씨가 손사래를 치며 "아니야, 이해해. 재희야, 어떻게 하고 있어? 그 사람한테 널 부풀려 말해서 마음이 무거운 거야?" 하고 물었다. "응, 언니. 전에 잠깐 석 달 일했던 회사를 지금도 계속 다니는 것처럼 말했어. 아마 정규직으로 다니고 있는 줄 알거야. 그리고 우리 집도, 내 방도 좀 좋은 것처럼 말하고. 아빠도 사업하시고 돈 많이 버는 것처럼 말했어. 딱 그렇다고 말한 건 아니야. 그런 것처럼,

그렇게 상상하게 말했어. 이런 이야기하려니까 너무 창피하다."

상대를 속인다는 생각에 자책도 들고, 배경이 안 받쳐주는 현실에 화도 나고, 내가 못난 사람인 것 같아 괴로운 마음도 들 것이다. 내가 부족한 사람이라 온전한 나로서는 안 되고 내 이상의 어떤 것들로 나를 채워야 한다고 생각해서 벌어진 일이다. 내가 아닌 나로 살려고 하다 보니 마음이 버거운 것이다.

가진 것과는 상관없이 사람과 사람으로서 편안하게 마음을 나눌 수 있는 상대와 만나야 한다. 돈이든 외모든 상대가 가진 무언가에 마음을 빼앗기면 '나'라는 존재가 초라해진다. 그건 사랑으로 만나는 관계가 아니라 '가진 자'와 '그걸 탐하는 자'로 마주하는 관계다. 만일 상대가 '있는 그대로의 모습도 괜찮아, 자꾸 꾸미려고 하지 않아도 돼'라고 말해준다면 얼마나 위로가 될까? 사랑하는 사람이 나를 그냥 있는 그대로 받아주고 좋아해준다면 그보다 더 큰 축복은 없을 것이다.

나는 간혹 내담자에게 이런 이야기를 들을 때마다 막 화가 난다. "남자친구가 자꾸 제 외모가 무언가 부족하대요. 살을 빼래요" "코수술을 하라고 권하더라고요" "제가 다니는 직장이 별로라면서 이직을 권해요" 이런 요청을 하는 파트너는 나를 초라하게 만드는, 내 자존감을 무너트리는 파트너다. 이런 파트너는 과감히 손절거나, 아니면 호되게 야단을 쳐야 한다. 억지로 상대에게 맞추려다가 거짓말이 부풀려지고 부풀려지면 나중엔 감당할 수 없을 지경에 이른다. 눈덩이처럼 불어난 거짓말을 감당 못해 잠적하는 경우도 많다.

사랑은 서로를 빛내주고 일으켜주려고 하는 것이지, 다른 사람에게 보여주려고 매는 명품백이 아니다. 상대로 인해 힘이 나고, 잘 살아보고 싶어지고, 서로에게 고마움을 느껴야 진정한 사랑이다. 그런 사랑을 해야 한다. 진정한 사랑은 생각하지 못한 위기의 순간을 이겨낼 힘을 준다. 가끔 상을 당했거나 어려움에 처해 있는 자신의 아내를 위해, 남편을 위해 상담을 신청하는 경우가 있다. 그런 분들과 통화할 때면 상대에게 위로를 건네고 싶어서, 본인이 해줄 수 있는 최선을 다하려는 깊은 사랑의 마음이 수화기 너머로 전해온다. 이렇게 마음을 다해 사랑하는 사람을 만나면 설사 헤어지더라도 후회가 없다. 상대방도 고마운 마음으로 당신을 오래도록 추억할 것이다.

괜찮은 사람으로
보이고 싶어요

종종 상담사인 나에게 괜찮은 사람으로 보이려고 애쓰는 내담자가 있다. 내담자께서 그런 의욕을 보이면 감사하지 않을 수 없다. 그렇게라도 관계를 맺고 유지하는 데 의욕을 보인다는 게, 그 사실 자체가 큰 변화인 내담자와의 회기는 더욱 감격스럽다. 하지만 그냥 '괜찮은 사람'이 되는 게 목적인, 살아온 습관 그대로 본연의 모습이 아닌 모습을 보이는 데 치중하는 내담자도 있다. 그런 분들은 대개 두 번째 상담에 오지 않는다. 첫 회기 때 자신의 좋은 모습, 괜찮은 모습을 다 보여줬기 때문이다. 여기서 더 나아가면 자신의 어두운 면을 이야기해야 하고, 그 포장이 벗겨지면 자신은 없어진다고 여긴다.

포장만 계속하면 스스로는 안심이 되겠지만 그럴수록 주변 사람들은 더 불편해진다. 그쯤 되면 상담을 왜 하는 건지 목적이 뒤죽박죽이 된다. 모습을 잘 감췄다는 또 하나의 성공사례를 만들기 위한 것인지, 아니면 또 다른 마음 전문가에게 자신이 얼마나 나이스한 사람인지 잘 알려주고 왔다는 뿌듯함을 느끼기 위함인지.

지영 씨가 아버지와 함께 상담소에 오셨다. 부모와 함께 상담소를 찾는 자녀는 대개 제대로 된 소통을 해보고 싶어서, 혹은 제발 내 말을 좀 들어 달라고 애원하기 위해 오는 경우가 많다. 결과적으로 "미안해, ○○아" 하는 말이 듣고 싶어서다. 내담자들은 엄마 앞에서 혹은 아빠 앞에서 울부짖는다. 지영 씨도 평소 상담소에서 보이던 모습과는 달리 점점 격양되었다. 아버지의 점잖은 모습에 폭발할 것만 같아 보였다. 자녀들은 상담실에서조차 점잖게 앉아서 흐트러짐 없이 '사회생활'을 하는 부모를 지켜보며 다시 한번 상처를 입는다.

덕진 씨는 어머니의 생신 선물로 상담을 선물했다. 상담을 통해 많은 것이 좋아졌다며 어머니에게도 그러한 경험을 나누고 싶다는 의도였다. 덕진 씨 어머니는 늘 괜찮다고 말씀하신다. 하지만 한 번도 편안해 보인 적은 없었다. 어머니는 항상 단정하고 예의가 바르고 정확하시지만 주변 사람들에게 곁을 잘 내주시지 않고 무언가 불편함을 주신다. 어렵게 걸음했지만 덕진 씨 어머니는 회기 내내 효심 가득한 자식을 두었다는 칭찬과 자랑만 하다 가셨다. 언제나 흐트러짐 없이 단정한 부모의 모습이 떠오르는 분이 독자 중에도 있을지 모른다. 어쩌면 아무 데서나 허점을 쉬이 드러낼 수 없는 부모의 모습이 미래의 내 모습일지 모른다.

완벽한 모습을 보이려고 애쓰는 내담자의 경우 대부분 인정 욕구가 강한 편이다. 타인의 비난을 견디지 못하는 이유는 어린 시절 사건건건 끊임없이 지적받거나, 무언가를 잘해내야만 인정을 받았기 때문이다. 그냥 나 자신인 것만으로 충분히 괜찮다는 말을 별로 들어보지 못했기 때문이다. 남에게 잘 베풀고, 피해를 주지 않는 덕진 씨는 바른 생활 엄마로부터 '우리 예쁜 덕진이'라는 말보다는 "숙제는 했니?" "왜 인사를 안 하니?" "책을 빌렸으면 바로 갖다 줘야지" 하는 지적을 받기 일쑤였다. 완벽한 엄마의 완벽할 딸이라는 세간의 평가와 달리 덕진 씨도 어머니도 타인에게 무슨 비난을 받지는 않을까 늘 노심초사 신경이 곤두서 있었다.

그래서일까? 두 모녀는 자주 부딪혔다. 덕진 씨의 연애는 매번 실패로 끝나곤 했다. 매사 꼼꼼하고 완벽했음에도 전 남자친구들은 덕진 씨에게 이별을 고했다. 자신이 너무 괜찮아서 부담스러운 건 아닌가 하는 생각이 들 정도였다. 그녀가 상담소를 찾은 이유는 만만치 않은 지금의 남자친구가 "너 (이대로는) 안 되겠다" 하며 커플 상담을 권했기 때문이다. 덕진 씨는 상담을 통해 자신이 남자친구가 무심코 던진 말도 비난으로 해석해 민감하게 쏘아붙인다는 걸 깨달았다. 이렇게 조금씩 자기 자신을 받아들이고 이해하기 시작한 덕진 씨는 마지막 연애에 성공했다. 문제를 파악한 덕진 씨는 이번에는 엄마를 상담소로 초대했는데, 어머니는 끝내 마음을 열지 않았다.

사실 덕진 씨나 덕진 씨 어머니나 피차 알고 있었다. 마음 깊은 곳에서 괜찮은 척을 하고 있어야만 하는, 그렇지 않으면 비난을 받거나 자신감을 잃어버릴 것만 같아 어쩔 수 없이 몸부림치는 현실이 너무 버겁다는 것을. "내 모습 그대로 이 세상엔 도저히 나설 수가 없어요"라는 말이 너무 하고 싶다는 것을.

한 번은 '솔직함'이라는 낭떠러지 아래로 번지점프를 해봐야 나의 가면과 거추장스러운 옷을 날려버릴 수 있다. 내가 나를 잘 포장하는 것이 나 자신에 대한 존중이라고 생각할지도 모른다. 어떤 면에서는 그렇기도 하다. 살면서 때로는 스스로를 포장도 해야 하고 가면도 써야 한다. 하지만 끝까지 포장을 벗길 수 없고, 항상 가면을 쓰고 다녀야 한다면 그건 그것대로 문제다. 그러한 인생은 주어진 선물 상자를 한 번도 열어보지 못하고 포장된 상자채로 평생 들고 다니는 것과 같다. 365일 24시간 화장기 없는 얼굴을 보이지 못하는 사람, 안경이나 깔창 없이는 밖에 다니지 못하는 사람, 공연이 끝났는데도 무대에서 내려오지 못하고 빈 객석을 향해 공허하게 밤샘 공연을 하는 그런 사람과 같다.

그렇다고 나를 이렇게 만든 장본인으로 부모님을 지목해 원망하는 것, 강압적으로 부모님을 고치려고 하는 것은 내가 해야 할 일이 아니다. 부모님이 사과도 하고 다시 나를 따뜻하게 품어주면 더할 나위 없이 좋겠지만 그건 나의 몫이 아니다. 부모님의 몫이고, 부모님의 인생이다. 서글프게도 우리는 삶의 자세를 바꿀 수 없는 부모님, 자존심을 내려놓을 수 없는 부모님, 편애의 세월을 눈감아주길 바라는 부모님을 오히려 이해해드려야 할 나이가 되었다. 상담은 내가 받는 거고 변화도 나의 몫이다. 부모님이 바뀌어야 하고, 엄마나 아빠가 눈물 어린 사과를 해야만 새로운 삶이 시작되는 것은 아니다. 지금부터 내가 어떻게 해야 할지 고민하는 것이 진짜 시작이다. 나의 새로운 인생은 나로부터 시작되어야 한다.

내가 언제까지 다른 사람의 모습을 해야 할까?
언제쯤 내 마음속의 진실이 드러날 수 있을까?

〈뮬란〉의 OST 가사다. 몇 년 전 베니스에서 본 각종 가면이 즐비했던 가면상점이 문득 떠오른다. 만일 우리가 가면무도회에 초대를 받았다면 어떤 가면을 쓸까? 한 가지 가면을 주로 사용하는 사람도 있을 것이고, 어떤 사람은 수백 가지 가면을 수시로 바꿔 쓸지도 모른다. 페르소나 이야기를 하면 에니어그램 이야기를 꺼내는 내담자가 꽤 있는데, 실제로 가면이라 하면 떠오르는 대표적인 것이 에니어그램이다.[2]

아홉 가지 유형의 사람들 중 3유형에 속하는 '성취자형' 사람들이 흔히 상황에 맞춰 화려하고 다양한 가면을 잘 쓸 수 있는 능력이 있는 것으로 알려져 있다. 이 그룹에 속하는 이들은 감정을 누르고 자신이 설정한 목표와 과제를 향해 달려 나감으로써 고통의 감정을 경감시키고자 한다. 그래서 유능함을 매우 중요하게 여긴다. 목표를 위해서 자신을 어떻게 드러내야 할지 잘 안다. 기대에 부합하기 위해, 자기의 감정은 넣어두고 목표한 바를 성취하기 위해 매진한다.

진짜 나, 진짜 자신 앞에 당당해지는 것보다는 무언가를 성취해냄으로써 인정을 받고 더 강화를 받는 유형이다. 그래서 자기 자신이 되기보다는 다른 누군가가 되기 위해 부단히 애쓴다.

인정을 받을 때, 박수갈채를 받을 때는 너무나 흡족하지만 뒤돌아보면 공허하다. '그렇게 안 해도 돼' '그런 사람이 아니어도 돼' '너는 너니까 괜찮아'는 없다. 오로지 성취하거나 그렇지 못하거나 둘 중 하나의 삶으로 삶의 가치가 이분화되고 결과에 의해 평가받는다. 에니어그램으로 예를 들었지만 굳이 해당 유형이 아니어도 성취를 통해 인정받고 싶어 하는 욕구는 누구에게나 있다. 다만 그 정도가 지나친지, 티가 잘 나지 않는지 정도의 차이만 있을 뿐이다.

가면을 잘 쓰는 유형이신 분 중에 상담 때 필기도구를 가져오는 경우가 있다. 때때로 상담이 끝나면 상담 내용을 강의 노트처럼 정리해 상담사에게 공유하기도 한다. 성실하고 진취적인 성격대로 상담을 통해 고단한 마음을 털어놓기보다는 무언가 새롭게 깨달은 점, 배울 점에 주목한다. 언제나 깔끔하고 단정한 자세로.

정신분석학자 칼 융은 사회적 규범을 배우고 기능을 잘하기 위해선 가면을 잘 쓸 줄 알아야 하며 사회에 적응하는 것이 중요한 과제라고 했다. 가면을 안 쓰고 모든 사람이 하고 싶은 대로 행동하고, 옷을 입고, 속에서 올라오는 말을 그냥 그 자리에서 뱉는다면 세상은 굉장히 혼란스러울 것이다. 장성한 후에는 가면을 쓸 때와 벗을 때를 잘 판단할 수 있어야 한다. 가면을 쓰고 있는 나와 진짜 나를 구분해야 한다. 이 둘을 혼동하지 않기를 바란다.

어디까지가 가면이었는지, 왜 내가 가면을 잘 벗지 않아 왔는지, 어떤 모습으로 보이길 원했는지, 가리고 싶은 모습은 무엇이었는지 통찰해야 한다. 계속 가면을 쓴 채로 살면 가면이 나인 줄 착각하게 된다. 가면을 쓴 채로 살아가면 어느 날 가면을 벗고 싶은 마음이 들어도 벗을 수가 없다. 벗어지지가 않는다. 혹은 벗어서는 안 되는 곳에서 가면을 벗는다.

수년 전 운항 중인 비행기 안에서 어떤 대기업 임원이 승무원을 폭행한 사건이 있었다. 어쩌면 그분은 평상시에 점잖고 아랫사람에게 정중한 상사였을지도 모른다. 하여튼 사고는 몇 만 피트 상공의 폐쇄된 공간에서 발생했고, 사람들은 공공장소에서 자행한 폭행과 폭력성이 그의 민낯이라 생각하고 비난했다. 우리는 틈틈이 가면을 벗어놓고 내 진짜 얼굴을 살펴야 한다. 내 진짜 얼굴을 잘 쳐다보고 내 모습을 존중해야 한다. 가면을 벗고 내 얼굴과 마주하는 순간, 습관처럼 TV 속 연예인을 평가하듯이 나에게 점수를 매기면 안 된다. 그냥 있는 그대로 바라봐야 한다. '그 무겁고 갑갑한 것을 쓰고 다니느라 참 고생이 많구나. 애쓴다'라고.

늦은 시간, 퇴근하고 달려온 내담자들은 화장도 다 지워지고 머리도 좀 헝클어져 있지만 아름답게 느껴진다. 다소 지친 그 모습도 있는 그대로의 나 자신이다. 지금 이 순간 내 그림자가 물 위에 비춰진다면 어떤 모습을 하고 있을까? 진짜 내 얼굴일까, 가면일까? 물에 비친 내 모습에 웃을 수 있는 사람이 되기를, 당신의 오늘이 짐을 내려놓고 날갯짓을 마음껏 연습할 수 있는 그런 하루이기를.

오히려 솔직하면 더 가까워질지 몰라요

솔직하다는 건 뭘까? 흔히 솔직함을 무례함과 동일시하는 경우가 많다. 그때 너는 이랬고 저번엔 그랬고, 머리에 기록한 상대방의 의심 정황이나 문젯거리를 쏟아내고 확인하는 작업을 솔직함이라 생각한다. 그런데 그게 과연 솔직한 걸까? 솔직함은 어떤 일의 유무를 따지기 위해서도 필요하지만, 사랑하는 사람끼리 '서로에게 기대하는 것'이기도 하다. 사랑하는 연인 간에 어떤 사건을 두고 왕왕 다투기도 하지만 그 순간 그들이 정말 알고 싶은 건 어떤 정황이나 현상이 아닌 '마음'이다. 우리가 정말 솔직해야 하는 건 자기 자신의 '마음'에 대한 부분이다.

어느 날 현주 씨, 민철 씨가 커플 상담을 신청했다. 너무 싸우니까 싸우는 게 지긋지긋해서 헤어질까 고민하다 찾아왔다고 한다. 최근에 가장 큰 싸움은 민철 씨가 전 여자친구와 SNS로 소통을 하다 들킨 것이 화근이었다. 현주 씨는 민철 씨가 믿음을 주지 못하니 자기가 자꾸 쏘아붙이게 된다고 호소한다. 현주 씨는 자신이 쓸데없이 시비 거는 일이 거의 없으며 옳고 그름을 명확히 판단하는 편이라고 말했다. 옆에 앉아 있던 민철 씨는 이런 자리가 많이 불편해 보였다. 덜미가 잡혀 불리한 입장이기도 했고 '다다다' 쏘아붙이는 현주 씨를 불편하고 부담스럽게 느끼는 것처럼 보였다.

나는 삼자대면 자리에서 이마고 부부관계 치료에서 쓰이는 상대방의 말 '반영하기'를 시작했다.[3] 반영하기 기법에서는 상담사의 주문이나 중재가 있기 전까지 서로의 말을 잘 듣고 그대로 옮겨야 한다. 보통 반영하기를 하다 보면 평소 두 사람의 대화패턴이 드러난다. 이 과정에서 상대방의 말을 끝까지 잘 안 듣거나, 있는 그대로 듣는 것이 잘 안 되고 있었다는 데 새삼 놀란다.

먼저 민철 씨가 시작한다.

"현주야, 미안해. 내가 ○○이랑 여러 날 연락한 거."

"나한테 미안하다고. 네가 ○○이랑 신이 나서 나 몰래 카톡 하고 둘이 따로 만나기로 한 거."

"현주야, 내가 너무 미안해서 할 말이 없다. 오랜만에 온 카톡이라 답장을 한 건데, 갑자기 ○○이가 아버지도 돌아가시고 힘들다고 해서 무시하기가 좀 그랬어. 너도 알다시피 ○○이 아버지는 우리 아버지 친구이시기도 하고. 따로 만나기로 한 적은 없어. 그건 오해야."

"아, 미안해서 할 말이 없다고. 그냥 둘러대고 싶다고."

반영하기는 상대의 말을 있는 그대로 옮기는 기법이다. 그런데 현주 씨의 감정이 격해지자 반영하기가 잘 이뤄지지 않았다. 현주 씨는 상기되어 가쁜 숨을 내쉬고 민철 씨는 깊은 한숨을 쉰다. 내가 개입해 현주 씨에게 물었다.

"지금 현주 씨 기분은 어때요?"

"구차하죠."

"많이 속상하고, 화가 나시죠. 음, 그런데 구차하다는 건 어떤 기분인가요?"

"내가 왜 이런 일로 이렇게까지 난리를 치고 있지? 그리고 이러고 있는 제 모습이 너무 찌질하고, 초라해요."

현주 씨의 말이 끝나자 민철 씨가 고개를 떨군다. 현주 씨가 고개 숙인 민철 씨에게 쏘아붙이며 말한다.

"그래, 뭐 전 여자친구랑 연락할 수 있지. 그런데 네가 뭐가 문젠지 알아? 그냥 사실을 있었던 그대로 솔직하게 말하라고. 나 ○○이가 아직도 끌려, 걔랑 만나고 싶어 이렇게 말이야. 구질구질하게 미안하다느니, 할 말이 없다느니 둘러대지 말고."

그러자 민철 씨가 한숨을 푹 쉬더니 속마음을 털어놓았다.

"현주야, 내가 ○○이랑 왜 헤어졌는지 알아? ○○이는 속을 알수가 없어. 예전에 네가 왜 그 완벽한 애랑 헤어졌냐고 물었지? 그 애는 싸우면 몇 날 며칠 말을 하지 않았어. 내가 잘못했다고 말해야 대화가 되었지. 일이 여기까지 왔지만, 나는 네가 화가 나면 차라리 화를 내서 속이 시원했어. 그런데 지금은 네가 너무 몰아붙이니까 마음이 힘들어. 내 잘못이니 잘 버텨보자 싶다가도 너무 힘들고 괴로워.

난 꾸밈이 없는 네가 좋아. 굳세게 할 일을 알아서 하고, 뭐든 자기 손으로 하려고 하고 그게 좋아보였어. 지금은 많이 안정되어 보이지만 어릴 때 우리 집은 굉장히 어려웠어. 다른 사람들은 할아버지 도움을 받아서 여기까지 온 줄 알지만 그렇지 않았어. 형편이 어려울 때도 웃음을 잃지 않고 긍정적이었던 우리 엄마처럼 다부진 네가 좋았어. 그런데 내가 차마 이 말은 할 수 없었지만, 이제 와서 솔직히 말하면 나는 네가 마음속으로 ○○이랑 라이벌 의식을 느끼는 것 같아. 그럴 때마다 내 마음도 불편하고 한편으론 속상했어. 나는 씩씩하고 당찬 네 모습을 좋아해. 너의 그 자립심을 엄청 좋아하는데, 네 입에서 구차하다는 말까지 나오게 하니 마음이 참담하다. 나도 ○○이가 신경 쓰이냐고 좀 더 단도직입적으로 물어볼 걸 그랬나 싶고."

민철 씨는 무슨 말을 꺼내면 현주 씨가 잘못한 행동을 하나하나 지적하니 말문이 줄게 되었다고 고백했다. "이 말을 들으니 현주 씨 마음은 어떠세요?" 하고 묻자 현주 씨는 "선생님, 민철이한테 제 어떤 점이 좋단 말은 처음 들었어요"라며 펑펑 울었다.

"그래, 난 ○○이가 늘 부러웠어. 어떻게 저렇게 다 가질 수가 있을까 싶었어. 그 애 남자친구였던 너도 신경 쓰였고. 그런데 ○○이가 너랑 헤어지고 금세 다른 남자친구를 사귀는 걸 보고 마음이 좋지 않았어. 그러다 너네 회사에 입사하면서 너와 가까워졌지. 너와 ○○이 관계를 알고 있는 주변 사람들도 마음 한편으론 계속 ○○이랑 나를 비교하고 있었어. 너는 그냥 웃기만 했지, 만나기만 했지, 말이 없었어. 나만 애달프고 나만 초조한 거 아닌가?"

"현주야, 나 너 많이 좋아해. 내가 뭔가를 할 틈을 못 찾겠더라고. 주변 사람들이 그러면 내가 가끔씩이라도 나섰어야 하는데 미안해."

"그러고 보니 왜 진작 날 좋아하긴 하는 거냐고 물어보지 못했을까? 네가 뭘 챙겨주거나, 피곤한데 집까지 데려다준다고 해도 괜히 심술이 나서 '됐어'라고만 했던 것 같아. 늘 두려웠어. 네 마음속에 ○○이가 남아서 나랑 비교하는 건 아닌지."

솔직하다는 건 '시비를 가려내는 것' '상대의 실수나 행동을 복기하는 것'이 아니다. 그 일로 인해 내 마음이 섭섭하다는 것, 또는 그런 일을 겪으며 내 마음에 일어난 감정을 전하는 것이다. 다 아는 이야기라고 할 수 있다. 하지만 생각보다 잘 안 된다. 솔직해지려면 스스로 내 본심을 먼저 받아들이고, 그다음 상대에게 드러낼 준비를 하고, 있는 그대로 전달해야 한다. 막상 해보면 참 쉽지 않은 일이다. 이때도 유의해야 할 점이 있다. 어떤 의도를 가지고 혹은 상대를 조종하기 위한 도구로 활용하면 안 된다. 간혹 솔직함을 '이렇게 말하면 저 사람은 죄책감을 엄청 느낄 거야. 그러면 나한테 잘 할 수밖에 없지' 하고 무기로 활용하는 경우가 있다. 상대방에게 솔직하게 다가서고자 노력하는 것이 아닌, 상대방에게 죄책감을 입혀 유리한 고지를 점령하고자 솔직함을 활용한다.

'투사적 동일시'는 경계선 성격장애 경향을 가진 사람들이 자주 쓰는 무기다.[4] 이런 무기를 가지고 상대방을 조종하는 관계는 오래

가지 못한다. 이런 관계를 반복하다 연인과 결혼에 이른다 해도 결국 조종당하던 상대는 냉담하게 변한다.

대개 내 자신에게 솔직하기도 쉽지 않다. 거울을 보면서 나를 꾸미는 시간은 가져도, 나에게 솔직한 말을 건네거나 듣는 일에 익숙하지 않다. 누군가와 만나면 보통 저 사람이 나를 어떻게 대하는지, 즉 그의 태도나 행동을 확인하지 마음의 본심으로 다가서지 못한다.

"너 왜 그래?" "나한테 왜 그래?" 하는 말보단 본심에 가까운 말, 예를 들어 "내가 지금 불안해. 하지만 단단한 사람으로 보이고 싶어. 그게 잘 안 되니까 사실 나한테 화가 나" "신경이 쓰이는데 신경 쓰인다고 하면 내가 초라해 보이잖아. 그게 정말 싫어. 난 초라해지는 걸 견딜 수가 없어" 하는 말이 낫다. 내 마음이 궁극적으로 원하는 바를 잘 정리해서 상대가 잘 알아들을 수 있게 전달해야 한다.

솔직해지기 위해선 상대의 행동을 매의 눈으로 관찰해 이야기하지 말고, 상대의 어떤 행동이 보일 때마다 내 마음에 일어나는 '나'의 기분을 매의 눈으로 관찰해야 한다. 문제점이나 해결책들을 급하게 주고받기 전에 먼저 자신의 마음속에 올라오는 감정을 그대로 전달하는 것이 중요하다. 내 마음을 진심을 담아 전하면 상대는 자신의 행동을 바꿔야겠다고 생각한다. 누구든 상대에게 좋은 사람이고 싶고, 좋은 영향을 끼치고 싶으니까. 연인이라면 더더욱 그렇다. 하지만 지적을 당하면 뒷걸음질을 치게 된다. 대개 20~30년 부모에게 지적을 받으며 자라는데, 연인한테 또 그걸 받고 싶은 사람은 별로 없다.

내 마음도 전하고, 상대도 나를 위해 내가 원하는 방향으로 움직인다면 이보다 더 큰 횡재가 있을까? 마음속 깊은 곳에 있는 무언가를 솔직함으로 잘 포장해 있는 그대로 전할 때, 이런 자그마하고도 위대한 기적이 일어난다.

심리학에서는 가면증후군을 타인에게 높은 수준의 기대를 받고 실패에 대한 두려움도 높은 사람들이 최악의 상황이 발생했을 때 겪을 충격을 사전에 완화하려는 '방어기제(defense mechanism)'의 일환으로 본다.[5] 이 심리는 학교나 직장에서 나에게 끊임없이 속삭인다. '여기는 네가 있을 곳이 아니야. 실수로 어쩌다 들어오게 된 거지' 하고. 가면증후군은 스스로에게 언젠가 정체가 드러나 끔찍한 결과를 맞게 될 것이라고 가정하게 한다. 가면증후군이 발동된 사람은 극단적인 태도로 이에 대처한다. 자신의 약점, 모자라다 생각되는 부분이 의식되기 때문에 안절부절 불안한 모습을 보인다. 부족한 점을 드러내지 않기 위해 준비하고, 또 준비하고, 예행연습을 한다. 또 어떤 때는 '이건 내가 넘볼 수 없는 일이야' '난 할 수 없어' '난 원서조차 내밀 수 없어' 등 자신이 잘해낸 일들, 자신의 능력, 자신의 능력을 증명한 각종 자격증과 증명서 등을 평가 절하한다. 성공 경험은 운이 좋았던 것이라 치부하고 나와는 무관하다 여긴다.

어느날 함께 팟캐스트를 녹음하던 윤아 씨가 "저는요. 정희 언니, 재희 언니가 너무 부러워요."라고 말했다. 정희 씨가 놀라며 "공부도 잘하고, 착실하고, 누굴 부러워할 거라고 생각한 적이 없는데?" 하고 되묻자 윤아 씨는 한숨을 내쉬며 말했다.

"아니에요 언니들. 저 알고 보면 완전 속 빈 강정이에요. 원래 공부도 못했는데 어쩌다, 정말 어쩌다 좋은 대학에 간 거예요. 저는요, 시험 때마다 간이 쪼그라들어요. '소 뒷걸음질로 쥐 밟은 격'으로 운 좋게 대학에 입학한 게 들통 나면 어떡하지?'라고 늘 생각해요. 그래서 다른 애들이 시험 몇 시간 전에 준비하는 작은 테스트도 저는 일주일 전부터 보고 또 봐요. 그래서 겨우 앞가림하고 다니는 거예요."

이렇게 윤아 씨는 매사 자신감이 없었다. 나는 팟캐스트 녹음 전에 윤아 씨에게 1시간만 더 일찍 오라고 했다. 그리고 함께 상담소 근처 천변을 걸었다. 그때마다 윤아 씨에게 "윤아 씨는 참 지적이고 똑똑해요. 그리고 예뻐요."라고 말했다. 윤아 씨는 "아, 아니에요! 선생님, 왜 그러세요?" 하고 당황했다. 그다음 주에도, 그다음 주에도 나는 똑같은 말을 건넸다. 그다음 주에도, 또 그다음 주에도 윤아 씨와 나는 녹음 전에 미리 만나 천변을 걸었다. 그렇게 우리는 1년쯤 걸었다. 크리스마스에 윤아 씨가 나에게 카드를 보냈다. 산뜻한 빨강색 카드였다. 손재주 좋은 윤아 씨가 직접 만든 카드다. 카드 안쪽에 깨알 같은 글씨가 빼곡히 적혀 있었다.

'선생님과 같이 걸은 시간이 1년이나 되었더라고요. 선생님과 탄천 길을 함께 걸으면서 저는 한 걸음 한 걸음 단단해지고 편안해진 것 같아요. 저는 선생님과 함께 천천히, 그리고 아주 조심스럽게 어두웠던 긴 터널을 지나온 것 같아요. 선생님과 함께여서 지나올 수 있었어요. 나 혼자 서 있다고 생각하면 눈앞이 너무나도 깜깜하고 암담해지곤 했어요. 하지만 선생님과 걷는 순간에는 따뜻한 햇살과 따뜻한 눈길이 마구 느껴졌어요. 거기다가 예쁘다는 이야기까지 들으니 참 감동이었어요. 정말 감사해요.

선생님, 제가 어느 날부터인가 하고 싶은 말을 망설이지 않고 하고 있는 걸 보면서 깜짝 놀랐습니다. 전에는 차마 튀어나오지 못했던 말들이 당당하게 술술 튀어나오는데, 주변 사람들도 별로 불편해하지 않고 오히려 편하고 자연스럽게 분위기가 이어져서 또 놀랐습니다. 순간 선생님의 목소리가 떠올랐어요. 그건 윤아 씨 생각이고요라며 제 말을 받아치시던 장난기 어린 말투가 떠올랐어요. 다른 사람들은 그렇게 생각 안 해요 하고 은근히 콕 집어 주시던 말투. 그리고 윤아 씨는 참 지적이고 똑똑해요라는 큰언니와 같은 말투.

저도 언젠가 저처럼 기죽은 아이를 만나면 같이 걸어주려고요. 그 친구가 굳이 자기는 아니라고 손사래를 쳐도 제가 느끼는 대로 말해줄 거예요. 누군가가 함께 걸어줄 수 있다면 앞이 잘 보이지 않는 길이라도 끝까지 완주할 수 있겠구나, 일단 앞으로 발을 뻗어야 무슨 일이든 되는구나, 그리고 나도 같이 걸어줄 수 있는 사람이 되어야겠다는 생각이 들었어요. 선생님, 정말 감사해요. 하라고 하신 대로 마음속으로 느끼는 걸 있는 그대로 이야기하면 했던 말만 반복하고 또 반복할 것 같아 이만 줄이겠습니다. 제가 앞으로 잘 살아내어서 선생님이 해주신 말씀들이 다 진짜라는 걸 증명할게요. 선생님도 언제나 원이 언니로 건강하게, 미소 가득한 예쁜 얼굴을 보여주세요. 메리 크리스마스!'

나쁜 년 좀
되면 어때?

─────────── 팟캐스트에서 매월 진행하는 글쓰기 프로그램 시간이었다. '명상녀'라는 별명으로 투고된 글을 읽기 시작했다. 제목을 읽자 모두 빵 터졌다.

'나쁜 년 좀 되면 어때?'

이 대목에서 다들 환호를 지르며 박수를 쳤다. 무언가 그간 쌓여 목 밑까지 차올랐지만 차마 뱉을 수 없었던 말, 그러한 말이 누군가의 입에서 대신 터져 나오자 무척이나 시원했다. 그래서 내친 김에 『치유하는 글쓰기』라는 책에 수록된 '미친년 글쓰기'를 모티프 삼아 그다음 글쓰기 주제를 정했다. 책에서 해당 내용이 수록된 부분의 소제목은 '네 안의 미친년을 숨 쉬게 하라'였다. 나는 이런 방식의 글쓰기가 매우 통찰력 있는 제안이라는 생각이 들었다. 베스트셀러 『미움받을 용기』에 많은 독자가 공감한 이유도 현재의 나를 있는 그대로 받아들이고 눈앞에 놓인 문제를 직시할 '용기'의 중요성을 아들러 심리학을 통해 강조했기 때문이다. '미친년 글쓰기'의 맥락도 이와 비슷했다. 이에 한 걸음 더 나아가 '미워할 수 있는 용기'에 해당되는 글쓰기라고 할 수 있다.

다들 운율을 맞춘 멋들어진 문장으로 미운 사람을 시적으로 묘사했다. 그리고 돌아가면서 자신이 쓴 글을 읽어나갔다. 표현이 절제된 듯 노골적이어서 깜짝 놀라기도 했고, 넘치는 위트에 웃음이 쏟아지기도 했다. 여러 사람이 익명으로 본인들 모르게 글쓰기 프로그램 테이블 위로 소환되었다.

가끔씩 우리는 나쁜 사람이 되어보고도 싶고, 실제로 나쁜 사람이 되어도 괜찮았으면 좋겠고, 한편으론 실제로 나쁜 사람이 되긴 사실상 매우 어렵겠다는 생각을 한다. 대개 이런 특별한 자리가 아니면 누굴 미워하고 있다는 마음을, 누군가로 인해 상처받은 마음을 들여다보지 못한다. 상처를 준 사람이 가족이거나, 배우자거나, 형제자매거나, 아니면 나에게 힘을 행사할 수 있는 사람이라면 더더욱 미워해서는 안 된다는 생각이 들 것이다. 그렇다. 나쁜 사람이 된다는 것은 '한번 그래 보지 뭐'라고 무심코 뱉을 만큼 쉬운 일이 아니다. 정말 나쁜 사람이 되면 감수해야 될 것도 너무 많고, 특히 '이미지'에 큰 타격을 입는다. 이미지가 뭐가 그렇게 중요하냐고 할 수 있다. 하지만 우리는 평소 이미지를 유지하고 가꾸기 위해 애쓰고, 노력하고, 고민한다.

　내 본심은 이미지 때문에 상처를 입는다. 이렇게 대접받고 싶다고 말하고 싶은데 그러한 마음이 소외당하고, '네가 어떻게 나한테 그럴 수 있어?'라고 표현하고 싶은 마음도 소외당한다. 남는 것은 남을 향한 어색한 미소뿐이다. 늘 좋은 이미지를 만들어내라고 교육을 받았기에, 그 기대에 부응하기 위해 좋은 사람 코스프레를 해왔을지도 모른다.

　더불어 이미지가 깨지는 것보다 더 두려운 건 '관계가 깨지는 것'이다. 초등학교 교사인 진솔 씨는 매번 글쓰기 모임에서 같은 주제를 반복한다. 요지는 '저는 부모님을 이해해요'라는 것이다. 무엇을 이해하는지 물어보자 진솔 씨는 "부모님이 나에게는 따로 칭찬을 해주지도 않으셨고, 내가 무얼 갖고 싶어 하는지, 무슨 소리를 듣고 싶어 하는지 관심이 없었어요. 늘 발레를 하는 언니에게 관심이 가 있었죠. 언니의 취향, 언니가 좋아하는 음식, 언니의 진로가 부모님의 전부였어요"라고 말했다. 나는 안타까운 마음이 들어 "그건 괜찮다고 이해되는 부분도 있으실 거고, 섭섭한 마음도 들 것 같아요"라고 말했다. "아니에요. 이해해요. 이제 와서 섭섭하다고 한들 무슨 소용이 있겠어요."

　나는 감정을 숨기는 진솔 씨에게 그림을 그리게 했다. 그녀는 밭 옆에 몰려오는 검은 먹구름, 하늘을 가득 채운 구름과 새, 아래쪽은 아무것도 없는 그야말로 황량한 황무지 그림을 그렸다. 초등학교에서 아이들을 가르치는 진솔 씨는 야무지게 일하고, 아이들이 쓰는 일기에도 열심히 피드백을 한다. 무슨 일을 해도 성실함이 뚝뚝 묻어난다. 그런데 일기를 대충 쓰거나 성의 없이 쓰는 아이가 있으면 잘 넘어가지지 않는다고 한다. 자리에 앉히고 끝까지 뭐라 한다는 것이다. 부모님을 이해한다고 늘 강조하던 진솔 씨. 하지만 정작 가르치는 아이들의 마음은 잘 이해하지 못하는 것 같았다.

진솔 씨는 주로 완벽하지 못한 처리에 대해 분노한다. 숙제를 안 해오거나, 시킨 일을 하지 않거나, 지적한 것을 고치지 못하는 아이를 보면 불같은 화가 치솟는다. 그녀는 완벽하게, 깔끔하게 자기 일을 처리해놓음으로써 부모님에게 짧은 관심과 칭찬을 받았다. 그러나 칭찬과 인정도 잠시, 다시 언니에게 관심을 쏟는 부모님의 뒷모습을 바라봐야만 했다. 그러한 섭섭함은 해소되지 않았고, 그때마다 그녀는 더더욱 완벽한 성취에 몰두했다. 스스로를 채찍질하고 다그치던 오랜 습관이 지금 가르치는 아이들에게까지 영향을 미친 것이다.

그다음 글쓰기 모임에서는 '섭섭함과 두려움'을 지점토로 표현해보기로 했다. 진솔 씨는 고개를 숙인 채 등을 지고 있는 두 사람을 표현해놓았다. 누굴 표현했는지 묻자 등을 지고 있는 두 사람에 대해 누군지 모르겠다고 한다. 이후에 다른 사람들의 작품 설명이 끝날 때까지 한참을 바라보더니, 그건 바로 부모님이라고 했다. 나는 진솔 씨 마음속에 있는 두 부모님과 진솔 씨가 마주볼 수 있도록 했다.

"일단 진솔 씨가 마음에 갖고 있는 고마움을 두 분에게 전달해보세요. 그리고 자주 말씀하셨던 '이해한다'는 말도요. 그다음에 '그런데 제가 서운한 이유는'으로 시작하는 문장을 이어서 말씀해보세요."

"맞벌이 하시면서 저희 자매를 위해 애쓰신 거 감사해요. 늘 바쁘고 힘들었던 거 이해합니다. 그런데 제가 서운한 이유는."

진솔 씨가 흐느끼더니 다음과 같이 말했다.

"언니가 어디가 조금만 삐끗했다, 피곤하다고 하면 부모님은 절절 매셨죠? 저는 어디가 아픈지, 열이 나도 괜찮은지 별로 마음 쓰신 일이 없으셨잖아요. 제가 공부를 잘해서 성적 좀 받아오면 '우리 작은딸 잘했어' 딱 한마디뿐이었죠. 그리고는 다시 일하고, 언니를 챙기고…. 저는 이해하지만, 사실 아주 조금 서운해요."

이어서 다음 글쓰기 주제로는 '보낼 수 없는 편지'를 쓰기로 했다. 마음에 품은 말을 쓰되 당사자에게 부치지는 않는 것이다. 하지만 훗날 보내야겠다는 생각이 들면 보내도 된다고 했다. 진솔 씨는 보낼 수 없는 편지를 쓴 다음 부쩍 차분해졌다. 그리고 왠지 무언가 새로운 의지가 생겨난 것 같은 느낌도 들었다. 옆에 있던 내담자 태양 씨가 진솔 씨에게 "뭐라고 쓰셨기에 갑자기 표정이 달라졌어요? 들어보고 싶어요"라고 말했다.

눈에 눈물이 맺힌 것 같기도 하고, 뭔가 의지가 가득한 것도 같은 진솔 씨가 자신의 글을 읽어 내려갔다.

"엄마, 아빠. 제 마음속에는 이런 말이 가득합니다. '왜 그렇게밖에 못하셨어요?' '왜 나한테 그러셨어요?' 하지만 글쓰기 선생님께서 다른 말로 표현해보라고 하셨어요. 부모님이 나를 아프게 한 게 아니라고 부정하지도 말라고 하셨어요. 제 섭섭한 감정을 있는 그대로 적어보라고 하셨어요. 그래서 이렇게 적어봅니다. 진짜 제 마음의 말을. 그때 언니와 제 공연이 있을 때요. 두 분은 언니를 보러 가고 저 혼자 택시를 타고 공연장에 갔을 때 너무너무 힘들었어요. 너무너무 섭섭했어요. 늘 혼자 잘 다니던 공연장이었지만 그날은 저도 긴장되고 힘든 날이었는데, 저는 그냥 버려지고 언니만 중요한 것 같아서 서글펐어요. 그때 나는 언니보다 어렸는데, 혼자 드레스 갈아입고 대기실에 앉아 있는데 마치 버려진 고아 같았어요. 늦게 오셨지만 엄마가 저에게 별말 없이 왔다갔다 힘들다고만 하셔서 너무 서운했어요. 하지만 엄마가 왔다는 데 눈물이 왈칵 쏟아져서 멈추질 않았죠. 무대 화장이 다 지워진다고 당연히 혼났고요. 그 뒤로는 엉뚱한 타이밍에 눈물이 왈칵 쏟아지는 날이 많았어요.

한편으로는 부모님을 힘들게 만든 나쁜 아이라는 생각이 들어서 죄책감에 휩싸일 때도 있었어요. 때때로 저는 서운한 감정이 올라오면 화가 막 나기 시작해요. 너무 화가 나서 다른 대상에게 쏘아붙이곤 하죠. 제 감정 기복에 친했던 친구들이 저를 불편해 한다는 걸 알아요. 저는 섭섭한 걸 섭섭하다고 말을 못하니 다른 방식으로 화를 내요. 화가 나기 시작하면 제가 잘해내고 있지 못하는 일들이 눈에 막 들어오면서 더욱 화가 나요. 그래서 저는 늘 화가 나 있었어요. 부모님을 이해하는 이해심 많은 딸이었지만, 화가 너무너무 많은 사람이기도 했어요. 지금 와서 돌이켜보면 이 모든 것의 근원은 섭섭함이었어요."

그다음 모임에 등장한 진솔 씨. 한결 화사해진 모습에 모두들 감탄했다. 지난 번 모임이 끝나고 바로 그 주말에 부모님을 찾아뵈었다고 한다. 식사를 하고, 커피를 들고 걸으면서 하고 싶은 말을 꺼냈다고 한다. 진솔 씨가 모든 감정을 쏟아내자 뜻밖에도 어머니께서 이렇게 말씀하셨다.

"그동안 계속 마음이 쓰이긴 했는데, 어쩌다 보니 한 번 물어보지도 못하고 세월이 이렇게 흘렀네. 미안해, 딸."

그런 엄마의 미안하다는 한마디에 울컥하기도 하고, 가슴에 꽉 막힌 무언가가 뚫리는 기분이었다는 진솔 씨. 그녀는 "부모님과 헤어지고 자취방으로 돌아오는 발걸음이 너무나도 가벼웠어요"라고 말했다.

제일 중요한 건 내 마음이다. 이기적으로 굴라는 뜻이 아니다. 내 마음이 상하고 있는데 나조차도 내 상한 마음을 외면한다면 누가 내 마음을 돌아봐주겠는가? 부모님의 마음이 상할까봐 아무 말도 할 수 없다고 하지만 정말 아무 말도 하고 싶지 않은 걸까? 해결되지 않은 감정은 어딘가로 흘러가지 못하고 고이게 된다. 고인 물은 상하기 쉽다. 고인 감정의 물을 흘려보내지 못하면 어떻게든 다른 방식으로 표출된다. 이런 노력을 '수동공격'이라 한다. 엄마, 아빠가 내 마음을 몰라주고 언니를 편애하는 것 같아 언니의 생일파티에 참석하지 않는다거나, 이유 없이 부모님의 요청에 부정적으로 반응한다. 어떤 일을 시키면 굉장히 길게 시간을 끌고, 마음의 상처가 없는 언니는 부모의 말에 재빠르게 반응해 더더욱 예쁨을 받는 악순환이 반복된다. 나는 더 소외감을 느끼고, 또 나도 모르는 수동공격이 심화된다.

간혹 어떤 내담자는 "저는 누구를 딱히 미워한 적이 없어요"라고 이야기한다. 어떻게 미워하지 않고 사랑만 할 수 있겠는가? 사랑하면 기대할 게 많아 서운한 것도 많아지고, 해주고 싶은 만큼 받고 싶은 게 많아진다. 그게 당연하다. 주고받아야 한다. 선물이나 호의처럼 '기브앤테이크(give and take)'가 깔끔할수록 관계에 별다른 잡음이 없다. 부정적인 표현을 삼가야 관계가 잘 유지되는 게 아니라 부정적인 마음, 섭섭한 마음을 잘 표현할 수 있어야 관계가 깊어지고 오래갈 수 있다. 안 그러면 자비로운 나는 자신이 분노의 화신이 되어가는 줄도 모르고 엉뚱한 화살을 여기저기 계속 날릴 것이다. 지금 당신은 무슨 말이 제일 듣고 싶은가? 어떤 마음을 건네받고 싶은가? 내 마음이 하는 솔직한 소리에 귀를 기울이자.

쿨한 사람이
되지 마세요

'저는요, 정말 쿨하고 싶어요. 그런데 전 그런 사람이 아니에요. 사소한 데 목숨을 거는 사람이죠. 자꾸 사소한 것들이 생각나요. 사소한 무언가가 계속 저를 신경 쓰이게 만들어요. 누구한테 면박을 당하거나 공격받으면 그때는 아무 말도 못하다가 집에 와서야 그때 이렇게 말했어야 했는데, 이런 말로 한 방 먹일 걸 하고 후회해요. 이러고 있는 제 자신이 정말 찌질하게 느껴져요. 언젠가 한번 얼굴 뵙고 상담을 받았으면 싶지만, 어쩌면 마주쳐도 저를 못 알아보시는 편이 나을 것 같아 편지를 올립니다.'

어느 날 소정이라는 이름으로 나에게 편지가 왔다. 나는 다음과 같이 답변했다.

'쿨이란 단어가 여느 때보다 듣고 싶어지는 무더운 여름이네요. 어찌나 날이 더운지, 사시사철 쿨하게 지낼 수 있는 냉방기가 있다면 가재도구라도 팔아서 쟁여놓을 판입니다. 방 가득 시원한 냉기가 식지 않도록 말이죠. 그런데 갑자기 기온이 낮아져 비가 쏟아지거나 눈이 오면 조금은 따뜻했으면 좋겠다는 생각이 듭니다. 참 사람 마음이 간사하죠. 언제나 갈팡질팡하죠.

늘 쿨하며 작은 데 연연하지 않는 삶의 태도를 갖는 것. 누구나 비슷한 바람일 것 같아요. 저도 쿨해 보이고 싶거든요. 우리 쿨하지 못한 사람들끼리 좀 더 깊은 이야기를 나눠볼까요? 최근에 마음이 상했거나, 쿨해 보이지 못해서 무너졌던 이야기가 있다면 적어 보내주세요.'

답변은 생각보다 빠르게 왔다. 소정 씨는 다음과 같이 서운한 일들을 나열했다.

'선생님, 답변 감사합니다. 룸메이트 정아가 저한테 20만 원을 꿔 갔거든요. 두 달이 지났는데 갚질 않아요. 그런데 이 친구가 새 옷을 살 때마다 속이 부글부글 끓는 거예요. 정아 때문에 방을 같이 쓸 수 있는 거고, 가끔 정아가 밥을 사기도 하는데 저는 왜 고작 20만 원에 정아가 꼴 보기가 싫은 걸까요?

또 제가 조교 일을 하는데요. 교수님이 ○○호텔 식당 6인 룸 예약이 가능한지 알아보라고 하셨거든요. 가능한지 알아보고 예약을 할지 말지 교수님께 물었는데, 모임 날짜가 아직 확정되지 않았다고 하셔서 그냥 잊고 있었죠. 모임 하루 전에 갑자기 어떻게 되었냐고 물으시는데, 그때는 이미 예약이 꽉 차 있었죠. 저를 나무라시는데 억울하기도 하고 나무라는 말에도 아무 대꾸도 못했어요. 교수님 앞에서는 아무 말도 못했지만 옆자리 조교랑 교수님을 씹고 또 씹었죠. 그 뒤로는 교수님이 애매하게 지시를 하면 짜증이 확 나고 스트레스를 받아요. 교수님께서 모임이 잦으신데 항상 깔끔하게 결정해서 정리를 안 해주시니까 너무너무 화가 나요.

그리고 언젠가 금요일 밤에 남자친구가 저를 보러 한 달 만에 서울에 올라왔거든요. 그래서 토요일에 데이트를 하기로 했는데 갑자기 남자친구 어머니께서 남자친구에게 그날 옷을 사러 가자고 했다는 거예요. 저와의 선약을 깨고 일요일이나 월요일에 만나자고 하는데 화가 났어요. 남자친구 어머니도 여자친구가 있다는 것을 아시고, 남자친구도 다른 날에 쇼핑을 하자고 해도 되는데 말이에요. 저는 그냥 잠시 가만히 있다가 그러라고 말했어요. 그 하루 가지고 찌질하게 구는 것처럼 보이고 싶지 않았거든요. 그 뒤로는 남자친구의 가족 일에 대해 예민해지고, 나를 우선순위로 두는지 아닌지 두고 보자는 마음으로 자꾸 살피게 되어서 짜증이 나더라고요.'

편지는 그렇게 마무리되었다. 나는 '소정 씨, 쿨한 사람이 되지 마세요'로 시작하는 긴 답변을 썼다.

'소정 씨, 쿨한 사람이 되지 마세요. 가끔 쿨해 보인다는 말을 들으면 뜨끔하면서도 한편으로는 좀 우쭐해지곤 합니다. 쿨하다는 말을 듣고 싶지 않은 사람은 없을 것입니다. 어쩌면 그러한 평을 듣고 싶은 욕구 속에는 내가 정말 쿨한 사람이 되고 싶다는 욕구보다는 다른 사람에게 그런 평가를 받고 싶다는 욕구가 더 클지도 모릅니다. 우리는 학교에서 선생님에게, 그리고 가정에서 부모님께 자신의 감정을 잘 드러내지 않는 아이가 성숙한 아이라는 사회적 기대를 학습하며 커왔습니다. 그러나 막상 감정적인 문제가 커지거나 감정적 갈등이 불거졌을 때는 합리적인 자기주장적 자세나 이성적인 태도가 상황을 호전시키지 못한 경험을 갖고 계실 것입니다. 진정한 감정 교류와 감정에 대한 자각은 일상 속 수많은 문제의 해결책이자 성장의 원동력이기 때문입니다.

불편한 감정이 함께 따라오는 기억, 아직도 따끔하기만 한 마음의 상처를 떠올려보세요. 그 상처를 있는 그대로 인정받지 못했기 때문에 내 안에서 떠나지 못하고 남은 것입니다. 누군가에게 참을 수 없는 질투가 나거나 작아지는 느낌, 또는 속상한 감정이 든다면 그 느낌을 있는 그대로 받아들이길 바랍니다. 그때 눈물이 난다면 우세요. 내 마음속에 솟아오르는 감정을 따뜻이 품어주고 잘 떠나보내길 바랍니다. 어떤 상황이나 감정에 좀 약한 부분이 있다는 건 내가 나약하기 때문이 아닙니다. 오히려 자신의 약한 부분이나, 채워지길 갈구하는 부분이 있다는 걸 마주할 수 있는 사람이 용기 있는 사람입니다. 그런 사람은 자신의 약한 부분이 드러나는 걸 두려워하지 않습니다.

누군가가 남의 약점을 들추거나, 상대를 무시한다면 그냥 쿨하게 지나가지 마십시오. 오히려 나는 지금 네 말에 기분이 안 좋고, 네 말에 마음이 아프다고 말하는 것이 좋습니다. 이렇게 말하는 것은 짜증을 내거나 다른 이유를 들어 화를 내는 것보다 훨씬 어려운 일이지만, 오히려 좀 더 솔직한 관계로 진전되는 계기가 될 것입니다.

누군가와 함께하고 싶은 욕구가 없는 사람은 없습니다. 그런데 막상 함께 있으면 기분 좋은, 또는 진실한 친구가 있노라고 선뜻 말할 수 있는 사람은 몇 안 될지 모릅니다. 함께 있으면 좋겠다 싶은 사람 중에 쿨해서 좋은 사람이 있을 겁니다. 그런데 정작 진짜 가까운 친구는 어떤가요? 어쩌다 친해졌나요? 내가 쿨해서 친해졌나요? 아니면 그 친구가 쿨해서 친해졌나요? 아닙니다. 서로 쿨하지 않게 서운했던 걸 쏟아내고 들이받고 하면서, 혹은 쿨하지 않은 모습을 하나둘 들켜가면서 겉옷을 벗은 느낌을 갖게 되었을 거예요. 이런 속내를 공유하는 크고 작은 사건이 세월과 함께 쌓여 동지애와 친밀감을 느끼게 되죠.

쿨한 사람 중에는 타인과의 관계보다는 자기 내면에서 어떤 표상을 지닌 내적 자아와 관계를 맺는 편이 더 편한 경우가 많아요. 주변 사람들과는 거리를 두고 지내는 경우도 있습니다. 소정 씨는 무엇이 더 중요하세요? 누군가와 관계를 맺는 것, 마음을 나누는 것, 따뜻한 온정을 나누는 일보다 쿨한 느낌을 주는 게 더 중요한가요?'

내 마음을 표현하고 나면 오히려 마음이 시원해집니다. 마음속에 꽁꽁 가둬둔 원망과 미움이 느슨해집니다. 어쩌면 도리어 쿨한 시원함을 더 빠르게 손에 넣을 수 있죠. 자, 쿨하지 말고 그냥 솔직하게 시원하게 삽시다.

내 안의
수치심

———————— 오래전에 상담을 종결한 영진 씨가 상담소를 찾아와 꽃과 케이크를 건넸다. 그간 가끔 문자만 주고받다 오랜만에 목소리를 들으니 안도의 한숨이 쉬어진다. 영진 씨의 웃음이 참 이쁘다. 이 웃음이 주는 많은 의미는 영진 씨와 나만이 안다. 세월 사이에 차곡차곡 숨겨져 있는 일들, 오랫동안 웃을 수 없게 만들었던 사건들.

"저는 자존감이 낮아요. 사람들이 절 별로 좋아하지 않아요."

늘 영진 씨가 입에 달고 다녔던 말이다. 좋은 대학에 수학특기생으로 입학해서 졸업하고 대기업 핵심 인재로 괜찮은 연봉을 받는 영진 씨. 누가 봐도 능력 있고 영특한 직장인이지만 늘 자기 자신에게 자신이 없었다. 미국 회계사 자격증도 따고, 회사를 그만두고 6개월 공부한 뒤 로스쿨에 입학하는 등 성공경험이 쌓이고 쌓여도 자존감은 바닥을 기었다. 무언가 성취하고 상을 받아도 가족에게 시원하게 칭찬을 받아본 적이 없다는 영진 씨. 무언가를 해내도 기쁘지 않고 강압적으로 무서운 표정을 짓던 엄마의 얼굴이 떠오른다. 참다 참다 폭발해버린 영진 씨는 한동안 걸어다니는 활화산처럼 매사 신경질적이고 공격적이었다.

영진 씨가 선물해준 꽃다발을 풀어헤치지 않고 그대로 꽃병에 꽂았다. 영진 씨는 그동안 꽃꽂이를 배웠다고 한다. 풍성한 꽃다발 사이사이 피어 있는 작은 꽃들에 눈길이 간다. 영진 씨에게 꽃꽂이는 많은 의미가 담긴 취미다. 취미를 갖는다는 건 그만큼 마음의 여유가 있다는 뜻이기 때문이다. 영진 씨는 법 앞에서 평등한 삶을 실현하고 싶다고 했다. 공정한 사회로 나아갈 수 있도록 보탬이 되는 인생을 살고 싶다고 했다. 그 말대로 살면 좋겠다. 본인이 행복한 만큼 다른 이의 행복도 간절하게 바라는 차가운 머리와 뜨거운 심장을 가진 멋있는 법관으로 살길 바란다면서 응원해드렸다.

토요일 이른 아침, 선미 씨가 영진 씨가 선물한 꽃을 한참 쳐다본다. 선미 씨가 말했다.

"참 예쁘네요."

"꽃을 좋아하세요?"

"네, 꽃을 정말 좋아해요. 꽃에서 향기가 나네요."

피디가 꿈이었던 선미 씨는 언론고시를 준비하다 3년 만에 접고

중견 프로덕션에 입사했다. 주요 3사와 케이블 방송국의 하청업체이다 보니 쉬는 날이라곤 없었다. '월화수목금금금'은 농담이 아니었다. 좋은 프로그램을 만들기 위해 불철주야 뛰어다녀도 보조피디인 그녀의 이름 석 자는 여간 해서는 눈에 잘 띄지 않는다.

상담 3회기째, 그녀는 긴 한숨을 쉬며 상담소 의자에 앉는다. 가방 속 노트와 필통을 한참 뒤적이는데 무슨 철렁철렁 소리가 난다. 필통 소리일까? 아니다. 그녀의 필통은 노란 천으로 된 필통이다. 약통이 흔들리는 것 같은 소리다.

"혹시 어디 아프세요? 약통 소리 같은데."

"아."

둘 사이 긴 침묵이 흐른다. 그녀는 "저, 수면제를 모으고 있어요" 하고 떨리는 목소리로 말했다. 먹지는 않고 모은단다. 의도가 있든 없든 좋은 징조는 아니다. "죽으려고 이 고생을 하면서 사는 건 아니잖아요. 이리 주세요, 약통" 하고 약통을 뺏었다. 일이 바쁜 나머지 선미 씨는 상담시간도 자꾸 변경했다. 자기 일정을 자기 마음대로 할 수 없는 상황에 선미 씨는 가슴이 찢어질 듯이 아팠다. 한편으로는 꿈을 꾸고 도전하는 그녀가 대견스러웠다.

어느 날 그녀가 쌍커풀 수술을 하기로 했다며 상담을 미뤘다. 그녀는 농담처럼 "돈과 외모를 둘 다 포기할 수 없어서요" 하고 말하며 웃었다. 그다음 주가 되었다. 선미 씨가 마스크를 하고 모자를 푹 눌러쓴 채 등장했다. 언뜻 보기에 눈꺼풀이 뭔가 부자연스럽다. 원래 수술하면 이런 건가? 뭔가 삐뚤어져 있는 것 같은 이 느낌은 뭐지?

선미 씨가 조심스레 입을 뗐다. "선생님, 놀라셨죠. 쌍꺼풀 수술이 잘 못되었어요." 하고 그녀가 엉엉 운다. "제 인생은 되는 일이 하나도 없어요. 그냥 고등학생 때 옥상에 올라갔을 때 확 죽어버렸어야 했어요. 이제 저는 어쩌죠?"

우리는 한참을 마주 앉은 채 아무 말을 못했다. 병원에서는 2개월 뒤에 다시 수술을 하자고 했다고 한다. 이참에 선미 씨는 일을 잠시 그만두기로 했다. 그리고 귀농까지는 아니지만 퇴직하고 해보고 싶었던 시골생활을 즐기기로 했다. 촬영지 중에 제일 인상 깊었던 청산도에 머무르기로 한 것이다. 선미 씨는 비탈진 산기슭에 흐드러지게 핀 노란 유채꽃밭 사진과 함께 편지를 보내왔다.

'선생님, 안녕하세요. 한 번쯤 다시 가보고 싶다고 했던 곳에 두 달이나 머무르게 되었네요. 큰 행운입니다. 선생님이 청산도를 아서서 놀랐어요. 영화 〈서편제〉뿐만 아니라 선생님이 애청했던 드라마 〈봄의 왈츠〉 촬영지로도 유명하더라고요. 이곳에서 제가 할 수 있는 일은 모자를 푹 눌러쓰고 선글라스를 낀 채 하루 종일 걷는 것입니다. 자연경관을 촬영하는 게 제 주업무는 아니었지만, 이곳에서 촬영할 때면 어느 곳에서 앵글을 잡아도 다 영화처럼 나와서 마음이 끌렸습니다. 이곳이 대표적인 슬로시티라고 하더라고요. 슬로시티 운동은 시간, 자연, 환경, 계절을 있는 그대로 존중하고 속도는 느리지만 활기찬 삶을 살아보자는 이탈리아 그레베 인 키안티에서 시작되었다고 해요.

청보리밭에 보리들이 봄바람에 춤을 출 때면 저도 따라 맨발로 춤을 추고 싶어집니다. 제가 살아왔던 방식과는 모든 걸 반대로 살게 만드는 곳이에요. 도시의 분주함은 안 보이고 아름다움과 맑은 공기만 있어요. 청산도의 낙조는 제가 본 경관 중 최고였어요. 정신을 차리지 않으면 태양이 바다 아래로 사라질 때 저도 같이 끌려갈 것 같았죠. 아직 덜 익은 보리들이 서로 스치는 소리, 파도가 들락거리는 소리, 바다 새의 소리. 이런 소리들은 제가 평생 정말 토할 정도로 잔뜩 먹고 살았던 각종 핀잔들을 잠깐이나마 잊어버리게 해줍니다. 이런 소리들이, 이런 예쁜 빛깔들이 세상에 가득한데, 이런 좋은 것들로 육체와 정신을 채울 수 있는데 왜 저는 잠도 못 자고 쫓기며 살았을까요? 우리 집이 가난한 게 왜 그렇게 부끄러웠을까요?

그러고 보니 저는 제 자신이, 제 존재 자체가 부끄러웠어요. 엄마와 아저씨가 불륜으로 낳은 아이, 태생부터가 수치스러움 그 자체였죠. 출생부터 누군가에게 말할 수 없는 상처였고, 수치였고, 감추고 싶은 비밀이었죠. 저는 늘 저를 다 내보이면 안 되었습니다. 엄마는 이 운명을 다 짊어지겠다고, 이런 어촌 어딘가에서 술을 따르면서 번 돈으로 저를 키웠습니다. 엄마가 제 엄마라는 게 고맙지만 창피했던 순간도 많았어요. 그냥 나와 관련된 모든 것이 수치이고 고통이었어요. 공부를 잘했던 저는 육지로 나가 공부를 할 수 있었지만 기숙사에서 나와야 하는 주말에는 돌아갈 곳이 없었어요. 외할머니가 살다 돌아가신 폐가 같은 빈집에서 먹을 것도 없이 주말을 보내고, 허기진 채로 기숙사로 돌아가곤 했어요. 늘 열심히 살았는데 저는 왜 매일 배가 고프고 고단했을까요? 수치스럽고, 찢어지게 가난한 흙투성이 배경이 문제라고 생각했죠. 맞는 말이기도 하고요.

그런데 청산도에 오니까 인생의 고민들이 별 의미가 없더라고요. 부모님은 뭘 하시는지, 무슨 대학을 나왔고 얼마를 버는지 궁금해 하는 사람도 없어요(이곳 부녀회 아주머니들이 애인이 있느냐, 부모님은 계시느냐, 서울에서 직장 다니는 아들이 있는데 만나보겠느냐 하시는 정도입니다). 제 뼛속 뿌리 깊이 박혀 있는 이 수치심을 이곳에서 별 생각 없이 날리다 갈 수 있으면 좋겠어요. 서울로 돌아간 이후의 시간은, 지금은 생각하고 싶지가 않네요. 선생님, 건강하세요. 또 연락드릴게요.'

수치심. 수치심은 자존감처럼 누구에게나 다 있다. '내 안의 진짜 모습을 알면 나를 정말 싫어할 거야' 하는 마음이 기저가 되는 수치심. 그 밑에는 '나는 부족해'라는 생각이 깔려 있다. 그래서 수치심을 없애기 위해 완벽한 조건을 갖춰야 한다고 생각하기 마련이다. 수치심이 깊을수록 더더욱 성공하고 완벽해 보이려고 노력한다. 하지만 이 세상엔 완벽이란 없다. 최고라는 것도 상대적인 개념인지라 늘 순위가 바뀌고, 언제나 정상에 있을 수 있는 사람은 없기 때문이다. 그러니까 '나는 부족하지 않을 거야' 하는 각오와 이를 이루기 위한 질주는 애초부터 어리석은 질주다.

그냥 '부족해도 괜찮아'라고 생각하고 조금은 여유 있게 사는 것이 지혜로운 선택이다. '부족하지만 좀 더 애써보자' '부족해도 나는 내가 좋아' 하는 경지로 나아가야 한다. 내가 나를 좋아하지 않는 한 수치심을 떨쳐내기 위한 분노의 질주는 멈출 수가 없다. 그러한 질주에는 종착지가 없다. 다다를 수 없는 것을 쫓는 레이스니까.

꽃은 그냥 꽃이어서 예쁘고, 풀등해변은 그냥 풀등해변이라 아름다운 얇은 파도를 뿌린다. 촘촘히 높게 쌓인 상서리의 돌담들은 한 사람의 인생 이야기처럼 많은 돌들로 이뤄져 있다. 돌이 크든 작든, 잘생겼든 못생겼든 저마다의 모양으로 아기자기한 돌담의 한 귀퉁이를 채운다. 그 돌담이 건재하기 위해서는 모두가 꼭 필요한 돌들이다. 청산도의 범바위는 호랑이가 웅크린 모양을 하고 있다. 나는 그 범바위가 선미 씨의 꿈을 품은 모습 같이 느껴졌다.

불안
네 이놈

어느 날 미정이라는 분에게 이런 편지가 왔다.

'원이 선생님 안녕하세요. 오랜 잠을 깨보려고 몸을 일으켜 사연을 보내봅니다. 최근 몇 년간 한 번도 내보지 않은 용기를 내어보려합니다. 천 년의 잠을 자다가 이제 막 깬 사람도 이렇게 무기력하진 않을 거예요. 백두산 천지에 빠져 온몸을 휘적거려도 자꾸만 더 깊이 빠져드는 꿈을 꿨어요. 그 꿈이 제가 헤어 나오지 못하는 깊은 무기력을 적나라하게 보여주는 것 같아 섬뜩했어요.

자고 있는 건지 깨어 있는 건지 잘 모르겠어요. 잠에 취하면 하루종일 자도 또 잠이 오잖아요. 저는 그렇게 산 지 너무 오래 되었어요. 이제 그만 새롭게 출발하고 싶은데 무엇부터 해야 할지 모르겠어요.

누워서 유튜브를 우연히 보다가 '평범한 상담소'라는 채널에 들어가게 되었어요. 사연 편지를 듣다 보니 저랑 비슷한 사연을 보낸 사람이 있더라고요. 선생님께서 답장으로 보내주신 편지를 들으면서 눈물이 쏟아졌어요. 선생님의 따뜻한 목소리로 답장을 들으면 너무 큰 위로가 될 것 같아 몇 자 적어봅니다.'

미정 씨의 사연은 이랬다. 그녀는 누군가가 자신을 구속하는 걸 참지 못하는 성격이라 했다. 오랫동안 감옥에 수감된 사람처럼 밖을 나가지도 않고, 그냥 집에서 먹고 자는 게 일이었다. 자신을 도와줄 사람을 찾지도 않고, 누군가가 손을 내밀면 피하기 일쑤였다. 깜깜한 방에서 밤새 유튜브만 봐서 그런지 눈도 나빠지고 생리도 불규칙해졌다. 벗어나고 싶지만 벗어날 수 없는 늪에 빠진 것이다. 목표를 세우고 해야 할 일을 쥐어짜듯이 아주 빡빡하게 적어도 이틀 이상 계획한 대로 실천해본 적이 없다고 했다. 그렇게 작심삼일을 반복하면 마음이 더 지치고 다시 공허함에 빠져들었다.

미정 씨는 마음의 허기를 폭식으로 채웠다.

'허전한 마음이 들면 사랑을 하고 싶고, 사랑받고 싶다는 마음이 차오릅니다. 그럼 순간 다시 허전해지고, 허기가 막 올라옵니다. 배달 앱을 열어 이것저것 주문합니다. 음식들이 도착합니다. 그날은 끝없이 음식을 집어넣어요. 맛도 도통 모르겠어요. 이전엔 좋아했다 생각한 음식들을 시켰는데 정말 맛이 없어요.'

그렇게 맛있지 않은 것을 꾸역꾸역 집어넣고 잠이 든다. 아침이면 방에 널브러진 플라스틱 용기, 음료수 캔, 스티로폼 등을 보면서 스스로를 다시 한번 혐오한다.

나는 미정 씨에게 '우선 용기 내서 편지를 보내주셔서 감사합니다'라고 시작하는 편지를 썼다.

'잠에서 깨어나려고 힘을 주는 미정 씨는 어떤 분일까 상상해봅니다. 미정 씨는 이렇게 노크한 것만으로도 엄청난 용기와 에너지를 끌어 모으신 겁니다. 매일매일이 실패의 연속이라고 생각하고 계신지도 모릅니다. 앞으로 잘 나아가지지 않고 변화가 눈에 안 보이는 길고 긴 시간. 하지만 저는 그 시간이 무용하다 생각하지 않아요. 재활의 시간이고 미정 씨가 자기 자신과의 긴 싸움에 돌입한 야간전투의 시간이라는 느낌이 듭니다. 다리를 다쳤던 사람이 다시 걷기 위해서 매일매일 진전이 전혀 없어 보이는 재활의 고통을 견뎌내야 하듯이, 미정 씨는 매일매일 죽기보다 하기 싫은 재활을 해야 합니다.

고통보다 더 힘든 건 어쩌면 아무것도 나아진 것 없어 보이는 일을 바보처럼 반복해야 한다는 현실일지 몰라요. 몸이 많이 다친 사람이 처음부터 강도 높은 재활을 할 수는 없습니다. 마음이 상한 사람도 똑같습니다. 사소한 작은 것부터 시작해보시면 어떨까요? 무언가를 이루려고 애를 쓰면 더 초조해집니다. 오늘 하루만, 하루를 6시간씩 4등분해서 4번씩 살아보는 겁니다. 아니면 12시간씩 2번 사는 것도 좋고요. 그렇게 살아낸 하루가 쌓여서 미정 씨의 인생을 이뤄내는 것입니다. 갑자기 체력이 없는데 막 뛰어가려고 달려들면 몇 걸음 못 가고 맙니다. 그땐 너무나 큰 좌절이 밀려와요.'

나는 미정 씨에게 다음과 같은 루틴을 제안했다.

첫 3일: 방바닥 머리카락 줍기

1주차: 방바닥 머리카락 줍기+청소 한 번

2주차: 정해진 시간에 일어나기(무리하지 말고 오전 10~11시도 좋으니 규칙적인 생활하기)+아침 라디오 방송 듣기(사연과 음악이 함께 나오는 채널)

3주차: 주변 상담소 검색하기, 상담 신청하기

4주차: 매일 일정한 시간을 정해 산책하기

라디오 방송은 화면이 보이지 않으니 음악과 사연에 귀를 기울이게 해준다. 귓가에 남는 소리들은 한참 동안 여운을 준다. 소리는 상상을 하게 하고 생각을 자극한다. 밤에 TV를 보면 광고나 예능 프로그램에서 보이는 음식이 입맛을 마구 당기게 한다. 폭식을 해결해야 하니 당분간은 TV를 멀리할 필요가 있었다.

'내가 어떻게 지내고 있는지를 정기적으로 보고할 수 있는, 그리고 듬뿍 격려를 받을 수 있는 상담 선생님이 생기면 좋겠어요. 섭식장애 클리닉 방문도 도움이 될 것 같아요. 힘내세요, 미정 씨. 오늘 하루도' 하고 나는 편지를 마무리 지었다.

'선생님, 유튜브에서 가명이지만 제 이름을 불러주시고 그 편지를 읽어 내려가실 때 무언가 말로 다 할 수 없는 따뜻함이 깊은 곳에서 올라오는 게 느껴졌습니다. 마음을 담으면 전파를 통해서라도 온기가 전해지는 모양입니다. 제 이름을 불러주시고 답장해주셨잖아요. 이 부분을 돌려 듣고 또 돌려 들었습니다. 그다음 날도 역시 되는 대로 시간을 흘려보내면서 그냥 그렇게 포기하고 싶기도 했어요. 하지만 한 번 힘을 내봤습니다. 아냐, 오늘 하루도 망할 수는 없어. 그래, 선생님 말씀대로 할 수 있는 걸 하자. 그냥 열심히 하지 않아도 돼. 할 수 있는 만큼만 하면 돼. 스스로 이렇게 다짐하고 행동으로 옮기자 작지만 큰 변화가 시작되었습니다.

TV, 유튜브처럼 자극적인 매체가 영향을 많이 주나 봅니다. 그래서 자극적인 영상도 안 보려고 노력하고 있어요. 하지만 이렇게 뭔가 생산적이지 않아도 이 삶이 가치 있다 할 수 있을까요? 친구를 만나면, 아니 만나기로 한 순간부터 뭔가 생산적이지 않은 선택을 한 것 같아서 불안해져요. 친구들은 나를 이 지독한 우울과 불안에서 꺼내주려고 이것저것 해보라고 해요. 그들은 제가 적극적으로 변하길 원하는 것 같아요. 그러면 다시 숨이 막혀요. 숨이 막혀서 다시 잠수를 탑니다. 하지만 너무 외로워요.'

'미정 씨, 무엇이 가장 두려우신가요? 다시 실패할까봐? 이 지독한 우울이 악귀처럼 떨어져나가지 않을까봐? 그냥 또 하루씩 살면 됩니다. 우울, 불안 이것들은 웬만해선 떨어져 나가지 않을 거예요. 잠깐 놔두고 하나둘씩 내 할 일을 해보길 바라요. 나를 사로잡을 것 같은 우울과 불안에게 각각 이렇게 말해주세요.

불안 네 이놈! 그래, 정 못 나가겠으면 그냥 우리 집 뒷마당에서 꾸역꾸역 살든지…. 나는 너를 신경 쓸 여력이 점점 더 없어질 것 같다. 나는 매일 조금씩 할 일이 많아지거든.'

나부터 나를
받아들여야 한다

선영 씨가 마스크를 쓰고 들어온다. 얼굴이 작아 눈까지 마스크에 다 가려질 것 같다. 검은 매니큐어에 늘 입는 검은 옷, 입을 가린 마스크 사이로 담배 냄새가 퍼져 나온다. 나의 상담소는 그다지 크지 않고, 대기실도 없고, 상담 중에는 음악을 틀지 않기 때문에 참 조용하다. 선영 씨처럼 말수가 적은 내담자가 오면 상담소는 더더욱 고요해진다. 그녀와 나의 차분한 목소리가 오간다. 그런데 가끔씩 재밌는 소리가 날 때가 있다. 그건 입에서 나오는 소리가 아니다. 배에서 나온다.

'꼬르륵' 하는 소리가 들리자 "선영 씨, 배고프세요?" 하고 내가 물었다. "아니오, 선생님 배고프세요?" 하는 답이 돌아온다. 순간 나는 헷갈린다. 내 배에서 난 소린가? 한두 번 더 꼬르륵 소리가 났지만 모른 채 넘어가기로 했다. 대인관계에 자신감이 없는 그녀에게 "그럼 사람의 마음을 사로잡고 싶은 거군요?" 하고 묻자 "아니요. 별로 그러고 싶지 않아요. 많이 사람이 저에게 다가오지만 제가 기대고 싶은 사람은 없어요"라는 답변이 돌아온다. 그녀도 나도 그 말이 솔직하지 않다는 걸 잘 알고 있다. 그녀의 마음 깊은 곳에 '네, 정말 그래요. 사람들과 잘 지내고 싶어요' 하는 감정이 숨겨져 있다.

'마음과는 반대의 말씀을 하시네요'라고 문제에 직면하게 할 수도 있지만 "기대고 싶은 만큼 편한 사람이 없다는 건 참 답답하고 쓸쓸한 일이죠"라고 이야기했다. "저는 뭐 익숙해요. 어정쩡하게 자기를 알아달라는 사람과 똑같이 행동하는 것보다는요" 하며 그녀는 지금 만나는 남자친구가 있는데 마초적이고 보수적이라 힘들다고 이야기한다. 나는 속으로 '그렇게 싫으면 그만 만나면 될 텐데' 하는 말을 삼켰다.

보통 자기 자신에 대해 깨달아야 할 부분이 남아 있는 내담자는 스스로의 감정을 매우 잘 설명하는 것처럼 보이지만, 내용을 듣다 보면 그 설명이 너무나 주관적이다. 물론 다른 사람이 나를 어떻게 보는지 정확히 모르는 것은 당연한 일이다. 그런데 주변 사람이 자신에 대해 느끼고 평가하는 것과 정반대로 자신을 인식하는 경우도 있다. 또 자기도 모르게 자신의 열등한 부분을 언급하며 자신이 얼마나 잘하고 있는지를 거듭 강조한다. 감당할 수 없을 것 같은 직면의 아픔으로부터 자신을 보호하고자 하는 일종의 몸부림이다.

괜찮고 싶지 않은 사람도 있는가? 모두 괜찮아 보이고 싶다. 마음도 괜찮고, 하는 일에서도 괜찮고 싶고, 만나는 사람마다 다 괜찮은 관계를 형성하고 싶다. 그런데 산다는 게, 인생이란 게 늘 그렇지는 않다. 괜찮지 않을 때가 더 많다는 생각이 드는 날도 있다. 때로는 괜찮지 않고 별로인 나를 직면해야 하는 날도 있다. 그런 날에 어떤 사람은 '그래도 괜찮아 잘 버텨보자'라고 스스로에게 말하는 반면, 어떤 사람은 '내가 그렇지 뭐' 하고 생각한다. 또 어떤 사람은 그 순간에도 자기 자신보다 남의 눈을 의식한다. '절대 초라해 보여서는 안 돼'라면서.

정말 괜찮은 사람, 성장한 사람이 되기 위해서는 자신의 열등한 모습을 알아차리고 받아들여야 한다. 나부터 나를 받아들여야 한다. 그래야 열등한 내 모습과 동행할 수 있고 성장시킬 수 있다. 무언가 내가 자연스럽지 못하거나, 몸에 이상한 증상이 있거나, 전혀 엉뚱한 말을 내뱉거나, 어이없는 분노를 내고 있는가? 이때 누군가 무턱대고 진실과 직면시키거나, 쓰라린 직언을 하면 '저 사람은 역시 아무것도 몰라'라며 마음속 깊은 곳으로 숨을지 모른다. 모든 이가 단번에 자신의 문제를 다 통찰하고 깨달을 수는 없다. 각자가 감당할 수 있는 내용과 양이 다르고 이해력도 다르다. 아이큐에 관한 것이 아니다. 그래서 자신의 반응을 곧바로 판단하고 꼬집어주는 사람보다는 기다려줄 수 있는 사람, 품어줄 수 있는 전문가와 만나는 것이 좋다. 지금, 당신의 마음은 어떤가?

당신은
아름답습니까?

────────── 비누 브랜드 도브는 약 한 달간 10개 국가에서 18~64세 여성 3,200명을 대상으로 자신이 아름답다고 생각하는지 설문조사를 진행했다. 그 결과 무려 87%의 여성이 자신의 외모에 만족하지 못한다고 응답했으며 단 4%의 여성만이 자신이 아름답다고 응답했다. 또한 68%의 응답자가 TV 광고가 비현실적인 미의 기준을 제시하고 있다고 지적했다. 이러한 설문조사 내용을 바탕으로 도브는 2004년 9월부터 정형화된 광고에서 탈피해 파격적인 광고를 실시한다. 그들은 20대의 젊고 예쁜 모델이 아닌 50대 이상의 평범한 여성들을 대거 모델로 전면 내세우기 시작한다.

또한 도브는 2013년 다큐멘터리 형식의 짧은 영상을 유튜브에

업로드한다. 영상에서 스케치 아티스트인 길 사모라는 실험에 참가한 여성들을 상대로 그들의 얼굴을 최대한 실물과 비슷하게 그린다. 한편 실험에 참가한 여성들은 스스로 직접 자신의 생김새를 묘사해 또 다른 스케치를 그린다. 그리고 그 두 가지 버전의 그림을 직접 비교한다. 결과는 놀랍다. 참가자들이 자신의 생김새를 묘사해서 그린 그림보다 제3자가 직접 얼굴을 보고 묘사한 그림이 훨씬 아름다웠다.

여러분도 마찬가지다. 여러분의 외모는 여러분이 생각하는 것보다 훨씬 더 아름답고 멋있다. 자신을 평가 절하하고 못났다고 생각해서는 안 된다. 하지만 여전히 주변에는 '나'라는 존재를 초라하고 형편없다고 생각하는 사람들이 많다. 있는 그대로의 나, 있는 그대로의 상대방을 보고 느낄 수 있었으면 좋겠다. 스스로의 매력과 아름다움을 간과해서는 안 된다. 사람마다 독특한 향기와 색깔을 지니고 있다.

"뭐야, 내 목소리가 이랬어?" 유튜브나 팟캐스트 녹음을 처음 진행하는 사람은 대개 자신의 목소리를 듣고 이렇게 말한다. 그럼 나는 "맞아요, 그 목소리가" 하고 말한다. 하루 종일 내담자와 마주앉아 상대방의 표정과 자세를 지긋이 바라보는 게 직업이다 보니, 천차만별 각양각색의 목소리와 마주한다. 사람마다 고유한 억양과 말투가 있고, 가끔씩 섞여 들리는 사투리나 외국어 억양 등 생김새만큼 목소리도, 톤도 각양각색이다.

내담자와 마주하고 있노라면 그 사람의 고유함을 느끼지 않을 수가 없다. 처음 상담을 문의했을 때의 방식, 시간을 정하는 방식, 매번 상담소에 올 때 시간을 지키는지, 늦는다면 어느 정도 늦고 일찍 온다면 어느 정도 일찍 오는지, 앉아 있는 모습은 어떻고, 화두를 던지는 타이밍은 어떤지, 상담에서 기대하는 정도는 어떻고, 상담사와 친밀감을 형성하는 방식은 어떤지, 자신의 이야기를 꺼내는 순서와 문제를 대하는 방식은 어떤지 등 내담자마다 수십 수백 가지의 색을 지니고 있다.

시간이 지날수록 깨닫게 되는 건 가장 좋은 방법, 가장 빠른 방법을 정해놓고 속도를 채근하는 방식은 쓸모가 없다는 것이다. 처음엔 잘 따라오는 것 같더라도 결국 자신의 관성을 버릴 수는 없다. 여차저차 따라온다 해도 그건 진짜 자신의 것이 아니기 때문에 몸과 마음으로 체득되지 않는다. 머리로만 너무 잘 알고 있을 뿐. 새로운 것을 깨닫고 싶고, 자신을 좀 더 잘 파악하고 싶다면 온 마음과 몸으로 체득해야 한다. 정말 내 것으로 만들어야 내 것이 된다. 우리가 반복해서 좋은 유튜브 영상, 좋은 책을 읽어도 쉽게 달라지지 않는 이유가 바로 머리로만 깨닫기 때문이다. '오 이거구나!' 하는 충족감을 '변화'라고 착각하기 때문이다.

얼마 전 우연히 유튜브에서 김보람 안무가와 뇌과학자 김대식 박사의 '현대무용 창작자 특강'을 접했다. 그들의 '춤은 살아 있다는 걸 느끼기 위한 소리 지름'이라는 내용의 강의는 정말 감동적이었다. 때때로 나는 상담소에서 왜 사는지 모르겠다, 사는 이유가 없다라고 이야기하는 내담자들과 만난다. 이런 말을 하는 자신을 '패배자'라고 여기는데, 그때마다 나는 '그건 패배가 아니라 전사의 모습입니다'라고 이야기하곤 한다. 상담소에서 그러한 이야기를 한다는 것 자체가 진짜 삶의 의미를 찾아서, 나 자신을 찾기 위해서 치열한 전투를 벌이는 과정이기 때문이다. 이 얼마나 진실한 모습인가? 그냥 되는 대로 살아도 되는데 의미를 찾아서, 이유를 찾아서 살아보겠다고 하는 모습이, 나만의 전쟁을 치르러 나가는 모습이, 포기하지 않고 싸움을 끝까지 이어나가는 모습이 얼마나 아름다운가?

고은 시인은 "시는 인간 누구에게나 다 있는 거예요. 자기 안에 이토록 아름다운 시가 있다는 것을 잊지 말았으면 합니다"라고 말한다. 김보람 안무가도 비슷한 이야기를 한다. "제가 동작을 만들긴 했지만 이미 여러분들 몸 안에 동작이 있다고 생각하고, 그게 뭐 춤이야 생각이 들면 좀 다르게 해볼 수 있죠. 그게 커지면 그 전체가 다 춤이다 이렇게 생각하는 거죠"라고. 내 안에 아름다운 시와 멋진 동작이 이미 들어 있다니….

한편으론 이런 생각도 든다. 왜 변화하고, 달라지고, 나만의 소리를 내려고 하는가? 그 변화의 순간에도 혹 다른 이에게 새롭게 보이는 것이 중요해서, 필요해서 그런 것은 아닌지 돌아봐야 한다. 그렇게 되면 내 자신의 목소리에 주파수를 맞췄다가 갑자기 엉뚱한 대로 채널을 확 돌리는 셈이다.

무엇보다 이 모든 건 나 자신을 위한 것이 되어야 한다. 내가 사는 의미를 찾고자 몸부림치고 있다는 걸 느낄 때, 살아 있음을 느끼고자 생명의 힘이 꿈틀거릴 때 우리는 그 움직임에 호응해야 한다.

그래야 나만의 움직임을 만들어낼 수 있고, 그것이 다시 나에게 생명의 힘을 준다. 나만의 계획표를 만들고, 나만의 방식으로 책상 서랍을 정리하고, 친구를 사귀는 나만의 방식을 만들고, 나만의 방식으로 의사표현을 해보자. 그러면 자연스럽게 내 소중한 친구가, 더 나아가 여러 타인이 각자가 중요하게 여기는 방식이 있다는 걸 깨닫게 되고 그 방식을 예민하게 알아차리게 된다. 그러한 사실을 깨달으면 비로소 그것을 존중해주고 응원해줄 수 있다.

고유한 것은 값을 매길 수가 없다. 나의 고유한 성질은 나와 딱 맞아서 굳이 익숙해지느라 애쓸 필요가 없다. 그 고유함의 아름다움을 스스로 알아차리고, 자기만의 소리를 잘 갈고닦길 바란다. 그 누구도 흉내 낼 수 없는 여러분 자신만의 고유함, 그것을 온전히 발휘하길 바란다.

자기신뢰의 욕구

———————— '딩동' 하는 벨소리가 우아하고 절도 있다. 누르는 사람의 단아함이 소리로 전해져온다. 참 이상하다. 어째서 똑같은 벨소리도 누르는 사람에 따라 이렇게 다르게 느껴질까? 가지런한 차림의 승아 씨가 들어와 인사한다. 조심스레 구두를 벗어두고, 핑크색 명품 가방을 탁자 위에 살포시 올려놓는다. 값비싼 코트를 곱게 접어 옆 의자에 걸쳐놓는다. 절도 있게 반듯이 앉아 가벼운 목례를 한다. 늘 뭔가 긴장되어 있는 자세. 활짝 편하게 웃은 적이 없다. 승아 씨의 웃음은 스튜어디스 면접을 보기 위해 학원에서 배운 대로 웃는 것 같은 그런 웃음이다. 가지런한 치아와 반듯한 자세에서 나오는 웃음에 보는 나도 편치가 않다.

한참 이야기를 나누다 어느덧 '자기신뢰'에 대한 이야기로 접어들었다.

"일상생활 속에서 우리는 노력을 엄청 하죠. 그 과정에서 이루려던 걸 달성하기도 하고, 실패하기도 하고요. 시행착오를 반복하면서 우리는 실력을 쌓고, 그 과정에서 나 자신과 파트너십을 맺는 겁니다. 잘되기를 바라고, 잘될 거라고 믿어주면서 진심으로 나를 응원하게 되죠. 이 과정이 바로 자기신뢰의 과정입니다."

"자기를 신뢰한다는 게 뭐죠? '자뻑(자기가 잘났다고 믿는 속된 말)'과 같은 느낌일까요?" 하고 승아 씨가 되물었다. "자뻑과는 좀 달라요. 뭔가 편안하고, 결과가 그 사람을 삼킬 것 같지 않고, 결과가 좋든 나쁘든 나 자신을 응원해야겠다는 마음에 가까워요."

자기신뢰가 강한 사람들은 타인에 대한 존중의 마음도 깊다. '다른 사람도 이렇게 애쓰며 살고 있겠지, 잘되었으면 좋겠네' 하고 생각하기 때문이다. 안타깝게도 요즘에는 자기 자신을 신뢰하지도, 별로 좋아하지도 않으면서 다른 사람으로부터 주목받고 인정받고 싶어 하는 사람이 많다. 인스타그램과 같이 타인에게 나를 보여주는 SNS가 발달하다 보니, 자기신뢰는 미뤄두고 타인에 대한 인정 욕구를 펼치는 경우가 많다.

무슨 일이든 자기존중의 욕구가 먼저인데, 자기존중감이 탄탄하지 않은 상태에서 다른 사람의 시선만 신경 쓰면 신경질적인 사람이 되기 쉽다. 누가 살짝 지적했을 뿐인데, 혹은 내 생각과 좀 다른 피드백이 왔을 뿐인데 마치 동굴에 들어가 숨듯이 외면하곤 한다. 나에 대한 작은 피드백이 내 안에서는 폭탄처럼 큰 비난으로 공명되어 귓가를 떠나질 않는다. 우러름을 받고 싶고, 내 주머니 사정과 상관없이 유명 브랜드의 명품이라면 꼭 가져야만 하는가? 프라이드에의 욕구란 다른 사람으로부터 우러름과 인정을 받고자 하는 욕구다. 이 욕구는 다른 사람의 반응으로 채워지는 욕구이므로, 프라이드에의 욕구가 큰 사람은 다른 사람의 반응이 점점 중요해진다.

자신의 욕구는 자신을 통해 채워져야 조절할 수 있고 만족감도 커진다. 반면 다른 사람의 반응은 상대적이어서 리액션이 큰 사람과 함께 있으면 크게 느껴지기도, 리액션이 작은 사람과 함께 있으면 부족하게 느껴지기도 한다. 나한테는 중요한데 상대는 중요하게 생각하지 않는 주제일 수 있다. 그런데 그런 무심한 반응에 일희일비해 '내가 하찮은 사람이 맞구나'라고 생각하면 문제가 된다. 우리는 다른 사람의 격려와 인정, 칭찬을 먹고 크기도 하지만 내가 기대한 반응과 다르거나, 상대가 나를 오해하더라도 견뎌낼 필요가 있다. 자기 존재의 소중함에 대한 믿음, 내가 하는 것이 옳고 괜찮다는 자기 확신이 있어야만 가능한 일이다.

자기 확신이 없는 사람의 좋은 예가 전래동화 『나스레딘 호자의 행복한 이야기』다. 어느 날 나스레딘 호자가 당나귀에 아들을 태우고 자신은 걸어갔다. 지나가는 사람들이 아버지는 걷게 하고 아들이 편하게 당나귀를 탄다 비난하자 아버지가 당나귀를 타고 아들이 걸었다. 그랬더니 이번에는 어린 아들을 걷게 한다는 비난이 들렸다. 그래서 둘 다 나귀에 탔더니 사람들은 연약한 당나귀를 힘들게 한다며 비난했다. 그래서 포기하고 둘 다 걸었더니 "왜 멀쩡한 당나귀를 이용하지 않느냐?" 하는 비난이 들렸다. 결국 나스레딘 호자는 "아들아, 너와 내가 당나귀를 어깨에 짊어지고서라도 가야 사람들이 간섭을 안 하겠구나"라고 말했다. 이처럼 누군가의 반응에 따라 나의 태세를 바꾸면 무의미한 변화만 반복할 뿐이다.

내 인생의 주체는 내가 되어야 한다. 나의 방식으로, 내가 직접 운전해야 한다. 누구에게도 맡길 수가 없다. 훈수를 두는 사람들의 말에 가끔씩 솔깃할 수는 있지만 훈수를 두는 사람은 실제 경기를 하는 나 자신일 수는 없다. 나 자신을 믿어보자. 때로는 눈을 감고 다른 사람의 눈초리가 아닌 내 속에서 확신을 주는 날카로운 메시지에 귀 기울이기 바란다. 나는 내가 제일 잘 다룰 수 있다.

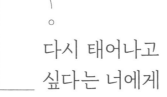

다시 태어나고
싶다는 너에게

"이번 생은 망했어요. 선생님, 할 수만 있다면 다시 태어나고 싶어요. 아니, 딱 5년 전으로라도 돌아가고 싶어요. 제 삶은 왜 이렇게 무가치할까요?"

인생은 복잡하고 풍성한 이야기를 담고 있다. 자신에게 문제가 많고 보잘것없다고 여기는 사람들의 특징이 무엇인지 아는가? 삶을 지나치게 단순화시킨다는 점이다. 그리고 특히 부정적인 부분, 실패한 부분에 맞춰 자신의 삶을 해석하고 묘사한다.

'역시 내 삶은 이렇다 할 게 없구나, 초라해' '이번 생은 망했어. 다시 태어나지 않으면 복구 불가야'라며 자신의 이야기를 하잘것없는 이야기로 전락시킨다. 자기 삶도 같이.

이번 생은 망했다는 말은 근거가 빈약한 서사다. 그러면서 "○○의 삶은 정말 화려한데, 그 사람을 보면 제 자신이 더 초라해져요"라며 유명한 유튜버, 연예인, 직장 내 롤모델 등의 이야기를 꺼내며 그들을 부러워하고 절망한다. 간혹 그들의 기사나 인터뷰 내용을 나에게 보여주며 하소연하는 내담자도 있다.

타인의 이야기가 아니라, 자신의 이야기가 풍부해지려면 어떻게 해야 할까? 첫째, 하고 싶은 걸 해봐야 한다. 아주 단순한 것부터. 조금 더디더라도 조금씩 해내는 나의 속도를 사랑해야 한다. 둘째, 반복하고 계속해야 한다. 셋째, 꾸준히 반복하고 계속했다면 이번에는 조금 다르게 해본다. 그리고 마지막 넷째, 내 마음의 소리에 귀를 기울인다. 내 이야기에 귀를 기울일 수 있어야 다른 사람의 이야기에도 귀를 기울일 수 있다.

이야기에 귀를 기울인다는 건 무슨 뜻일까? 우리는 보통 다른 사람의 삶을 부러워하고 선망할 뿐, 숨겨진 이면의 이야기에는 잘 집중하지 못한다. 내가 동경하는 인물의 삶도 가만히 들여다보고 귀를 기울여보면 다른 면이 보인다. 투병, 이혼 등 삶의 굴곡이 인터뷰 기사에서는 짧게 몇 줄로 나오지만, 그 짧은 글 속에 그분의 삶이 담겨 있다. 그들의 이야기가 때로는 감동이 되기도 하고, 나도 모르게 응원을 하게 되기도 한다. 힘든 순간에 문득 떠올라 힘이 되기도 한다. 무작정 선망하고 부러워하는 것이 아니라 다른 사람의 이야기를 존중하고, 귀를 기울이면 나와 옆에 있는 사람의 소중함을 느낄 수 있다. 초라하다고, 보잘것없다고 여기는 이야기 속엔 성공 신화에선 볼 수 없는 무수한 한숨과 낙심, 역경을 딛고 일어서는 기적이 담겨 있다.

연정 씨는 "이번 생은 망했어요" 하는 말을 입에 달고 살았다. 회사원인 그녀는 어느 날부터 일이 손에 안 잡히고 상사의 말이 잘 안 들리게 되었다. 서류를 보면 이해할 수가 없고, 혼이 나는 순간조차 멍해져서 무슨 일로 야단을 맞고 있는지 잘 알 수 없었다. 이대로는 숨이 막혀 살 수 없을 것 같아 연정 씨는 잘 다니던 회사를 휴직하고 매일 깊은 잠을 잤다. 그러다 인터넷을 검색해 내 심리상담소를 찾았고, 조금씩 미뤄둔 꿈을 이루기 위해 걸음마를 시작했다.

그녀의 꿈은 만화가였다. 용기를 내 상담소에 올 때마다 직접 창작한 '욕망공주 이야기'를 조금씩 그려왔다. 물거품으로 탄생해 물거품으로 몸을 메운 어떤 여자의 이야기. 나는 그 만화를 볼 때마다 묘한 기분에 휩싸였다. 그녀가 아이패드를 내미는 그 순간순간마다 애써 핑 도는 눈물을 삼켰다.

"욕망공주 이야기를 보면서 마음이 참 아팠어요. 연정 씨 삶이 거품으로 찬 허망한 인생일 뿐이라고 애써 피력하시는 것 같아서. 그런데 어느 순간 마음이 시원해졌어요. 이야기가 진행될수록 욕망공주가 점점 사람으로 변모하고 있다는 거, 연정 씨도 느끼시죠? 욕망공주는 너무나도 간절하게 인간이 되고 싶어 하고, 인간으로서 삶을 영위하는 욕망을 품고 있죠. 그걸 느낀 순간 마음이 시원해졌어요. 이 욕망공주가 바로 연정 씨의 이야기구나 싶어서요."

거품처럼 약하고 톡하면 사라지는 가벼운 것 같은 존재 속에 생명을 갖고야 말겠다는, 살아내고야 말겠다는 강렬한 감정이 담겨 있었다.

어떤 삶도 그저 그런 삶은 없고, 이야기가 없는 삶은 없다. 그리고 우리 모두의 이야기는 고유하고 소중하다. 자신의 이야기를 만들 수 있어야 하고, 우리가 누군가의 이야기에 감동하듯 소중한 나만의 이야기에 감동할 수 있어야 한다. 나의 이야기에 감동하는 순간, 나만의 삶을 살아보고 싶다는 의지가 생긴다.

조각조각 흩어진 기억들, 하찮은 천쪼가리처럼 여겼던 기억들을 모아 나만의 이야기로 엮어보자. 어려움, 비참했던 기억, 내 마음을 찢어놓았던 어떤 말도 소재가 될 수 있다. 그런 건 그냥 과거의 일이고 한때 처한 상황일 뿐이라고 여기게 될지 모른다. 나라는 존재는 그런 수많은 것을 겪어내고 살아낸 사람이다. 살아내었다는 그 자체만으로도 박수를 받아 마땅하다. 초라하다고, 망했다고 생각하는 삶의 순간이 있다면 하나둘 다시 엮어보기 바란다. 손녀가 잘못 잘랐다고 버린 천조각을 할머니가 다시 주워서 멋진 퀼트이불을 만들 듯이, 조각난 시간들을 자신의 바느질로 엮어서 나만의 무늬로 표현해보자.

우리는 조금씩
좋아지고 있습니다

상담사를 만나면 강해지고, 자기 자신을 찾고, 진로를 찾고, 삶을 힘차게 살게 될까? 인생의 결정적인 터닝 포인트가 될까? 만나는 내담자 중에는 자신을 평가 절하하는 고질적인 습관만 통찰해도 기적 같은 변화를 일으키는 내담자가 있는 반면, 어떤 내담자는 잘 달라지지 않는다. 어떻게 좀 해보려고 해도 죽어도 공부가 잘 안 되는 사람이 있는 것처럼 내면의 변화도 마찬가지다. 달라지지 않는 내담자의 공통점은 다음과 같다.

첫째, 상담사를 잘 믿지 않는다. 민채 씨는 1회기부터 15회기가 될 때까지 단 한 회기도 거르지 않고 "박사님이 고치실 수나 있겠어요?" 하는 멘트로 상담을 시작했다. 민채 씨는 자신이 마음속에 있는 말을 그대로 내뱉고 있다는 걸 전혀 의식하지 못했다. 그 사실을 깨달은 이후 우리의 상담은 다른 국면을 맞게 되었다.

물론 생판 모르는 남에게 자신을 드러내는 것, 아무한테도 해보지 않은 이야기를 꺼내는 것은 정말 어려운 일이다. 하지만 변화를 위해서는 앞으로 나아가야 한다. 의심하는 게 나쁜 것은 아니다. 그건 당연하다. 하지만 언제까지 의심만 하고 테스트만 할 것인가? 상대에게 '너는 못 믿을 사람이다' 하는 속내를 드러낼 수는 있겠지만 정작 나 자신은 변화할 수 없다. 의심하고 있는 내 마음의 진의를 파악해야 한다. 무엇이 걱정되는지, 무엇을 믿을 수 없는지를 아는 것이 중요하다. 정말 상담사가 전혀 신뢰할 수 없는 사람이라서 의심하는 걸까? 아니다. 의심의 이유는 변화하지 못할 것 같은, 그러니까 변화하지 않을 것이라 굳게 믿는 나 자신에게 있다. 상담사를 믿지 못하는, 상담의 효과를 기대하지 않는 불신 속에는 자기 자신을 믿지 못하는 불신이 내재되어 있다.

둘째, 나를 이렇게 만든 사람이 있고, 그 사람이 나를 망가뜨렸다고 믿는 내담자다. 그들은 타인에게 귀책사유를 찾고 끝없이 원망한다.

셋째, 도달할 수 없는 것을 목표로 삼는다. 변화를 위해서는 변화할 수 있다고 믿는 믿음과 끈기 있게 변화를 기다릴 수 있는 그 무엇인가가 필요하다. 오랫동안 상대를 기다리고 결국 재회해 사랑을 이어나가는 연인의 경우 많은 사람이 기다린 사람을 칭찬한다. 하지만 기다림만큼이나 중요한 역할이 바로 기다리게 하는 사람의 태도다.

기다리는 사람에게 기다릴 수 있는 힘을 줘야 한다. 잘 기다릴 수 있게 끊임없이 돌아올 것이라는 믿음을 보내고, 여전히 사랑한다는 표시를 해야 한다. 그렇게 두 사람은 기다릴 힘을 주고받으면서 힘든 기간을 버텨낸다.

그렇다면 변화해야 하고 성장해야 하는 나, 무언가를 딛고 일어나야 하는 나 자신은 어떻게 대해야 할까? 나 자신이 긍정적인 방향으로 변화할 수 있도록 인내하고 함께 견뎌내야 한다. 그 지난한 과정을 견딜 수 있도록 끊임없이 나 자신에게 이야기를 건네고 용기를 줘야 한다. 그리고 여전히 사랑한다는 관심도 표현해야 한다.

가장 중요한 건 '관심'이다. 부부 간 갈등의 골이 깊어진 분들, 부모 자식 간 관계가 악화된 분들 중에 관계를 메꿔보기 위해 고가의 물건을 선물하는 등 큰돈을 쓰는 경우가 있다. 그런 이벤트를 통해 큰 감동을 전하기도 한다. 그런데 매번 큰돈을 쓰면서 관심을 표현할 수는 없는 노릇이다. 물질적인 표현보다는 달라지고 있고, 계속 노력하고 있다는 것을 상대가 마음으로 느낄 수 있도록 지속적으로 전해야 한다. 관계 회복을 위해서는 아주 많은 돈을 한 번 쓰는 것보다 소소한 관심을 꾸준히 자주 전하는 것이 더 효과가 좋다. 물론 받는 사람의 입장에서는 두 가지를 다 받으면 더 좋을지 모른다. 하지만 주는 사람 입장에서는 두 가지를 다 잘 주기란 어렵다.

상담을 통해 긍정적인 변화를 일구는 내담자들의 공통점은 바로 '자신이 조금씩 좋아지고 있다는 것'을 잘 알아차렸다는 것이다. 간혹 실컷 "저 많이 변했죠?"라고 이야기하다 나중에 무슨 큰일이 한

번 생기면 "상담해서 바뀐 게 뭐가 있어요?"라고 확 돌변하는 분도 있다. 이때 상담사는 차분하게 그 공격을 받아낸다. 그리고 그간 서로 달라졌다고 확인한 부분들을 차분히 되짚는다. 그러면 다시 이렇게 말하곤 한다. "아 그렇네요."

그깟 변화, 하찮은 변화라는 건 없다. 어떤 사람에게는 쉽게 한 번에 해낼 수 있는 작은 행동이 어떤 사람에게는 지독한 우울과 강렬한 죽음의 갈망을 뚫고 온 힘을 끌어 모아야 가능한 한 번의 외출이다. 그 한 번의 외출이 두 번이 되고, 30분이었던 외출이 1시간이 되고, 다시 사람을 만나 이야기를 나눌 수 있게 되는 매 순간이 기적의 연속이다.

사람들은 간절히 변화를 원하면서도 어쩌면 변하고 싶어 하지 않는다. 다시 제자리로 돌아오려 하는 관성의 힘 때문이다. 변하려면 하기 싫은 일도 해야 하고, 변화가 더딘 나 자신을 인내심 있게 지켜봐줘야 하기 때문이다. 그 지루한 시간을 기다려야만 진정한 변화를 맛볼 수 있다.

평생 놀다가 고등학생이 되어 마음을 잡은 한 학생이 있었다. 한두 달 미친 듯이 공부를 했다. 난생처음 하는 공부에 엄마는 눈물을 흘리며 감격까지 했다. 하지만 겨우 한두 달 공부한다고 성적이 금방 오를 리 없다. 성적표는 요지부동. 참고 또 참고 6개월까지 공부를 했다. 그러자 3~4개 암기 과목의 점수가 부쩍 올랐다. 하지만 국영수는 아직 어림도 없다. 본격적인 레이스는 사실 이때부터다. 그런데 공부를 안 해봤던 친구들은 대부분 이때 완전히 포기한다. '6개월

동안 죽어라 공부했는데 달라진 게 없네? 난 공부머리가 없구나' 하고 모든 걸 내려놓는다.

처음에는 의지를 갖고 도끼로 나무를 신나게 찍어보지만 단단한 나무는 꿈쩍도 하지 않는다. 하지만 그때야말로 진짜 마음을 먹고 제대로 시작해야 할 때다. 점수로 결과가 드러나는 공부도 이렇게 해내기가 힘든데, 보이지 않는 마음에 관한 일은 더더욱 쉽게 포기하기 마련이다. 하지만 더 단단해지기로, 좀 더 행복해지기로 마음먹었다면 아주 미세한 변화에도 박수를 쳐주자. 그리고 격려도 해주자. 작은 변화들에 의미를 두고, 무언가 달라졌다고 느낄 때마다 스스로에게 '고맙다'는 말을 건네야 한다. 우리는 조금씩 좋아지고 있다. 세월이 그 변화의 증인이 되어준 것을 나는 분명히 보았다.

차라리
점집에 갈까?

———————— 엄마랑 성격이 너무 똑같은 선경 씨. 선경 씨의
엄마는 "네가 그렇게 성깔이 더러운 건 나쁜 뭐가 씌여서 그래! 굿을
하던지 해야겠어"라며 딸을 용하다는 점집에 데려갔다. 점집의 도사
는 엄마와 선경 씨가 둘 다 불이기 때문에 누구 하나는 집에서 나가
야 하며, 절대 한 지붕 아래 같이 있으면 안 된다고 했다. 그래서 그
길로 엄마는 선경 씨의 유학을 준비했고, 선경 씨는 그다지 원치 않
던 유학길에 황급히 올랐다.

유학생활은 선경 씨에게 이전에 느껴보지 못한 새로운 자유를
안겨줬다. 술도 실컷 마시고, 그러다 먹어서는 안 되는 불법적인 것
도 맛보게 된다. 새로운 환경에서 방황하다 보니 엄마가 보내주는

용돈은 턱없이 부족했고, 할 수 없이 같이 사는 작은어머니 지갑에
도, 또 사촌 언니 지갑에도 손을 댄다. 이 소식이 한국에 전해지자
선경 씨는 곧바로 한국으로 소환되었고, 선경 씨의 엄마는 이번에
는 점집이 아닌 상담소로 딸을 데려왔다. 하지만 여전히 엄마는 이
유학 사건을 계기로 딸 선경이가 악귀에 씌인 것이 틀림없다는 생
각을 떨칠 수가 없었다. 그녀는 '역시 무언가 나쁜 기운이 가득 찬
아이였구나'라고 생각했고, 선경 씨는 '엄마는 왜 늘 나를 감시하고
몰아붙일까?' 하고 생각했다.

살다보면 분명 멀리 밀쳐냈는데도 또 찾아오고, 해결한 것 같은
데 비슷한 문제로 또 찾아오는 파도와 같은 문제를 경험한다. 이렇
게 어떤 문제가 반복적으로 불거진다 해서 '난 이것 때문에 글렀어'
'이 문제는 역시 손 쓸 수가 없어'라고 나 몰라라 하거나, '너 때문이
야' '저 사람이 원인이야'라며 상대방의 문제로 귀결시켜서는 안 된
다. 설사 상대방과의 관계에서 발생된 일이라 해도, 그것은 내 삶 속
에서 터진 일이므로 내 인생의 숙제에 해당한다. 숙제는 제때 끝내야
한다. 무엇보다 중요한 숙제일수록 나를 떠나지 않고 자꾸 찾아오기
마련이다. 성실히 마쳐야만 다음 장으로 넘어갈 수 있고 한 단계 성
장할 수 있다.

특정한 문제는 피하거나 미뤄도 다시 불거진다. 그 문제로 고달
프고 힘들다면 그런 힘겨운 역동을 끊어내고 정리하기 위한 노력을
기울여야 한다. 나는 우선 선경 씨와 따로 시간을 가졌다.

"선생님 제 나이의 사람들도 상담을 많이 받으러 오나요?"

"왜 갑자기 다른 내담자들의 나이가 궁금하세요?"

"제 나이 또래들은 이런 데 잘 안 올 것 같아서요."

"선경 씨는 이전에 비슷한 상담을 받아본 적 있어요?"

"고등학생 때 위클래스라는 걸 경험한 적이 있어요.[6] 엄마가 정신과에 가는 게 더 좋겠다고 해서 약도 몇 번 먹었고요."

"그럼 다른 선경 씨 또래들은 도움을 받고 싶을 때, 힘들고 답답할 때 주로 어디를 찾아갈까요?"

"음, 화장품 가게나 미용실이요?"

"왜요?"

"일단 기분 전환이 되니까요!"

"제가 여러 내담자들과 이야기를 나눠보니 힘들고 괴로울 때 상담소보다 점집을 찾는 경우가 많더라고요."

점집에 다녀온 내담자는 티가 난다. 선경 씨의 엄마가 그런 케이스였다. 우선 상담사에게 꼬치꼬치 무언가를 자꾸 묻는다. 마치 공인중개사에게 방에 대해 꼼꼼히 물어보는 것처럼. 그리고 어떤 문제에 대한 해답을 빨리 듣고 싶어 한다. 이 남자랑 헤어져야 할지, 이 직장에 계속 다녀야 할지, 이 결혼을 해야 할지 등 명확한 답변이 필요한 질문을 던진다.

"선경 씨 어머니께서 다급하고 초조하게 이것저것 계속 물어보셔서 딱 알아차릴 수밖에 없었어요. '중요한 결정을 앞두고 무언가 결론을 내리기 위해 점집과 상담소 사이에서 방황하고 계시구나' 하고 생각했죠."

"맞아요, 우리 엄마한테는 점이 종교고 하나님이에요. 뭐 도사님이 맞춘 것도 많긴 해요."

물론 상담소만이 정답은 아니다. 정신과에서 약 처방을 받으면서 상담소 상담을 병행하는 내담자도 꽤 있다. 마음이 많이 힘들수록, 증상이 빠르게 악화될수록 상담과 약물치료를 병행하는 게 큰 효과를 발휘한다. 그런데 문제를 빨리 해결하고자 상담소, 정신과뿐만 아니라 점집, 한의원 등 여러 곳의 도움을 한꺼번에 받는 분도 왕왕 있다. 내 아픔의 원인을 찾고 고치려는 노력은 훌륭하다. 하지만 내가 극복해내야 할 나의 몫이 있는데, 그것은 뒤로 하고 주변 전문가에게만 매달리면 문제를 해결할 수 없다.

뾰족한 답을 얻고 싶고, 한 방에 문제를 해결하고 싶은 내담자들은 여기저기 방문하면서 끊임없이 질문을 던진다. 그리고 어디가 가장 '영험'한지 비교한다. 점쟁이나 상담사에게 답을 내놓으라고 다그치면 진전이 없다. 그건 해답지를 보고 답을 베껴서 숙제를 푸는 것과 같다. '내 힘으로 풀든, 답을 베끼든 어쨌든 숙제만 해결하면 된 거 아닌가요?'라고 생각할지 모른다. 당장이야 괜찮을지 모른다. 하지만 다음에 비슷한 문제, 비슷한 숙제가 또 눈앞에 놓이면 어떻게 대처할 것인가? 그때마다 전문가를 찾을 수는 없는 노릇이다.

운명, 주변 환경, 상황, 상대의 문제로 문제를 귀결시키면 나를 수선하고, 진전시킬 기회를 잃는다. 상담소에 가든, 점집에 가든 딱 떨어지는 답안만을 요구하면 화해와 성장의 시간을 가질 수 없다. 갈등이 더 이상 참아내기 어려울 만큼 불거지면 폭발하기 마련이다. 그

폭파 현장은 참담할 것이다. 거기서 우리는 참담한 내 모습과 마주하고, 얼굴을 씻고, 재건을 위한 노력을 기울여야 한다. 이러한 과정 없이 오로지 답만 얻으려 다니는 것은 일종의 회피 행동일 수 있다.

누군가가 나를 이렇게 만든 게 아니라 문제가 나 자신으로부터 비롯되었을지도 모른다는 것, 대인관계를 엉망으로 만든 책임이 나에게 있다는 것을 깨닫는 순간, 마음이 참 불편해질 것이다. 하지만 보기 싫은 내 모습을 깊이 들여다봐야 하고 자주 따끔하고 아파야 한다. 어떤 분은 점집에 갔더니 점쟁이로부터 "자기 문제를 좀 돌아봐라"라는 말을 들었다고 한다. 또 어떤 분은 점집에서 상담이 필요한 것 같다며 상담소 전화번호를 건넸다고 한다. 점집이든, 상담소든 중요한 건 당사자인 내가 직접 문제와 대면해야 한다는 것이다. 어쩔 수 없이 받아들여야 하는 운명과 내가 풀어야 할 인생의 숙제는 분명 다른 문제다.

상담소는 소위 '답정너'처럼 내가 듣고 싶은 말을, 원하는 답을 받는 곳이 아니다. 이전에 하지 않았던 질문, 별로 생각하고 싶지 않았던 질문을 받는 곳이다. 무언가 일이 꼬이고 있다면, 왜 그런지 더 꼬이기 전에 풀고 싶다면 가벼운 마음으로 상담소의 문을 두드리기 바란다.

3장

내가 나로
살아간다는 건

아침 루틴은
삶의 이정표

———————— 오늘 영미 씨가 상담소에 들어오는데 유달리 예뻐 보였다. 그래서 "영미 씨, 원래도 예뻤지만 오늘은 뭔가 좀, 음, 더 아름다워 보이네요? 뭐가 달라진 거죠?" 하고 물었다. "아, 박사님, 저 요즘 매일 아침 일찍 일어나서 고데기를 하고 출근하거든요." 그녀는 요즘 '아침 일찍 일어나기'와 '고데기 하고 출근하기'를 실천하는 중이라고 했다. 고데기라는 표현이 생소한 분도 있을 것이다. 일본식 발음이어서 약간 거부감도 들지만 고데기에 대한 추억은 과거 어르신들부터 지금의 10대들까지 일상 구석구석에 배어 있다.

영미 씨는 유튜브를 통해서 삶의 지혜를 쏠쏠하게 터득하는 야무진 청년이다. 고데기 잘 마는 법 동영상을 아침마다 10분씩 시청하며 자신을 가꾼다고 했다. 머리 스타일이 정갈해지자 주변의 긍정적인 피드백도 넘치고, 아침부터 자신을 가꾸다 보면 자연스럽게 기분도 좋아진다고 했다. 흥미가 생겨 영미 씨에게 동영상 링크를 공유해 달라고 부탁했다. '하루를 기분 좋게 시작하는 방법과 관련된 자기계발 채널인가?' 하면서 시청했는데, 유튜버가 이런 말을 했다.

"외모는 예선 종목이고, 심성이 본선 종목입니다. 예선에 통과해야 본선에서 자신의 심성과 같은 진면모를 드러낼 수 있습니다."

유튜버의 입담에 무릎을 쳤다. 고데기 동영상 이야기가 나온 날, 상담의 화두는 '하루를 어떻게 살 것인가?' 그리고 '일주일을 어떻게 살 것인가?'에 대한 것이 되었다.

아침 루틴은 그 사람이 어떤 삶을 살고 싶고, 또 어떤 사람이 되길 원하는지를 보여준다. 나는 아침에 꼭 일찍 일어나야 더 많은 벌레를 잡아먹는다고 강조하는 그런 '부지런주의자'는 아니다. 그렇지만 잠들기 전이든, 아침에 일어나서든 나름대로 루틴이나 리추얼 라이프가 필요하다고 생각한다. 자신만의 철학이 담긴 루틴을 통해 삶의 이정표를 확인할 수 있고, 루틴을 꾸준히 실천하면 이정표의 방향대로 삶을 살 수 있다.

내가 초등학교 6학년 때 교회 주일학교 담임선생님은 고3 학생이었다. 나와는 6년 정도 터울이 있던 셈이다. 어느 날 선생님의 얼굴에 고민이 가득해 보였다. 사업가가 되고 싶었던 선생님은 집안에 갑작스레 닥친 불행 때문에 새로운 꿈을 찾기 시작하셨다. 아침마다 묵상을 하면서 생각을 정리했다. 그런데 기왕 매일 교회에 나와 기도 시간을 가질 거라면 겸사겸사 주일학교 아이들에게도 아침 묵상하는 방법을 가르치면 좋겠다는 생각이 들었다. 묵상이라고 해서 앉은 자리에서 시간만 보내는 그런 정적인 루틴은 아니었다. 매일 아침 나와 6학년 친구들은 담임선생님과 함께 동네 호수 한 바퀴를 뛰었다. 그리고 교회로 돌아와 성경 묵상을 하고 아침 일기를 썼다. 담임선생님은 매일 노트를 검사하고 제대로 쓰고 있나 확인해주셨다.

첫 한 달은 매일 호수 한 바퀴를 뛰니까 몸무게가 2kg 빠졌다. 꾸준히 실천하자 공책 한 권이 꽉 차는 뿌듯함에 기분이 참 좋았다. 담임선생님께서 학력고사를 보는 날을 제외하고 선생님은 대학교에, 우리는 중학교에 입학한 첫 한 달까지 이러한 아침 루틴을 실천했다. 이후에도 아주 오랫동안 아침에 운동하고, 책상에 앉아 성경을 읽고, 무언가를 한참 생각하고, 노트에 일기를 쓰는 습관이 이어졌다.

그때 배운 영어 노래가 한 곡 있는데 '내 인생 여정 끝내어 강 건너 언덕 이를 때…'로 시작하는 노래였다. 어떻게 살아야 할지 고민하고 또 고민하던 담임선생님과 잘 어울리는 가사였다. 영어도 가르쳐주실 겸 이 노래를 알려주셨는데, 나는 지금도 이 노래를 흥얼거리곤 한다. 아마 진짜로 인생의 여정이 끝날 즈음 이 노래를 처음 배웠던 순간과 나이 들어가면서 흥얼거렸던 순간, 어떻게 살아가야 할지 어디로 가야 할지 고민하던 순간이 주마등처럼 스쳐갈 것 같다. 그때가 오면 "가고 싶은 방향을 향해 열심히 살아왔구나"라고 자신 있게 말할 수 있기를.

물론 꼭 아침시간만 중요한 것은 아니다. 저녁에 엄청나게 많은 일을 하는 분도 종종 있다. 그런 올빼미형 인간이라면 저녁 일과를 시작하기 전에, 혹은 잠들기 전에 오늘의 기분을 마음으로 정리해보는 시간을 갖고 잠 들기를 권해본다. 하루 일과 중 가장 의미 있었던 일 혹은 마음에 남는 일을 마음속으로 다시 한번 조명해보자. 그다음 날의 나를 상상하거나, 해야 할 일을 떠올리고 자는 것도 좋다.

오늘 하루가 쌓여 훗날 내가 어떤 사람이 될지, 하루하루 잘 쌓아올리면 결국 어떤 식의 삶을 살게 될지 글을 쓰는 것도 좋다. 한 줄 일기도 좋고, 형식 없이 메모하는 것도 좋다. 하루를 마무리하는 스트레칭, 명상, 기도는 내가 씻지 못한 남은 감정들을 흘려보내는 데 도움을 준다. 아니면 간단히 내일 입을 옷이나 챙길 준비물을 떠올려보는 것도 마음을 정리하는 데 도움이 된다. 평생 계획, 연간 계획, 월간 계획 등 거창한 계획도 좋지만 내가 좋아하는 분야로 한정 지어 소소한 계획을 세우는 것도 좋다. 꼭 시간 단위 계획이 아니어도 좋다. 나름의 방식으로 세우면 된다. 예를 들어 식단을 조절하는 분이라면 식단 계획도 좋다. 돈 관리에 관심이 있다면 한 주간의 지출 계획을, 독서나 유튜브 등에 관심이 있다면 좋아하는 분야의 책이나 채널을 정해두고 계획을 세우면 된다.

나는 라디오 방송 〈아름다운 당신에게〉의 애청자다. 과거 진행자였던 강석우 배우는 일주일치 계획을 짰다는 청취자의 사연을 듣고는 "일주일씩 계획을 짜기도 하는군요. 그런 건 처음 들어봅니다. 참 훌륭한 시스템입니다"라고 칭찬했다. 영화나 드라마 촬영이 시작되면 배우나 스태프는 내 몸이 내 것이 아닌 것처럼 정신없이 바쁘게 하루를 보낸다. 그래서 1년을 한결같이 살기가 더 어렵다고 한다. 만일 그런 환경에 처한 사람이라면 자신의 환경에 맞춰 삶의 구조를 짜야 할 것이다.

영화 〈러빙 빈센트〉에는 화가 빈센트 반 고흐가 매일 아침 8시에 그림을 그리러 나가서 어두워지기 직전인 오후 4시까지 작업을 하는 모습이 나온다. 나는 그러한 근면 성실한 모습에서 고흐의 또 다른 면모를 보았다. 물론 조명과 빛 때문에 그런 루틴을 갖게 되었겠지만, 영화를 통해 매일 일정한 시간 맑은 공기를 마시고 반짝이는 햇빛을 받으며 마을을 감싸는 바람과 함께 작업하는 예술가의 삶을 상상할 수 있었다. 마음을 쏟아내고, 열정을 쏟아내도 또다시 차오르는 감수성을 하루도 빠짐없이 화폭에 옮겨 담던 한 예술가의 일상을 상상해본다.

사실 '시간 계획' '빈틈없이 살기' '시간 쪼개 쓰기' 이런 말을 들으면 당연히 하면 좋긴 한데 매번 실패했던 기억들이 떠올라 마음이 무거워진다. 작심삼일을 반복하지 않기 위해서는 시간 단위 계획, 해야 될 업무로 꽉 찬 계획보다는 좋아하는 분야로 한정 지어 소소한 계획을 짜는 것부터 시작해야 한다. 그러한 일상이 쌓이고 쌓여 역사가 될 것이고, 삶이 윤택해질 것이다. 혹시 또 모른다. 그 과정에서 새로운 인생 직업을 만들 아이템이 하나둘 나오게 될지도.

"언젠간 내가 좋아하는 걸 실컷 하며 살 거예요" 하는 말을 내담자들에게 많이 듣는다. 그런데 이 멘트는 10대도, 20~30대도, 40~50대도 공통적으로 하는 말이다. 많은 사람이 꿈이 있음에도 실천을 망설이고 또 언젠가 그런 날이 올 거라며 꿈을 막연히 미루고 있다는 반증이기도 하다. 지금 시작하지 않으면 아무 일도 일어나지 않는다. 이제 더는 미뤄두지 말고 오늘, 당장 지금부터 내가 할 수 있는 일을 시작해보자.

아마도 가장 다루기 어려운 난코스는 바로 나 자신의 '의지력'일 것이다. 좋아하는 것도 사주고, 맛있는 것도 먹여가면서 살살 잘 끌고 가보자. 그렇게 어르고 달래고 칭찬하고 책망도 하면서 인생의 크고 작은 산을 함께 오르내리다 보면 분명 정들 것이다. 나 자신한테.

일기를 쓰면
정말 좋아질까요?

──────────── 어느 날 송아 씨에게 편지가 왔다.

'선생님, 조언대로 글을 쓰는데 제 글쓰기는 왜 이럴까요? 우울할 때 너무 화가 날 때 막 쓰잖아요? 막 쓰고 나면 속은 시원한데 우울한 기분이 잘 떨쳐지지 않아요. 뭔가 가슴에서 떨떠름한 감정이 떨어져나가는 것 같으면서도 제자리걸음이에요. 막 울다가 일기를 쓰다가 잠이 들곤 해요. 일기장이 도대체 몇 권인지 모르겠어요. 그냥 쓰고, 쓰고, 또 쓰고, 울고, 울고, 또 울어요. 그래도 더 나아지지 않는 것 같아요.'

마음이 우울한 사람들의 일기를 보면 내용이 엄청 많고 매일 성실하게 써내려간 경우가 많다. 슬픈 암호들을 팔이 다 닳도록, 눈물이 다 말라 없어지도록 반복적으로, 강박적으로 적는다. 이런 식으로 슬픔의 굴레에 빠지면 글을 써도 크게 달라지지 않는다.

글을 쓰면 정말 좋아질까? 좋아지기 위해서 일기를 막 쓰다가 매일 똑같은 소리, 심지어는 내가 뱉어낸 시커먼 말들 때문에 감정이 더 극으로 치닫곤 한다. 나올 수 없는 늪으로 한 걸음 더 들어가는 것 같은 기분을 느끼는 경우도 있다. 일단 좋아지기 위해 일기를 써야겠다는 마음가짐을 가진 내담자에게 나는 이렇게 조언한다.

"일기는 나의 증상을 '고치기 위해' 쓰는 것이 아니라 나를 '알기 위해' 씁니다."

그럼 무얼 안다는 것일까? 가장 잘 알고 있다 생각하지만 가장 잘 모르고 있는 것이 바로 '내 마음'이다. '나를 안다는 게 무슨 가치가 있을까?' '그냥 아는 것만으로는 부족하지 않나?' '변화하고 향상되어야 하는 것 아닌가?' '목표 달성에 관한 다짐 같은 걸 해야 하는 것 아닌가?' 하는 조바심이 들지 모른다. 사회적으로 많은 걸 이룬 사람도 자기 자신이 누구인지, 자기가 소소하게 좋아하는 것이 무엇인지, 또 싫어하는 일이 무엇인지 등 스스로를 정확히 알지 못하는 경우가 많다.

일기란 내가 쓰는 것이고, 나에 대한 이야기를 쓰는 것이다. 무슨 내용을 쓰던 일기장 위로 내가 드러나고, 다른 이의 것이 아닌 '나의 문제'가 스며들어 있다. 하지만 대부분의 사람은 자신을 둘러싼 관계 문제의 핵심이 나 자신이 아니라 나를 힘들게 한 누군가, 즉 특정한 대상의 문제라고 생각한다. 원인 제공자들이 빚어낸 상처의 아픔을 토로하고, 상처 준 자들을 일일이 호명하며 일기장 위에서 응징한다. 그다음엔 그들에게 더 세게 맞서지 못한 자신을 떠올리며 자책하거나 깊은 수치심을 느낀다. 더 잘 맞서고, 먼저 큰소리치고, 교묘하게 상황을 자기 위주로 세팅하는 사람들, 불리한 상황마저 자신한테 유리하게 돌릴 줄 아는 사람들에 대한 부러움을 뿜어내기도 한다. 평소 심리나 상담에 관심을 가졌던 사람이라면 애착의 문제로 파고 들기도 한다. 나에게 불안정 애착을 심어놓은 원흉인 부모를 원망한다. 점점 깊어지는 원망감을 쏟아낸다.

이렇게 일기를 쓰고 나면 기분이 나빠져서 뚱해진다. 주변 사람들은 뚱한 나를 보고 눈치를 본다. 이 때문에 나는 왠지 이질감과 고립감을 느낀다. 이런 상태에서 일이 잘될 리 없으니 미진한 결과물을 내거나 중요한 걸 자꾸 놓친다. 야단을 맞고, 지적을 받으면서 더 깊게 침울해진다. 그날 밤에도 우울한 일기는 계속된다. 이런 악순환에 빠져 있다면 잠깐 멈춰야 한다. 그리고 다시 좀 더 명징한 거울을 통해 나를 돌아봐야만 한다. 무엇이 나의 진짜 문제이고, 무엇 때문에 이 우울과 불행의 고리를 끊어낼 수 없는 건지.

일기장을 감정의 해우소로 생각하는 경우가 있다. 감정의 해우소로 삼는다면 일기장의 역할은 훌륭하다. 하지만 나의 마음이 얼마나 상하고, 찢겨 있는지를 토해내는 데서 멈추면 제자리에 머문다. 마음속 깊은 곳에서 상하고 시림이 올라오는가? 그 차가움을 마주해야 한다. 온전히 느껴야 한다. 일기장을 펼친 순간이 따돌림과 냉대와 멸시를 받은 후였다면 얼마나 춥고 아팠겠는가? 그 아픔을 쏟아내고, 서러움도 마구 적어 내려간다면 일기장을 잘 활용하는 것이다. 하지만 감정 자체만이 아니라 아픔을 깊이 느끼고, 슬퍼하고 있는 나 자신과 만나야 한다. 일기는 그 만남과 공감의 기록이어야 한다. 쏟아내기만 하고 끝나는 게 아니라 품는 것이다. 내가 나의 상한 마음을, 마음이 상해서 너무도 쓰리고 시려하는 나를.

어딜 가지도 못하는 나쁜 기분과 감정이 내 속에서 끊임없이 떠돌면서, 외부의 비난이나 따돌림과 같은 부정적인 경험을 할 때마다 내 상처와 아픔이 함께 공명한다. 그렇게 상처와 아픔은 증폭된다. 이를 극복하기 위해서는 내가 예민하게 아픔을 느끼고, 그 상처를 붙잡아 안아줘야 한다. 마음을 달래고 위로받은 후에 조금씩 더 힘을 내려면, 좀 더 강해지고 단단해지려면 그다음에 나는 무엇을 해내야 할까?

또다시 멈춘다. 그리고 생각을 해야 한다. 주변 사람은 달라지지 않는다. 환경은 어쩌면 그대로이거나 더 나빠지기 마련이다. 모두가 사는 게 힘들고, 점점 나이 들고, 열심히 산 만큼 언젠간 쉬이 지치기 마련이다. 다른 사람들이 나를 위해주고 돕고 싶어 하더라도, 그런 선한 동기에도 불구하고 내 마음을 자신의 마음처럼 알아차리기란 어렵다. 그 속에서 내 마음을 지키기 위해, 더 단단해지기 위해 나는 무언가를 해야 한다.

나는 여러분들 각자가 그다음 스텝을 밟기 위해 구체적으로 어떤 노력을 기울여야 할지 다 알지 못한다. 하지만 각자가 한 걸음을 뛰어넘기 위해 할 수 있는 자신만의 노력과 방식이 있다는 건 안다. 그냥 한풀이만 반복하고, 주변 사람들을 끝없이 원망하는 도돌이표에서 벗어나야 한다는 건 안다. 다음 단계로 진전하기 위한 한 걸음을 내딛어야 한다. 그 노력은 다시 우리를 다음 걸음으로 이끈다.

나의 괴로움과 일단 마주할 수 있게 되면 삶이 내게 주는 다음 단계를 위한 단서들도 잘 알아차린다. 보물찾기 놀이에서 보물을 한 개 찾아낸 아이가 감을 잡고 다른 보물들도 잘 찾아내듯이 말이다.

내 감정을 마주하고 품기 위해서는 다음과 같은 일기 쓰기 방식을 권한다. 일기에 나의 감각과 기분을 최대한 생생하게 적는 훈련을 해보는 것이다. 미우라 아야코의 수필집『보랏빛 사연들』에는 이런 대목이 있다.

오늘 우리 아기가 처음으로 '엄마' 하고 나를 불러주었다. 이 아기가 난생 처음으로 '엄마' 하고 부른 날을 이다음에 크면 꼭 알려주자. 그리고 그날은 따스한 봄바람이 불고 있었다고 가르쳐주자.

아이가 처음 '엄마' 하고 부른 날에 대한 일기다. 보통은 어떻게 적을까? 내가 엄마의 입장이라면 어떻게 적을지 잠깐 떠올려보자. 대개는 아이가 발음한 발음을 정확히 기록해두려 할 것이다. 하지만 좀 더 그 순간을 포착해보려고 노력한다면 아이가 엄마를 부르는 순간과 더불어 엄마를 둘러싼 좀 더 많은 것들이 줄지어 함께 떠오를 것이다. 그 순간을 보고 감격하는 엄마와 그곳의 배경, 창밖에 가득한 봄기운과 바람결 말이다. 감각을 기록해두면 훗날 일기를 펼쳤을 때 마치 어떤 금고의 암호처럼 기억의 서랍이 열리고 그때의 순간이 함께 펼쳐진다. 우리의 일기도 그래야 한다.

흔히 일기라고 하면 세세한 사실들을 상세히 기록하는 것이 정확하고 많은 흔적을 남기는 것이라 여긴다. 그것도 맞다. 그런데 정보도 물론 중요하지만 그날을 가득 채운 감각과 감정을 적어두면, 나중에 일기를 봤을 때 그날의 일을 좀 더 생생히 떠올릴 수 있다. 냄새, 입었던 옷, 손의 감촉, 바람결 등 세세한 감각과 감정이 함께 되살아난다. 일어난 사실에 관한 객관적인 정보만이 아니라 그 사실 때문에 일어난 기분과 감각을 함께 기록할 필요가 있다. 예를 들어 그날 지은 잘못, 다른 이들이 내게 준 상처를 일목요연하게 기록해두는 데그치지 말고 그 당시의 나의 기분과 감각, 그로 인해 달리 느끼게 된 것, 조금이나마 나아진 부분을 함께 적는 것이다.

탁상 달력이나 다이어리의 월간 캘린더에 그날의 기분을 색깔로 표하는 것도 좋다. 어느 날은 선으로만 그려도 기록이 된다. 어떤 날에 그려진 뾰족뾰족한 선은 글을 쓸 만한 기분이 아니었다는 것을 말해주거나, 감정이 매우 격하고 거친 상태였다는 것을 드러낼 수 있다. 종이가 찢어져라 눌러 쓴 선의 필압은 얼마나 흥분했는지 말해주기도 한다. 몽글몽글, 동글동글한 선은 그날의 달콤하고 행복했던 기분을 떠올리게 해줄 것이다.

혹은 그날 하루를 제목으로 기록해도 좋다. 제목을 뽑는 것은 소설가가 작품을 다 쓰고 마지막에 찍는 화룡점정과 같다. 하루를 잘 살아내고 그날의 마지막 점을 찍는 일이다. 하루를 요약하는 일, 하루의 제목을 붙이는 일은 아이들이 참 잘한다. 아이들은 솔직하고 본능적이다. 그래서 자신에게 가장 강렬했던 기분과 이벤트를 감추지 않고 선뜻 고른다. 아이처럼 눈치를 보지 않고 단순한 마음으로 임하는 것이 좋다. 내 기분을 있는 그대로 받아들이는 게 중요하기 때문이다. 만일 아이가 너무 어두운 데만 초점을 맞춰 이야기하고 하루를 공격적으로 평가하려 든다면 엄마가 조금 수정해주려고 할 것이다. 그 작업을 나 자신에게 해보자.

나는 앞서 일기 쓰기에 어려움을 겪은 송아 씨에게 답장을 보냈다.

'송아 씨, 그림자는 언제 지나요? 해가 뜨면, 빛이 비춰지면 어떤 사물 뒤로 드리워지죠. 그림자는 빛이 있었기 때문에 생겨난 겁니다. 우리 안에는 밝음과 어두움이 다 있어요. 그런데 너무 오랫동안 어두움이 내 앞에 드리워져 있다고 느끼고 어두움에 젖어 있으면 내 등 뒤에 빛이 있다는 걸 잊어버려요. 그러니까 조금만 몸을 돌려서 빛을 봐야 합니다. 일기는 그 균형을 맞춰주는 좋은 장치입니다.

송아 씨, 오래 묵은 어두운 마음의 지하실에서 일어나 창가 쪽을 바라보세요. 태양이 얼마나 긴 시간을 기다려 왔는지, 송아 씨를 비추고 있는지 다시 한번 마음을 돌려 밝은 쪽을 보시기 바라요. 너무 오랜 시간 어두운 곳에 구부려 앉아 있으면 그 상태가 어쩌면 편하고 익숙하다고 느낄지 모릅니다. 하지만 사람은 밤에는 깜깜한 곳에서 푹 자야 하고, 낮에는 빛을 바라보고 빛이 내뿜는 온갖 생명의 힘을 빨아들여야 합니다. 빛을 느낄 수 있는 시간 동안엔 빛으로 조금만 몸을 돌려 앉으세요.

색깔이나 촉감, 온도 등 감각을 활용해서 일기를 적는 순간의 마음을 표현해보세요. 너무 직접적인 표현은 하지 않아도 됩니다. 그냥 편안하게 적어보세요. 그리고 그날 하루의 제목을 적어보세요. 그 하루를 살아낸 나 자신에게 격려의 한마디를 적어주세요. 그리고 잠시 펜을 내려놓고 내 두 손을 엇갈려 양어깨를 톡톡 두드려주세요. 이때 꼭, 아주 잠깐이나마 나를 다독이는 내 손바닥의 온기를 느껴보기 바랍니다. 그리고는 아무 생각 없이 주무시기 바라요. 이 편지를 받으신 날, 그날 하루도 잘 마무리하셨기를. 굿나잇.'

내가 나로서
온전히 살고 싶다면

─────────── 키가 크고 늘 자신만만해 보이던 민영 씨가 고
민을 털어놓았다.

 "저는 자꾸 사람들의 입방아에 올라요. 진주로 전학을 갔는데, 말
로는 친절하지만 싸늘한 느낌이 들었어요. 저는 그냥 뭐든 열심히 하
던 대로 한 건데 전학 오자마자 음악, 미술, 체육 실기를 다 만점 받
고 전교 1등을 했죠. 그랬더니 애들이 점점 저한테 말을 안 시키더라
고요. 선생님들은 수업시간에 들어오셔서 '장민영이 너냐?' 하면서
자꾸 아는 척을 하시고. 눈치도 없이. 그러다 보니 더 외롭게 되는 것
같아요.

 초등학교 땐 키가 작았는데 중학교 들어가서부터는 키가 갑자기

막 커져서 더 눈에 띄게 되었어요. 게다가 우리 집 식구들은 살이 안 찌는 체질이라 살이 안 찌고 키만 크니까 친구들이 먹는 거 가지고도 뭐라 하더라고요. 집에서는 죽어라 몸매 관리를 하면서 자기들 있는 데서만 많이 먹는 척한다고. 그런 이야기까지 들으니까 정말 기분이 팍 상하더라고요. 어떤 애는 시험 전날 계속 전화해서 뭘 물어보는 거예요. 나중에 들었는데 돌아가면서 저 공부하는 거 방해하자고 아이들끼리 그랬다고 하더라고요. 동문회를 나가서도 자꾸 남자 선배들이 전화를 해서 그냥 발길을 끊었어요.

지금 회사에서도 비슷해요. 무슨 모임을 나갈 때도 저한테만 연락이 오니까 주변 지인들 반응이 안 좋아요. 또 이성관계도 실패를 반복해요. 누굴 만나도 오래 가지 못해요. 저는 이성을 볼 때 그렇게 많이 바라지도 않는데, 왜 항상 일이 꼬이는지 모르겠어요."

나는 정말 괜찮고 내 삶은 있는 그대로 아름다운데 날 미워하는 사람들이 있고 또 왜 그러는지 이유를 알 수 없다면, 혹은 다른 사람들이 단지 나를 시기해서 일이 꼬인다는 생각이 든다면 어떻게 대처해야 할까? 앞서 일기 쓰기에 어려움을 겪은 송아 씨와는 반대되는 케이스다. 민영 씨와 같은 사람은 빛이 쏟아지는 쪽에서 몸을 조금 돌려 내 안의 어두운 곳을 바라봐야 한다. 태양을 똑바로 쳐다볼 수가 없듯이 너무 눈부신 사람 곁에는 가까이 갈 수가 없다.

내 안의 어두운 곳을 바라본다고 해서 내 인생이 어두워지거나 망가지는 길에 들어가는 건 아니다. 어두움을 마주할 수 있어야 마음속 깊은 곳에서 일어나는 일들을 수정해나갈 수 있다. 내가 아무리 화려한 미소를 짓고 아름다운 말만 한다고 해서 내 안에 있는 어두움이 감춰지진 않는다. 어차피 감춰지지 않을 어둠이라면 꺼내서 자주 빛을 비춰야 한다. 그래야 내 속에서 밝음과 어두움의 비율을 잘 맞춰갈 수 있다.

"난 행복해야 돼" "너를 만나서 내 삶은 나락으로 떨어졌어" 하는 말을 하는 분들과 이야기를 하다 보면 '나는 불행하면 안 돼' '너는 내 행복을 위해서 중요한 기여를 해야 해' '나는 행복해야만 해. 불행이란 있을 수 없어'라는 전제가 강렬히 깔려 있다는 걸 느낀다. '나는 행복해야 한다'라는 말을 예리하게 들춰보면, 누구에게나 찾아올 수 있는 불행이나 실패를 나만은 겪어선 안 되고 네가 내 행복을 책임져야 한다는 엄청난 기대와 의존을 상대방에게 투사하고 있다는 걸 느낄 수 있다.

'나만은 행복해야 해' '나만은 실패하면 안 돼' 이런 생각을 하는 이유는 내가 특별하다는 우월감 때문일 수도 있지만, 마음속 깊은 곳에 자리 잡고 있는 '불안' 때문일 가능성이 높다. 실패할 것 같은 불안감, 그리고 '행복하지 않으면 앞으로 어떻게 될까?' 하는 불안감이 늘 내 뒷목을 당긴다. 그래서 자꾸 남과 비교하고, 나의 자리를 굳건히 보장해줄 것 같은 사람을 찾는다. 내가 건재하다는 것을 자꾸 드러내 보이고, 친구들이 묻지 않은 많은 것을 군이 자랑하듯이 말한다. 이것저것 많이 걸치고, 들고, 깔고 앉아도 이상하게 자꾸 화가 난다. 내가 선택한 나의 파트너는 생각보다 온전치도 않고, 나를 많이 배려하지도 않고, 자기 본위인 것 같다. 그럴수록 자꾸 그를 이상화할 구실을 찾는다. 나의 그림이 깨지면 안 되니까.

나의 그림을 맞춰주느라 안간힘을 쓰던 파트너는 대체로 어느 순간 냉철하게 돌아선다. 혹은 더 나은 파트너가 나타나면 확 파트너를 바꾸는 경우도 있다. 이때 이별을 통해 우리는 많은 것을 배울 수 있다. 내 안의 나는 더 나아지고 성장하길 원하니까. 하지만 많은 경우 갑작스러운 이별을 맞이하고도 이별이 주는 교훈을 돌아보려 하지 않는다. 들여다보면 통증이 느껴지고 많이 아프고 힘들고 외로운 상태라는 게 자각이 된다. 그래서 그 시간을 견디지 않고 회피한다. 이상적인 그림에 딱 어울릴 것 같은 또 다른 사람을 찾아 얼른 선택한다. 당연히 그 역시 평범한 사람이지만 내가 이상화를 시킨다. 환상은 늘 그렇듯 현실이 아니므로 곧 깨지고 만다. 나는 다시 불안을 느끼고 외로워진다.

이미 몇 번이고 반복되는 이러한 패턴은 이번 이별 후에도 또 다시 등장할 텐데, 이별의 가르침을 외면한 채 내 그림 채우기에만 급급하면 나는 언제나 그 자리일 것이다. 이별을 겪는다는 것은 너무나 아리고 슬프지만 나에겐 많은 걸 깨우칠 수 있는 기회를 준다. 그 기회를 붙잡아야 한다. 그리고 외로움을 가만히 느낄 수 있어야 한다. 외로움과 혼자 마주한다는 걸 떠올리기만 해도 슬프고 불안해진다. 혼자라는 쓸쓸함, 한동안 그렇게 쓸쓸하게 있어야 한다는 사실이 답답하고 슬플 것이다. 하지만 이별이라 해서 주변 지인과 집단으로 헤어지는 것은 아니기 때문에 걱정할 필요는 없다. 나의 파트너는 떠났지만 가족과 친구들, 지인들은 여전히 그 자리에서 내가 잘 지내길 응원할 것이다.

　마주하면 죽을 것만큼 고통을 줄 것이라 예상했던 외로움과 막상 마주하면, 견뎌내지 못할 만큼은 아니라는 걸 느낄 것이다. 나도 외로울 수 있다는 걸 한 번 경험해야, 그렇게 바닥을 제대로 쳐봐야 누군가와 자신 있게 마주 설 수 있다. 내 자신이 아닌 다른 무언가로 치장한 '나'로서 살아야 내가 빛날 것 같다는 두려움에서 벗어날 수 있다. 나 자신으로 온전히 서기 바란다.

인생이
즐거우려면

"선생님, 사는 게 왜 이런지 모르겠어요. 뭘 해도 재미가 없어요. 선생님은 사는 게 재밌으신가요? 저는 웃을 일이 별로 없어요. 그냥 이렇게 살다 죽겠죠? 저도 행복해지고 싶은데 그건 직장도 확실하고, 돈도 있고, 애인도 있을 때 이야기죠. 제 삶에는 아무것도 없어요. 지금 이 상황에서도 뭔가를 누린다는 게 가능할까요?"

희수 씨의 이야기에 나는 박웅현 작가의 '물음표'에 대한 글이 떠올랐다. 『생각 수업』에서 박웅현 작가는 이렇게 이야기한다.

"인생의 즐거움은 느낌표를 찾는 데 있습니다. 그런데 느낌표가 있으려면 먼저 '물음표'가 있어야 합니다."

정말 명쾌한 정리다. '즐겁다'와 연관된 이미지를 한번 떠올려보자. 웃는 얼굴? 웃음소리? 맑은 날의 놀이공원? 햇빛이 쨍한 바닷가? 많은 이미지가 떠오르겠지만 박웅현 작가는 즐거움이 느낌표에 있다고 이야기한다.

가을 어느 날 글쓰기 모임에서 '이번 겨울에 꼭 하고 싶은 일은?'이라는 주제로 글을 썼다. 참여한 분 중 한 분이 '나는 수년 동안 함께 글을 써온 멤버들과 겨울바다를 보고 싶습니다'라고 글을 썼다. 그래서 "그럼 한번 가볼까요?"라는 말을 가볍게 던졌는데 참석한 멤버 전원이 좋다고 찬성했다. 모두 잠시라도 답답한 도시를 떠나 콧바람을 쐬고 싶었던 모양이다. 자기 글을 써내려가며 서로 들어주고 격려해주다 보니 어느새 멤버들은 가까운 사이가 되었다.

운전을 해주신 푸우님이 백사장에 주차를 하자 다들 일제히 문을 열고 바다를 향해 어린아이처럼 뛰어 내려갔다. 눈앞에 펼쳐진 푸른 바다, 하얀 백사장, 시원하게 밀려오는 파도소리, 파란 하늘. 마음만 먹으면 2~3시간 만에 도달할 수 있는 동해바다를 무엇이 그리 바쁘다고 자주 못 가보고 산 걸까?

어딘가에서 아름다운 자연 광경을 봤을 때의 느낌표, 사랑하는 사람에게서 사랑을 느낄 때의 느낌표, 감사의 인사나 선물을 받았을 때의 느낌표, 누군가에게 도움이 되는 일을 했을 때의 감격의 느낌표. 이런 느낌표들을 내 삶 안으로 가득 들이기 위해서는 먼저 '나만의 느낌표는 언제, 무엇을 할 때 발생할까?' 하는 질문을 던져야 한다. 그리고 자신이 어떨 때 느낌표가 많아지는지 떠올릴 수 있다면

'현재 나는 이 느낌표를 만들어내고 있는가?' '내가 누릴 수 있는 느낌표 중에 가장 깊은 울림을 줄 수 있는 느낌표는 어떤 것인가?' 하는 질문을 다시 던져야 한다.

'행복해지고 싶은데 그건 직장도 확실하고, 돈도 있고, 애인도 있을 때 이야기죠. 내 삶에는 아무것도 없어요. 지금 이 상황에서도 뭔가를 누린다는 게 가능할까요?'라는 희수 씨의 질문에 나는 그녀가 참 솔직하다고 느꼈다. 그런데 이 비관적인 물음 속에 또 한 꺼풀의 질문이 숨어 있다. 듣는 나에게 희수 씨 자신의 처지에 대한 표현에 동의하는지 묻고 있다. 기왕 자문을 한다면 좀 더 내가 진심으로 바라는 것들을 밝혀내는 질문을 던지면 좋겠다.

희수 씨뿐만 아니라 내담자들은 '난 뭐가 안 되고, 뭘 못해요'와 같이 대개 자신의 단점과 모자란 점을 늘어놓는다. 내가 얼마나 못하고, 안 되는지를 생각하고 또 생각하고, 이야기하고 또 이야기한다. 마치 상담사인 나에게 '그래, 넌 안 될 사람이야'라는 확정 판결을 받으러 온 것처럼 집요하게 자신의 결점과 미숙한 점을 상기하고 이야기한다. 내가 "그렇지 않아요! ○○씨 안에 얼마나 놀라운 힘이 있는지 들여다보세요!"라고 힘주어 항변을 해야 하는 걸까? 아니다. 상담사인 나는 온 힘을 다해 멈춘다. 달려드는 내담자의 부정적 에너지에 맞선다. 그리고 내담자에게 그 질문을 돌려드린다.

"그래서 어떻게 되고 싶으신 건가요?"

정말 듣고 싶은 말이 무엇인지, 무슨 말이 하고 싶은 건지 묻기 위한 질문이다. 지금 이 책을 읽고 계신 여러분에게도 같은 질문을 던진다. 내년 즈음엔 '어떤 모습'으로 있어야 스스로 '잘 가고 있어!' 라는 생각이 들겠는가?

그럼 나만의 느낌표를 가지기 위해 우리는 자기 자신에게 어떤 물음표를 던져야 할까? 레프 톨스토이의 『세 가지 질문』에서 그 힌트를 얻을 수 있다. 어느 날 한 왕이 온 나라에 선포했다.

"무슨 일을 할 때 가장 좋은 때가 언제인지, 왕에게 가장 필요한 사람은 누구인지, 해야 할 가장 중요한 일은 무엇인지 그 방법을 알려주는 자에게 큰 상을 내리겠다."

내로라하는 저명한 학자들이 왕을 찾아와 의견을 피력했지만 답변은 왕의 마음에 들지 않았고, 왕은 이 질문에 답을 줄 수 있다는 숲속의 은사를 찾아간다. 왕은 은사에게 같은 물음을 던진다. 하지만 밭고랑을 파던 은사는 아무 말 없이 하던 일을 마저 한다. 왕은 지쳐 보이는 은사 대신 자청해 해 질 녘까지 대신 밭을 맨다. 여전히 은사는 왕의 물음에 묵묵부답이었다.

그러다 왕은 자신을 향해 달려오는 털북숭이 남자를 발견한다. 남자가 쓰러지자 왕은 그의 피투성이 배에 나 있는 심한 상처를 싸매고 씻고 감아주기를 여러 번 반복한다. 그다음 날 아침, 털북숭이 남자가 말한다.

"제 형을 처형하고 저의 전 재산을 몰수한 사람이 바로 폐하입니다. 그렇기에 저는 폐하에게 복수하겠다고 마음먹었습니다. (…) 폐하가 돌아오시는 길에 해하려고 했지요. 그러나 하루가 꼬박 다 지나려고 하는데도 폐하는 돌아오지 않으시는 것이었습니다. (…) 저는 폐하를 죽이고 싶었고, 죽이려고 했는데, 폐하께서는 저를 살려주셨습니다. 만약에 제가 살아난다면, 그리고 폐하께서 원하신다면 저는 가장 충실한 종이 되어 폐하를 섬길 것입니다."

남자는 하루 꼬박 밭을 매던 왕을 기다리다 호위병들에게 발각되어 다친 것이었다. 왕은 흔쾌히 용서하고, 의사를 곁에 붙여주고 재산도 돌려주기로 했다. 그리고 은사에게 마지막으로 다시 물었다.

"현명하신 은사님, 마지막으로 부탁합니다. 제 질문에 대답을 해주십시오."

뜻밖에도 은사는 다음과 같이 말했다.

"첫 번째로 질문한 가장 중요한 순간은 당신이 고랑을 팠던 때라는 해답을 주고 싶소. 두 번째로 질문한 가장 중요한 사람은 누구인가에 대한 해답은 바로 나라고 말해주겠소. 마지막으로 당신에게 가장 중요한 일은 나를 도와준 것이었소. 고로 나를 위해 선행을 베푼 것이 당신이 한 가장 중요한 일이었소."

은사의 말대로 왕이 만일 허약한 그를 위해 대신 밭고랑을 파지 않고 그냥 돌아갔다면 털북숭이 남자에게 해를 당했을지 모른다. 마지막으로 은사는 조언한다.

"기억하시오. 가장 중요한 순간은 바로 '지금'이라는 사실을 말이오. 왜 지금이 가장 중요하겠소? 우리는 오직 '지금'만 영향력을 행사할 수 있기 때문이오. (…) 또한 가장 중요한 사람은 바로 지금 함께 있는 사람이오. 앞으로 그 어떤 상황에서 그 누구와 자신이 인간관계를 맺을지 모르므로 가장 중요한 사람은 지금 함께 있는 사람이

오. 그리고 가장 중요한 일은 함께 있는 그 사람에게 착한 일을 행하는 것이지요."

'지금 이 순간'의 소중함을 이야기한 톨스토이의 이야기는 짧지만 무엇을 위해 살 것인가에 대해 생각해볼 수 있는 중요한 메시지를 준다. 지금 이 순간, 우리는 무얼 생각하고 누구와 접촉해야 할까? 우리는 순간을 산다. 하지만 요즘엔 순간을 잠시 미뤄둘 만한 유혹거리가 너무나도 많다. 지금 이 순간에 충실하기보다 유튜브 알고리즘에 빠져, 또 SNS에 빠져 중요한 것을 놓치곤 한다. 눈에 보이는 유형의 유통기한, 마감기한만을 챙기고 있다면 눈에 보이지 않는 것들의 유통기한과 마감기한을 꼭 확인하기 바란다. 예를 들면 우정, 효도할 수 있는 시간, 추억 쌓기 등을 말이다.

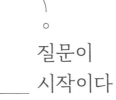

질문이
시작이다

희정 씨로부터 '제 삶의 목적이 무엇일까요? 왜 이렇게 공허하고, 사는 게 재미없을까요?' 하는 편지를 받았다. 희정 씨의 편지를 읽는 순간, 나는 빈센트 반 고흐의 편지가 생각났다.

'그래, 내 그림들, 그것을 위해 난 내 생명을 걸었다. 그로 인해 내 이성은 반쯤 망가져버렸지. 그런 건 좋다. 하지만 내가 아는 한 너는 사람을 사고파는 장사꾼이 아니다. 네 입장을 정하고 진정으로 사람답게 행동할 수 있으리라 믿는다. 그런데 도대체 넌 뭘 바라는 것이냐?'

고흐가 동생 테오에게 쓴 편지다. 짧게 자신이 무얼 위해 살았는지 요약했고, 또 자신의 동생이자 후원자에게 무얼 바라고 사는지 질문한다. 희정 씨와 비슷한 질문을 해오는 청년과 종종 만나는데, 그때마다 이건 너무 커다란 질문이어서 어떻게 시작해야 할지 고민하게 된다. 질문은 역시 질문으로 응수해야 문이 열리는 것 같다.

내 안의 나를 작게 만드는 부정적인 신념을 부수기 위해서는 나 자신에게 질문을 던지는 것이 가장 효과적이라는 연구 결과가 있다.[7] 한 실험에서 피험자들에게 철자가 바뀐 말을 교정하는 과제를 제시했는데, '이 과제를 해결해야지, 할 수 있어!(I Will~)'라는 주문을 외웠을 때보다 '과연 이 과제를 해야 하는 걸까?(Will I~)'라고 자문하게 했을 때 결과가 놀랍도록 향상되었다.

무슨 문제든 질문이 시작이다. '왜 이렇게 답답한 거지?' '어떻게 하면 좀 시원해질까?' '뭐부터 하지?' '뭘 하면 기분이 좀 좋아질까?' '어디서 답을 얻을 수 있을까?' 이런 사소한 질문들이 마치 나비효과처럼 퍼지고 퍼져 생각지 못한 길목으로 내 삶을 이끌 것이다. 잘 모를 땐 그냥 물어보자. 그리고 나만의 답을 적어보자. 그리고 무수히 쏟아낸 질문 중에서 우선적으로 답해야 할 질문을 따로 정리해보자.

참고로 '지난날 나의 행동은 몇 점이었나?'처럼 나를 평가하고 재단하는 질문을 반드시 답해야 할 질문으로 삼으라는 것은 아니다. 우리에게 필요한 질문은 '그래서 그때의 행동이 어떤 느낌으로 남아 있나?' 또는 '비슷한 일을 겪는다면 어떻게 대처해야 내 기분이 나아질까?' 하는 것이다.

가장 소중한 건
어떻게 찾을까?

"선생님, 선생님께서 정말 제가 갖고 싶은 게 뭐냐고 물어보셨죠? 저는 삶이 만족스럽다고, 긍정적이어서 슬픔도 금방 기쁨으로 극복할 수 있다고 대답을 했고요. 그런데 선생님께서 삶이 만족스러운 사람은 그렇게 답하지 않을 것 같다고 하시면서 한 번 더 물으셨어요. 뭐가 꼭 갖고 싶으냐고. 맞아요, 전 인정이 받고 싶어요. 주변의 박수요. 부러움이요. 그런데 어쩜 이렇게 저는 가진 게 하나도 없을까요?"

수영 씨의 질문에 가슴이 참 아팠다. 수영 씨는 자신의 삶에서 정말 중요하고 필요한 게 무엇인지 모르고 있었다. 흔히 우리는 자신을 평가할 때 시험점수나 인사고과에서 몇 점을 내고 있는지, 또래 중 몇 퍼센트 안에 들고 있는지 등 냉정한 잣대를 활용한다. 평가를 냉정하게 해야 발전이 있을 거란 이유에서다. 어떤 면에서는 자극이 되긴 하겠지만 우리의 감정 중추를 자극하고 활발하게 만드는 것은 즐거움과 행복감이다. 뒤처졌다는 느낌이 나를 지배하면 불안해지고, 숨이 가빠지고, 가슴이 답답해진다.

기린이 사자를 만났을 때 죽기 살기로 달아나는 순간에 올라오는 긴장감은 어쩌다 한 번씩 느껴야 하는 감정이다. 절체절명의 순간 혹은 한 단계 뛰어올라야 하는 순간, 잠재력을 발휘해야 할 때 느낄 긴장감이여야 하지 매순간을 그렇게 긴장하면서 살 수는 없다. 어떤 기술을 쌓기 위한 트레이닝이라면 혹독해야 효과가 크겠지만 자주 즐겁고, 행복해야 운동을 할 의욕도 생기고 계속 해낼 수 있다. 상황이 바뀌어야만 긍정적인 기분이 들고 무언가 할 수 있는 기반이 갖춰지는 것은 아니다. 잘 갖춰진 환경, 돈 이런 것들보다 내 마음의 소원이 무엇인지 알아차리는 게 중요하다. 내 삶에서 정말 필요한 게 무엇인지 이해하고 받아들여야 한다.

미국의 심리학자 마틴 셀리그만이 제시한 삶의 목적을 이정표 삼는 것이 도움이 된다. 그는 행복만을 추구하는 것은 오히려 삶의 질을 떨어뜨린다고 이야기한다. 그럼 행복함을 포기해야만 삶의 질이 올라간다는 뜻일까? 아니다. 그는 행복을 위해서는 의미 있는 삶, 웰빙의 삶이 필요하다고 강조한다. 도대체 그가 말하는 의미 있는 삶, 웰빙의 삶이란 무엇일까?

마틴 셀리그만은 『플로리시』라는 책을 통해 행복과 안녕을 추구하기 위해서는 '페르마(PERMA)'가 필요하다고 주장한다. 페르마는 각각 '긍정적 정서(Positive emotion)' '몰입(Engagement)' '관계 (Relationship)' '의미(Meaning)' '성취(Accomplishment)'를 의미한다. 먼저 긍정적 정서란 기쁨, 따뜻함, 자신감, 낙관성, 희열을 뜻한다. 몰입은 시간 가는 줄 모르고 어떤 활동에 집중하는 것, 빠져드는 것, 빠져드는 동안 자의식 없이 몰두하는 것이다. 관계는 누군가와 함께하는 것을 말한다. 의미는 삶의 가치, 나 자신만큼 소중하다고 믿는 것에 소속되고 그곳에 기여하고 헌신하는 것이다. 마지막으로 성취는 누군가와 경쟁해서 이기고 돈을 벌기 위함보다 이룬다는 것 그 자체를 좋아하고 추구하는 것이다.

여기서 기본이 되는 것은 나만의 강점을 살리는 일이다.[8] 대부분의 사람은 자신의 대표 강점을 모르거나, 그 강점을 살릴 수 있는 일을 하면서 살고 있지 않다. 능력 여부와 상관없이 말이다. 만일 친절함이나 누군가를 잘 챙기는 점이 자신의 강점이라면 논쟁을 하고 자신의 정당성을 주장하는 것이 주업무인 변호사나 정확함이 생명인 회계 업무, 기계 설계 방면에서는 만족감을 경험하지 못할 것이다. 설사 유능함을 발휘하며 높은 연봉을 받는다 하더라도 행복을 위해서는 '친절함'이라는 자신의 강점을 발휘할 수 있는 일을 찾아야 한다. 혹은 직장을 그만두기보다 자신의 위치와 상황 속에서 강점을 발휘할 수 있는 방법을 찾는 게 좋다. 변호사라면 저소득층을 위한 무료 법률상담을 한다거나, 재능 기부로 청년이나 마을 주민을 위한 강의를 하는 등 방법은 다양하다.

단지 긍정적 정서를 높이기 위해 단순히 기분을 좋게 하려는 노력은 도움이 되지 않는다. 어떤 행동을 하고 그것을 통해 내 삶을 보다 향상시키기 위해 노력하는 것, 즉 '내 삶을 위한 자발적인 움직임'이 중요하다. '이익'을 추구하는 것과는 다른 개념으로, '뿌듯함'을 추구하는 것이 긍정적 정서를 오래가게 만드는 방법이다.

여러분은 무엇을 할 때 기분이 좋아지는가? 그걸 알아야 내 기분과 긍정적 정서를 잘 다룰 수 있다. 우리는 어떤 일에 몰입할 때, 누군가에게 도움을 주었을 때, 의미 있는 일에 기여했다는 것을 깨달았을 때 행복감을 느낀다. 예를 들어 소소하게라도 기부를 하면 마음속에 충만한 만족감이 솟아난다. 내 작은 행동이 멀리 사는 얼굴도 모르는 누군가에게 힘이 된다고 생각만 해도 기쁜데, 사랑하는 사람에게 매일 작은 행복감을 느끼게 해준다면 얼마나 뿌듯하겠는가? 딱히 그런 사람이 없다고, 그렇게 하고 싶은 마음이 안 든다면 어떻게든 관계부터 회복하길 바란다. 상담소도 가고, 친구와 의논도 하고, 기도하고, 상대를 유심히 지켜보기도 하면서 소중한 사람과의 관계를 회복해야 한다. '좋은 관계'는 삶의 의미를 일깨워주고, 삶의 방향을 정하는 데 중요한 요인이 된다. 관계가 좋든지 나쁘든지 말이다. 조만간 사랑하는 사람의 행복에 이바지하는 기쁨을, 또 그러한 기여를 받기도 하는 행복한 삶을 누리게 되길 바란다.

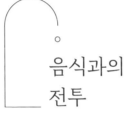

음식과의
전투

나의 어머니는 머리를 참 잘 땋아주셨다. 특히 디스코 머리에 강점이 있으셨다. 디스코 머리 스타일로 전체 머리를 다 땋기도 하고, 머리의 반을 나눠서 땋기도 하고. 정수리부터 땋거나 뒤통수 중간부터 땋아주시기도 했다. 온 힘을 다해서 뛰어 노느라 헝클어진 머리로 나타나면 어머니는 몇 번이고 머리를 새로 땋아주시곤 했다. 꼬리빗 끝을 사용해 단 한 가닥의 흐트러짐 없이 땋아주시면, 그 정갈함도 좋았지만 어머니가 머리를 만져주시는 것만으로 기분이 좋았다. 긴 머리카락을 찰랑거리며 다녀보고도 싶었지만 정성스럽게 땋아주시는 그 순간이 좋아서 한 번도 그런 말을 해보진 않았다.

요즘의 딸들은 가정에서 상처를 많이 받기도 하지만 한편으론 사랑도 많이 받는다. 남아선호 사상이 팽배해 있던 한국에서 과거의 부모들은 소심하게나마 예쁜 때때옷을 입혀주는 것 등으로 딸에 대한 사랑을 표시하셨던 것 같다. 남자 형제와의 차별 속에서 그러한 작은 배려를 느끼면 묘한 감정에 휩싸일 것이다. 조부모로부터, 특히 할머니에게 차별을 받는 경우도 많은데, 집마다 다르지만 딸로서 손녀로서 살아온 어르신이 당신의 손녀에게 당신과 같은 아픔을 대물림하기도 하고 되레 더 잘 챙겨주시기도 한다.

내가 내담자에게 들었던 속상한 이야기 중 하나는 오빠에게 심한 구타를 당해 부모님께 어렵게 그 사실을 말씀드렸는데 부모님이 오빠를 야단치지 않았다는 이야기다. 영화 〈벌새〉에서도 비슷한 장면이 나온다. 주인공 은희도 오빠에게 심한 구타를 당하지만 부모님은 그 일을 문제 삼지 않는다. 사랑을 많이 받고 자랐다면 (그게 당연하기도 하지만) 좋은 일이고, 혹은 그렇지 못하고 차별이나 상처를 받고 자랐다면 지금부터는 내가 먼저 나를 챙기고 사랑을 줘야 한다. 그리고 나를 사랑해주는 사람들과 많이 만나고 관계를 맺어야 한다.

내 마음과 내가 좋은 관계를 맺어나가야 하듯이, 나의 일부인 내 몸과도 좋은 관계를 맺어야 한다. 요즘은 남성의 외모도 화제가 되고 중요한 이슈지만, 여전히 여성의 외모는 어떤 사람을 인식하고 평가하는 데 있어 중요한 기준으로 여겨진다. 중년인 나 역시 몇 년 후엔 노년으로 분류될지도 모름에도 여전히 외모가 많이 신경 쓰인다. 흰머리나 얼굴을 점점 채워가는 기미보다도 가장 많이 신경 쓰이는 건

'살'이다. 최고의 적은 뱃살. 이전에 입었던 옷이 겨우 들어가는 것도 당황스럽지만 같은 옷을 입어도 이전의 느낌이 들지 않으면 더더욱 당황스럽다. 이건 너무 당연한 일이고 자연스러운 노화의 과정임을 알지만 그래도 속상한 건 어쩔 수 없다. 이젠 내 나이와 나에게 맞는 옷을 입어야 하고, 그런 옷이 좋아야 하고, 그런 옷을 입는 나를 좋아하는 것이 자연스러운 일이다. 그래서 흰머리도 친구로 삼고, 기미와 살살 피어오르는 검버섯과도 친구 하기로 했다. 그런데 내 경우 살만큼은 친구로 받아들여지지가 않는다. 젊은 사람들은 어떨까?

요즘 TV에는 '먹방'이 많은데 맛있게 먹는 연예인들은 참 예쁘기도 하고 날씬하기도 하다. 한 먹방 프로그램에 출연한 연예인 A씨는 먹방을 찍으면서 하루는 맛있게 먹고, 나머지 6일은 철저히 다이어트를 한다고 인터뷰했다. 이런 각고의 노력은 보지 않고 연예인의 빛나는 외모만을 보면 자신의 식성과 살을 보며 자책하기 쉽다. 모두가 연예인이 아니고, 연예인이 될 필요가 없다는 걸 알면서도 많은 사람이 자신의 외모를 연예인에 견주곤 한다. 나도 모르게 연예인의 외모와 몸매가 살이 쪘는지 안 쪘는지, 예쁜지 안 예쁜지의 기준이 된다. '예쁘다'는 의미가 '연예인과 비슷한가?'가 된다. 예쁘다, 아름답다의 본연의 의미는 무엇일까?

조카 내리가 운영하는 팝업스토어에 간 적이 있다. 조카 내리는 카페를 운영하는 베이커들을 위한 프로젝트에 참여 중이다. 비건을 위한 디저트를 개발하는 프로젝트로 국가 사업비도 따내고 요즘 여러모로 바쁘다. 말차파이, 콩우유라테 등 먹음직스러울 뿐만 아니라 건강하고 예쁜 메뉴들이 많다. 팝업스토어를 운영하는 조카 내리와 친구들은 해외 요리학교 줌 수업과 회의 때문에 3일 밤을 샜다며 밝게 웃는다. 꿈을 향해 달려가는 청년들의 모습이 정말 멋있어 보였다. 잠을 제대로 못 자 눈이 부었지만 다들 참 예뻤다.

누군가의 예쁨이나 아름다움을 가장 잘 느낄 수 있을 때는 그 사람을 사랑할 때, 사랑하는 눈으로 볼 때다. 정말 그렇다. 누가 봐도 완벽한 외모를 가진 사람도 자신이 자신을 예쁘다고 느끼지 못하면 행복하지 않다. 그런 사람은 자신의 외모만 마음에 안 드는 게 아니라 자신의 모든 것이 마음에 안 들 것이다. 내담자 윤정 씨가 그런 경우였다. 그녀를 직접 마주친 사람들은 자기도 모르게 '와~'라는 감탄사를 터트렸다. 지나가는 사람도 힐끔 쳐다보거나 다시 한번 고개를 돌려 쳐다볼 만큼 출중한 외모를 가졌다. 하지만 누가 봐도 예쁜 외모임에도 그녀는 자신의 외모가 마음에 안 든다고 했다.

자기를 좋아하지 않으면 뭘 해도 마음에 안 든다. 다른 사람들에게는 싹싹하지만, 도무지 자기 자신에게는 격려도 칭찬도 하고 싶은 마음이 들지 않는다. 윤정 씨와 첫 회기 상담을 마쳤을 때 나는 그녀가 어린 시절 사랑의 눈길을 받아본 적이 별로 없는 것 같다는 생각이 들었다.

3회기째가 되었을 때 송아지처럼 맑고 큰 눈망울에서 눈물을 뚝뚝 흘리며 아버지 이야기를 했다. 윤정 씨는 아버지에게서 단 한마디의 칭찬도 들어본 적이 없다고 했다. 서울대학교 법대를 나오셨다는 유능한 아버지는 늘 '어디 가서 빌어먹을 년' '저렇게 살다 굶어 죽을

년'이라는 나쁜 말을 남발했다. 시험을 잘 못 보면 성적표와 책으로 머리를 내리치셨고, 역시나 어김없이 나쁜 말을 쏟아내셨다. 그래서 그런지 그녀는 늘 허기가 진 느낌이 든다고 했다. 그래서 정신없이 먹고 또 먹고 나면 속이 불편해져서 먹은 것을 토해냈다. 그러고 나면 한동안 속이 안 좋아서 뭘 잘 못 먹다가 조금 나아지면 갑자기 허기가 져서 또 막 먹는다.

혼자 자취하면서 주로 먹는 건 과자라고 한다. 그러다가 밤에 TV를 보다 음식 광고가 나오면 참을 수 없는 허기가 몰려와 되는 대로 시켜서 다 먹고, 속이 더부룩한 기분이 들어 먹은 걸 토해버린다. 옷장에는 44 사이즈, SS 사이즈의 옷들이 걸려 있다. 아직 한 번도 입지 않은 조금 작은 사이즈의 옷들, 중학생이었던 10년 전이면 들어갔을 법한 옷들도 걸려 있다.

그러던 어느 날, 그녀가 조금 밝은 표정으로 상담에 임했다. "저 요즘 매일 평범하게 저녁을 먹어요. 토하지도 않고 잠도 잘 자고요" 라고 윤정 씨가 말했다. "와, 무슨 계기가 있으셨나요?" 하고 내가 묻자 그녀가 말했다.

"저 친구 미영이랑 같이 살게 되었거든요. 공무원 시험 본다고 올라와서요. 그런데 그 친구는 먹는 게 엄청 중요한 사람이라서 그런지 새벽밥을 차려 먹고 공부하러 갔다가 저녁 조금 늦게 들어와서 꼭 저녁밥을 먹어요. 그리고 공부하다 자더라고요. 미영이가 뭘 해먹고 그런 타입인지는 몰랐죠. 대학 때부터 떨어져 지냈으니까요. 그런데 나중에 알았어요. 실은 제가 거식증이랑 폭식증이 있다는 걸 알고 저

먹이려고 자기 엄마한테 가끔 레시피도 묻고 건나물 같은 것도 보내 달라고 한대요. 전 엄마가 우울증이 심해서 밥을 잘 안 챙겨주셨어요. 라면을 먹거나, 빵을 먹거나, 제가 밥을 퍼서 남아 있는 마른 반찬이랑 먹어야 했어요. 먹는 게 참 맛이 없더라고요. 그래서 지금도 찬밥이랑 마른 반찬이 정말 싫어요.

미영이는 〈리틀 포레스트〉의 김태리, 아니 혜원이처럼 음식을 뚝딱 해주더라고요. 사실 공부하는 애한테 제가 챙겨줘야 하는데, 위에 부담이 안 가는 음식으로 신경 써서 해주니 마음이 참 따뜻해지더라고요. 바쁜 친구가 차려주는 밥이니 먹고 토하거나 끼니를 건너뛰지 말자고 다짐했어요. 최근에는 저도 주말에는 한두 번씩 유튜브나 요리책을 보면서 음식을 해요. 어젯밤에는 미영이가 콩나물밥을 해줬는데 그걸 양념 간장에 비비다가 왈칵 눈물을 쏟았어요. 눈물이 멈추질 않더라고요."

그렇게 이야기하며 윤정 씨가 또 운다. 회기마다 자주 울었지만, 이번 회기의 눈물은 좀 더 많은 것을 담고 있었다. 그렇게 새 국면을 맞는 한 회기를 마쳤다.

음식을 만들어 먹어보면 버리는 야채가 생겨서 차라리 사먹는 게 더 낫다고 느껴지곤 한다. 요즘은 배달음식도 괜찮고, 반찬가게도 너무 잘되어 있어서 골고루 음식을 먹을 수 있다. 챙겨먹는 게 귀찮다고 음식을 거르거나 편식을 해서는 안 된다. 딱 한 주만 어떤 식으로 식사를 하면 좋을지 미리 계획해놓으면 그 뒤로는 그 틀 안에서 약간 변형하기만 하면 된다.

내 몸과 정신은 나와 100년을 함께해야 한다. 새 핸드폰이 나오면 돈을 지불하고 쉽게 신형으로 교체할 수 있지만 몸은 그렇지 않다. 내 마음과 몸은 나의 돌봄을 원하고 나와 교감하고 싶어 한다. 오래도록 함께할 수 있도록 좋아해주고 가꿔주길 바란다. 세상에서 보통 멋있다고 하는 스타일대로가 아닌 나만의 고유한 특질을 알아주고 그것에 맞춰 사용해주길 바란다. 그리고 나이기 때문에 예쁘다고 소중하다고 말해주길 바란다. 몸이 건강하고 가뿐해야 마음 편하게 좋은 생각을 할 수 있다.

욕망이 프레임을
만들어낸다

어느 저녁, 한 구청에서 주관하는 청년 집단상담 프로그램을 진행하고자 사람들과 모였다. 그날의 프로그램 주제는 '살아보고 싶은 인생'이었다. 어느 지역에 가도, 어느 대학에 가도 요즘 가장 많이 살아보고 싶다고 손꼽히는 인생은 '돈 많은 성공한 임대업자의 삶'이다.

권위는 무엇보다도 사리에 근거를 두어야 하느니라. 만약 네가 너의 백성에게 바다에 몸을 던지라고 명령한다면 그들은 혁명을 일으킬 것이니라. 내가 복종을 요구할 권한을 갖는 것은 나의 명령들이 이치에 맞는 까닭이다.

『어린 왕자』의 한 대목이다. 『어린 왕자』에 나오는 소혹성 첫 번째 별에 사는 한 임금님은 권위를 요구하는 것 말고는 할 줄 아는 게 없었다. 충성스러운 신하를 간절하게 원했지만 그런 이가 한 명도 없었는데, 임금님은 신하를 찾아 나서거나 백성의 생활이 궁금한 적이 없었다. 자기 별을 한 번도 제대로 순시해본 적이 없었다. 나그네인 어린 왕자가 나타나자, 임금님은 위엄 있는 태도를 보였지만 이내 죽기 살기로 어린 왕자에게 매달렸다. "사법대신을 시켜주겠다" "대사로 임명하겠다"라고 벼슬을 남발하면서.

　'어린' 왕자가 어린이가 아니라 '다 큰' 왕자였다면, 아니 욕망은 있으나 스펙이 부족한 '다 큰 평민'이었다면 어쩌면 그 벼슬을 덥석 물고 외롭고 착한 왕을 들었다 놨다 했을지 모른다. 하지만 삶의 본질적인 본능을 최고로 생각하는 어린 왕자는 삶에서 정말 중요한 것을 찾아내 그것을 꼭 소유하고 싶어 하기에 권력의 별에 머무를 이유가 없었다. 만일 외로운 왕이 어린이 왕자가 아니라 어른인 평민을 만났다면 권력이고 돈이고 뭐든 다 주고 억지로 자신의 별에 머무르게 했을 것이다.

　　욕망은 프레임의 강력한 원천이다. 욕망이 세상을 보는 눈을 흐리게 만든다는 생각은 새로운 것이 아니다. 이 말을 좀 더 심리학적으로 풀어 쓰면 '욕망이 세상을 특정한 방향으로 보게 하는 프레임을 만들어낸다'가 된다.

최인철 작가가 쓴 『프레임』의 한 대목이다. 임금님은 욕망이 아주 큰 사람이었다. 권위를 인정받고 싶다는 욕망, 혹은 권위를 인정해주는 아부 잘하는 신하를 갖고 싶은 욕망 말이다. 임금님 주변에는 자신의 욕망이 무엇인지, 그걸 갖으면 어떻게 되는지, 사람을 곁에 두는 것과 권력 중에 무엇을 더 원하는지 알려주는 거울이, 친구가 없었던 것이다.

여러분에게는 나의 욕망이 무엇인지, 얼마만 한지를 비춰주는 친구나 멘토가 있는가? 그걸 돌아보고 다스릴 '시간'은 있는가? 어떤 욕망은 한 나라를 구하기도 하지만, 한 나라를 파탄에 빠뜨릴 만큼 거대한 욕망도 있다. 내가 무엇을 끊임없이 욕망하다 보면 어느 날 그것이 나를 삼켜버릴 만큼 커질지 모른다.

허버트 조지 웰스의 소설 「무덤」은 인도의 민화를 바탕으로 쓰였다. 인도에 매우 아름다운 왕비가 있었는데 결혼 후 1년 만에 병으로 세상을 떠난다. 사랑하는 왕비와의 사별이 너무 슬펐던 왕은 정성껏 무덤을 만들어 그녀의 죽음을 기린다. 무덤을 매일 바라보다 보니 덩그러니 놓여 있는 무덤이 쓸쓸해 보여 주변에 하나둘 동상을 세우기 시작한다. 동쪽에는 왕 자신인 젊은 용사 동상을, 서쪽에는 왕가를 나타내는 호랑이 동상을, 몇 년 후 남쪽에는 멋진 별장을 지었다. 마지막으로 북쪽이 비었으니 그곳에 웅장한 성을 짓는다. 그런데 어느 날 화려한 건물과 동상들 사이에 있는 왕비의 무덤이 왕의 눈에 거슬렸다. 주변의 화려한 동상들과 건물들에 비해 너무 초라해 보였던 것이다. 그리하여 왕은 말한다.

"저 왕비의 무덤을 당장 치워라."

욕망에 사로잡히면 나는 나를 스스로 제어하지 못하고 욕망이 나를 움직이게 된다. 그것이 이성이든, 혹은 물건이든, 어떤 자리든 무슨 일을 시작할 때의 초심은 대개 순수하고 열정 가득하고 가슴을 뛰게 한다. 하지만 그 일이 점점 잘되고 규모가 커지면 우리의 마음에는 욕심이 생기고, 소유권이나 지분 같은 것들이 중요해진다.

요즘 나의 마음을 움직이는 것은 무엇인가? 욕망인가, 꿈인가? 아니면 무언가에 대한 사랑인가? 좋은 것이 나의 마음을 움직이도록 해야 한다. 그리고 그것과 늘 적절하고도 행복한 줄다리기를 할 수 있기를 바란다.

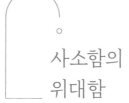

사소함의
위대함

———————— 팟캐스트 녹음 중에 패널 돌님께서 "처음에는 그냥 폼 잡으려고 카페에서 책을 펴고 앉아 있곤 했는데요. 어느 순간 제가 진짜 책을 읽고 있더라고요" 하고 말하자 다들 놀란 얼굴로 쳐다봤다. '마음을 저렇게 솔직하게 오픈하다니' 하는 놀라움 때문이었다. 실제로 의도하지 않던 어떤 사소한 일이나 습관을 통해 자신의 재능을 발견하거나 진로를 찾는 경우가 있다.

2018년 93세 마양금 할머니는 퀼트 작품으로 개인전을 열었다. 서울 명동 갤러리 1898 제1전시실에서 열린 개인전의 제목은 '실로 이은 텃밭-노느니 했소'였다. 2017년 개인전에 이은 두 번째 개인전이었다. 할머니는 어릴 적 어머니께서 바느질하시던 걸 어깨 너머로 배웠고, 섬유아티스트인 딸의 작업을 돕다가 재능을 발견했다고 한다.

캘리포니아에 살던 제니 던은 집안 형편 때문에 많은 자식을 이끌고 집값이 싼 미주리로 이사해야 했다. 낯선 가난한 동네에서 딱히 일감도 없고 친구도 없어 외로움에 취미로 퀼트 바느질을 시작했다. 크기가 큰 이불 같은 걸 만들려면 재봉틀이 필요한데, 제니는 재봉틀을 살 형편이 안 되었다. 어머니의 재능을 알아본 제니의 딸은 자신의 집을 담보로 대출을 받아 재봉틀과 창고를 얻어준다. 하지만 가난한 작은 동네에서 바느질 일감을 얻기란 쉽지 않았다. 컴퓨터를 전공한 아들이 홍보용 웹사이트를 만들어 천조각과 패턴 도안 세트를 판매하자는 아이디어를 낸다. 동시에 퀼트 교습 영상을 만들어 게재했고, 친절한 설명 덕분에 그녀의 실력은 입소문을 탄다.

골드만삭스를 다니던 아들의 친구는 바느질을 스타트업 방식으로 사업화시키고 싶다며 시급 15달러를 받고 이 일에 뛰어든다. 제니는 아마존 물류센터 영상에서 컨베이어 벨트를 보고 패키지를 더 쉽게 포장할 수 있는 방법을 고안했고, 이에 아들은 주문서를 처리하기 위한 소프트웨어 시스템을 개발한다. 꽃무늬 천 매장, 아이들을 위한 매장, 바느질 도구 매장 등 다양하고 독특한 매장이 꾸며지기 시작했고, 방문객들을 위해 제니는 3개의 레스토랑을 차렸다. 여성들이 숙식을 하며 퀼트를 할 수 있는 여성 휴양소 2곳을 차리고, 상점을 하고 싶어 하는 주민에게 투자도 한다. 미주리 스타 퀼트라는 회사를 세우고 물류센터를 만들어 본격적으로 사업을 시작한 그녀는 마을의 최대 고용주가 되었고, 가난하고 작은 마을은 그렇게 퀼트 계의 디즈니랜드가 된다.

퀼트계의 오프라 윈프리로 소문난 제니는 이런 말을 했다. "완벽 보다는 완성이 중요합니다. 다른 사람들처럼 잘하지 못해도 괜찮고, 오늘 1시간 동안 바느질을 했다면 그게 다 연습인 셈이죠. 1시간 더 경험을 쌓은 덕분에 내일은 더 나아져 있을 테니까요."

예능 〈유 퀴즈 온 더 블록〉에 출연한 이종열 피아노 조율사는 "지금 나이가 80이 넘었는데 작년보다 금년이 더 발전하고 있어요. 학문엔 끝이 없다는 말이 맞습니다"라고 했다. 보통은 나이가 점점 들어 예전만 못하다고 하는데, 작년보다 올해가 더 나아져 있다는 말 속에 매일 부단히 노력하는 그의 정신력과 자신감을 엿볼 수 있 다. 영화 속 주인공이 된다면 제목을 어떻게 붙이고 싶은가에 대한 사회자의 질문에 '이제 겨우 쓸 만한데 80이네'라는 재치 있는 답을 내놓는다.

나는 사람들과 무언가를 나눠 먹고 편하게 이야기 나누는 걸 참 좋아한다. 그러다 보니 다양한 사람들과 대화를 나누는 팟캐스트 녹 음이, 유튜브 촬영이 정말 즐겁다. 패널들과 먹고 이야기하면서 즐 겁게, 진지하게 이야기 나눌 수 있으니 나름 보람도 있다. 지금은 청 취율 같은 건 신경 쓰지 않고 내 나름대로 이름 없는 방송을 재밌게 해본다는 데 의의를 두고 있다. 내 본업이 상담사이다 보니, 상담뿐 만 아니라 세상과 사람 공부를 위해 계속 책을 읽어야 하고 드라마 와 영화를 보면서 나름대로 분석하는 시간도 가져야 한다. 마양금 할머니께서 바느질을 하시듯, 제니 던이 퀼트를 하듯, 이종열 조율사가 80이 넘은 나이에도 조율을 연마하듯 나는 오늘도 사람들과 격 없이 대화를 나눈다.

여러분도 본인이 잘하는 무언가, 사소할지라도 중요한 무언가를 즐기고 꾸준히 해보기 바란다. 사소함의 위대함을 경험할 것이다.

말하는
대로

우리 인간이 할 수 있는 것은 세 가지밖에 없다. 행위와 말과 생각이 바로 그것이다. 사람들이 흔히 생각하는 것과는 달리 말이 행위보다 강하고 생각은 말보다 강하다.

베르나르 베르베르『뇌』의 한 대목이다. 베르베르의 말대로 우리는 주로 '행위' '말' '생각'을 통해 살아간다. 삶에서 무언가를 실천하기 위해서는 생각이 생각에서 그치는 것이 아니라, 말로 표현하고 행위로 옮길 때 비로소 실행력을 갖는다. 뱉은 말 때문에 어떤 일을 양보하거나 포기하기도 하고, 뱉은 말 그대로 행동할 수밖에 없는 경우도 생긴다. 이때 생각과 하고 있는 말이 다르다면, 즉 생각이 말을 설득하면 다시 제자리로 돌아온다. 하지만 생각과 말이 함께 꼬여가기 시작하면, 그러니까 생각이 말을 보태고 말이 생각을 증언하면 점점 말이 그 사람을 규정 짓게 된다. 그렇게 꼬이고 꼬이면 마지막에서는 본심이 무엇이었는지조차 알 수 없다.

누군가 굉장히 좋으면서 겉으로는 "나 안 좋아해, 걔"라고 말하는 경우도 있다. 본심을 숨기고 싶어서, 안 좋아하는 척을 하기 위해서다. 누굴 좋아하는 마음이란 게 쉽게 감춰지는 건 아니지만. "난 정말 아버지가 싫어요"처럼 원망이 담긴 말을 하는 사람도 있다. 그 말이 마음의 전부는 아니다. 하지만 습관적인 말 때문에 미안한 마음이 들 때도, 혹은 고마운 마음이 들 때도 미운 감정, 행동이 나타난다.

수진 씨는 친구들과 모인 자리에서 종종 남자친구 흉을 본다. "난 저 인간이랑 왜 사귀고 있는 거지? 저렇게 지지리도 못나고 자기밖에 모르는 인간을" 하면서 험담을 하면 스멀스멀 무언가 속상한 기분이 올라온다. 그러면서 그 대상이 내 마음을 상하게 한 기억들이 하나둘 떠오른다. 기분이 점점 더 나빠진다. 만일 이 말을 친구들 앞에서 뱉었다면, 나중에 친구들을 다시 만나는 순간 내가 과거에 뱉었던 파트너에 대한 험담이 떠오르면서 또다시 나쁜 감정이 솟아오를 것이다.

안 그래도 기분이 그냥 그런데 친구가 한마디 얹는다. "수진아, 남친이 아직도 네 앞에서 홀랑 자기 귤만 까먹어?"라고. 그때의 서운한 감정이 불현듯 떠오르면서 그보다 더 심한 장면도 연상된다. 그런 생각이 떠오르면 다시 한번 내 남자친구가 얼마나 별로인지 늘어놓기 시작한다. 실은 수진 씨도 알고 있다. '남자친구가 그렇게까지 별로는 아닌데' 하는 생각도 든다. 나중에 집으로 돌아오는 길에도 기분이 영 별로다. 친구들 사이에서, 그리고 수진 씨 마음속에서 남자친구는 점점 더 '별로인 인간'으로 매도되기 시작한다. 그러자 남자친구와 하는 데이트가 별로 신나지 않는다. 괜히 툭툭거리게 된다.

한편 수진 씨의 남자친구 해빈 씨는 친구들 앞에서 수진 씨를 나쁘게 말하는 일이 없다. 여자친구를 너무 궁금해 하는 엄마에게도 안 좋은 표현을 한 적이 없다. 수진 씨는 해빈 씨 친구들과 함께한 자리에서 굉장히 놀란다. 평소엔 무심하기만 했던 해빈 씨가 친구들 앞에서 자기 자랑을 많이 늘어놓았다는 걸 깨달았기 때문이다. 자신이 늘 불만이 많고 친구들 앞에서도 자기 흉을 종종 본다는 걸 알고 있었을 텐데, 그럼에도 해빈 씨는 수진 씨에 대해 좋은 말만 하고 있었다. 그걸 느낀 순간 수진 씨는 마음이 먹먹해지고 자신의 본심을 깨닫는다. 그녀는 평소 남자친구인 해빈 씨보다 자신이 괜찮은 사람, 아까운 사람이라고 생각하고 있었다. 하지만 이제는 자신이 좋은 사람이 아닐 수도 있다는 걸 직면해야 했다.

주연 씨는 꼭 고려대학교에 입학하고 싶었다. 새엄마가 고려대학교를 나온 사람이었기 때문에 어려서부터 자연스럽게 고려대학교 입학이 목표가 되었다. 하지만 진심으로 그 학교가 좋아서 바라게 된 것은 아니었다. 그게 무슨 마음인지 설명해보라고 하면 구차해지는 기분도 들고, 뭔가 모를 독기가 올라온다 했다. 물론 그런 마음을 입밖에 내본 적은 없다. 주연 씨는 공부 이야기만 나오면 시니컬해졌다. "그딴 걸 해서 뭐해"라고 말하기 일쑤고 아빠가 공부로 지적하면 길길이 날뛰면서 대들었다. 새엄마에게서 느끼는 묘한 감정, 세련되고 지적인 면이 재수 없다고 느껴지면서도 왠지 모르게 새엄마를 흉내 내게 된다.

주연 씨는 새엄마 속을 긁기 위해 방문을 크게 쾅 닫고, 음악을 크게 틀어놓고, 차려놓은 밥을 깨작거린다. 친구들이랑 늦게까지 어울려 다니고, 학원 간다고 하고 다른 곳으로 새고, 어느 날부터는 학교도 종종 안 갔다. 아빠는 주연 씨를 달래도 보고 소리도 질렀지만 어떻게 할 수 없었다. 성격 좋은 남동생은 새엄마가 해준 밥도 잘 먹고, 사준 옷도 잘 입었다. 그리고 늘 새엄마가 나온 고려대학교에 입학해서 효도하겠다고 큰소리를 친다. 주연 씨는 그런 동생과 부모님 앞에서 "고대가 뭐 대수야? 학교 같은 걸로 잘난 척하는 인간들은 정말 찌질해" 하고 방으로 들어가곤 했다.

고3 마지막 모의고사를 본 날, 주연 씨는 집에 들어가지 않았다. 성적이 처참했기 때문이다. "공부, 그까짓 거 가지고 사람 판단하는 시대는 끝났어. 대학이 뭐라고" 하며 공부를 멀리했지만 주연 씨는 사실 공부를 잘하고 싶었다. 새엄마가 들어오기 전, 중3 때까지는 실제로 공부를 아주 잘했다. 그렇게 수능을 보고 점수에 맞춰 대학에 들어간 다음부터 그녀는 자해를 하고, 수면제 과다 복용으로 자살 시도까지 한다. 이후 부모님 손에 이끌려 상담소에 오게 되었다.

주변에서 하는 수많은 이야기
그러나 정말 들어야 하는 건
내 마음 속 작은 이야기
지금 바로 내 마음속에서
말하는 대로 말하는 대로

나는 〈말하는 대로〉라는 노래를 참 좋아한다. 그중 '정말 들어야 하는 건 내 마음 속 작은 이야기'라는 대목이 좋다. 내 마음 속 작은 이야기를 생각만으로 되뇌어서는 안 된다. 그걸 말로 표현하고, 말한 것을 마음 안으로 받아들여야 한다. 도전에는 무한한 가능성이 담겨 있고, '말'은 그 가능성의 시작점이다. 내가 뱉은 말의 무게를 알고, 말에 생각과 꿈을 견인할 힘이 있다는 사실을 깨달아야 한다. 자신의 속마음과 다른 말을 하면서 자신이 진정 원하는 것과 다른 삶을 살아서는 안 된다. 자신이 진정 원하는 것에 다가가는 삶을 살아야 한다.

디즈니 애니메이션 〈코코〉의 주인공 소년 미구엘은 음악을 너무나 사랑하는 어린이였다. 하지만 뮤지션이었던 고조할아버지가 연주 여행을 떠난 후 돌아오지 않자 고조할머니는 혼자 집안을 일으켜야 했고, 그때부터 이 집안에선 아무도 노래를 부를 수 없었다. 그럼에도 미구엘은 음악에 대한 열정을 결코 포기하지 않는다.

"세상 모두가 규칙을 따를지라도, 난 반드시 내 마음을 따를 거야

(The rest of the world may follow the rules, but I must follow my heart)."

미구엘은 가족이 그토록 반대하는 노래 경연대회에 나가기 위해 델라 쿠르즈 기념관의 기타를 훔치려다 사후세계에 간다. 그리고 그곳에서 고조할아버지와 친척들을 만난다. 이후 위대한 가수 델라 쿠르즈는 허상이었고, 고조할아버지가 동료였던 델라 쿠르즈에게 살해당하고 곡을 빼앗겨 집에 돌아오지 못했다는 걸 알게 된다. 〈Remember Me〉라는 노래도 원래는 고조할아버지가 작곡했다는 사실도.

"나를 기억해줘. 슬픈 기타 소리를 들을 때마다 내가 너와 함께 있다는 것을 알아줘(Remember me. Each time you hear a sad guitar know that I'm with you)."

노래가 매우 감미롭다. OST를 한 번 들으면 계속 따라 부르게 된다. 고조할아버지 헥터의 가족에 대한 사랑과 음악에 대한 열정이 깃들었기 때문일까? 헥터의 열정과 사랑은 노래로 남아 미구엘은 가족과 화해하고 음악을 할 수 있게 된다.

음악을 포기하지 않는 미구엘의 열정을 보면서, 우리네 인생의 레이스를 떠올린다. 수많은 청춘의 시도와 노력, 좌절이 떠오른다. 어떤 일이든 할 수 있는 범위에서 최선을 다해봐야 한다. 그 누구도

"세계 최고가 왜 못 되니?" "왜 그것밖에 못하니?"라며 함부로 빈정거릴 수 없다.

뭘 어떻게 하면 좋을지 모르겠다면 "나 같은 게 뭘 하겠어?" 하는 말보다 "뭘 하면 좋을까?" "뭘 할 수 있을까?" 자문하기 바란다. 그리고 내가 해온 노력들에 후한 점수를 주자. 하나둘씩 시도해보고 애쓰는 나를 열심히 격려해주자. 내가 나를 응원하는 소리를, 내가 내 목소리로 직접 나에게 들려주자. 귀에 못이 박히도록, 내 목소리로 낸 말이 내 운명을 이끌어가도록.

4장

사랑을
미루지 마라

상대방에게
섭섭하다면

───────── 연애를 하면서 힘든 순간 중 하나는 '섭섭한
마음이 들 때'가 아닌가 싶다. 나는 이런 배려를 했는데 상대가 모르
거나, 혹은 성의 없는 인사를 했거나, 챙겨주길 바랐는데 그렇지 않
으면 섭섭함이 밀려온다. 피할 수 없는 커다란 파도가 밀려오듯이 섭
섭함의 파도가 마음속에서 요동친다.

집단상담이라는 여럿이 함께 이야기하는 형식의 상담이 있다.
10명 내외의 사람들이 모여 앉아 그 순간의 느낌과 기분을 표현하는
형식의 상담이다. 집단원 중 누군가가 한 말이나 행동에 대해 내 마
음을 있는 그대로 표현함으로써 자신이 무얼 의식하는지 알아차리
게 한다. 그 대상이 되는 사람은 자신이 다른 이에게 어떤 느낌을 주

고, 어떤 느낌을 불러일으키는지 알아차리게 된다. 자꾸 신경 쓰이는 집단원이 있더라도 평소에는 직접 공격하면 소위 말하는 '저격'이 될까봐 입을 꾹 다문다. 집단상담을 진행해도 마찬가지다. 굳이 불편한 말을 하고 싶지 않아 입을 다문다 해도 불편한 기운은 감춰지지 않는다. 내가 무슨 말을 함으로써 여기서 나의 캐릭터가 정해지는 것 같고 판단받을 것 같아 조심스러워지기도 한다.

때로는 응원의 말을 전하고도 싶은데, 그것도 튀는 행동 같아서 꺼려지곤 한다. 8주 또는 10주 동안 집단상담을 이어가도 끝끝내 자기 목소리 한 번 제대로 내지 못하는 내담자가 있다. 그런데 어떤 사람은 이런 눈치 보는 분위기 속에서도 꿋꿋이 말을 한다. 한 번 이야기를 꺼내보니 막상 태클을 거는 사람도 많지 않고, 다들 말을 아끼는 분위기인지라 입을 연 사람이 계속 말을 꺼내게 된다. 이렇게 한 사람이 주도권을 쥐면 불편함을 표현하는 내담자들이 생기고, 역시나 아무도 직접적으로 지적하진 않지만 불편한 분위기가 집단 안에 가득 찬다.

만약 이런 집단상담의 분위기가 집에서 재현되거나, 두 사람 사이에서 벌어지면 어떻게 될까? 말하는 사람은 자신이 응당 할 말을, 필요한 말을 했을 뿐이라고 생각하는 반면, 말하지 않는 사람은 자신이 받은 부정적인 느낌을 마음속에 차곡차곡 쌓을 것이다. 만일 너무 감동적이거나 즐거운 내용이었다면 아무리 말 없는 분위기여도 누구든 한 사람은 긍정적인 표현을 했을 것이다. 하지만 부정적인 내용은 한국인의 정서상 쉽게 표시하지 못하는 경우가 많다.

함께 같은 공간에 오래 있다고 해서 서로를 깊이 알게 되는 것은 아니다. 그리고 말을 하지 않는다고 해서 나의 감정을 표현하지 않은 것도 아니다. 우리는 모든 순간에 감정을 표현하고, 행동을 통해 욕구를 표시한다. 표현의 방식은 다양하다. 누군가에겐 거친 언행일 수 있고, 누군가에겐 불편한 침묵일 수 있다. 감정이 명료하게 표현되지 못하거나 이해되지 않으면 각자의 방식으로 상황을 해석하고 받아들이게 된다. 따라서 필요한 순간에는 표현을 해야 하고, 잘 모르는 부분은 물어봐야 한다.

이기적이기 때문이 아니라 신이 아닌 이상 다른 사람의 마음을 100% 알 수 없기에 우리는 각자 자기 방식대로 세상을 이해하고 바라본다. 내가 한 말의 의도가 챙기거나 도와주는 것이었다 할지라도 상대에 따라서는 불편하게 느껴질 수 있다. 그러한 마음을 존중하지 않고 그냥 그 사람이 호의를 받아들일 상태가 아니어서, 자기밖에 모르거나 마음이 떠났기 때문에 그런다고 치부해선 안 된다. 정확히 표현하지 않으면 나의 진의도, 상대를 향한 내 기대가 얼마나 컸는지도 알릴 수 없다. 상대의 반응을 보면서 얼른 내 행동의 방식과 의도를 살펴봐야 하는데, 대개는 내 행동을 못 받아들이는 상대를 비난하곤 한다.

관계가 틀어진 것 같다면 우선은 나의 행동과 말부터 잘 돌아봐야 한다. 무엇이 섭섭한 걸까? 왜 섭섭한 걸까? 상대가 무성의한 사람이어서 그런 걸까? 이기적이어서 받기만 하고 베풀지 않는 걸까? 멋대로 판단해 상대를 지적하면 보통 지적받은 대상은 싸우기 싫은 마음에 사과를 한다. 그런 사과를 받아도 내 마음은 흡족하지가 않다. 서로를 이해하지 못하면서 관계는 조금씩 더 멀어진다.

내 마음이 원하는 것은 무엇인가? 저 사람이 잘못된 사람이라는 증명이 필요한 것인지, 나를 좀 더 중요한 사람으로 여겨달라고 정확히 전달하고 싶은 것인지 곰곰이 돌아보기 바란다. 이 관계에서 나는 무엇을 원하고, 어떤 점이 좋고, 어떤 점 때문에 마음이 상하는지 돌아보자. 여기에서 상대방에게 초점을 맞추면 답은 나오지 않는다. 모든 관계 속에는 나의 바람이 들어 있는데 그것을 들여다보지 못하면서 상대만 물고 늘어지면 초점이 흐려진다. 내 마음을 파악한 다음에 상대방의 행동, 말, 시선 등에서 섭섭한 점은 어떤 것이고 무엇이 나를 불편하게 하는지 정리하길 바란다.

칭찬할 때와 마찬가지로 섭섭한 마음을 표현할 때도 효과적인 법칙이 있다. 마음은 표현해야 정확히 전달할 수 있는데, 그냥 알아주었으면 하는 마음이 앞서면 서로 오해가 생긴다. "넌 늘 그래" "넌 자기중심적이야" "내가 말했었지, 그러지 말라고" "너는 여전히 너밖에 몰라" "너는 너무 성의가 없어" 하는 단적인 표현은 상대방의 마음을 닫게 만든다. 상대를 판단하고, 인격적으로 나와의 우열을 정하는 표현이기 때문이다. 할 수 있다면 상대방에게서 고마움을 느꼈던 점을 구체적으로 말하면서 시작하는 게 좋다. 마음이 열리니까. 영 어색하다면 서운한 마음만 잘 표현해도 된다.

말을 할 때 '너'로 시작하지 말고 '나'로 시작하면 효과적이다. '나는 …하기를 바라는데' 하고 나 자신의 욕구를 드러내는 말로 운을 떼는 것이다. "나는 너의 따뜻한 말이 참 좋은데 아까 그 말은 나를 비난하는 것처럼 들려서 왠지 너무 속상하고 슬펐어" 하고 나의 감정을 표현하는 말로 마무리하면 좋다. 비난할 목적으로 감정을 표현해선 안 된다. 나의 감정을 있는 그대로 표현하는 것이 좋다.

하루 중 가장 많이 듣고 쓰는 말

────────────── 참 쓰면 쓸수록 '신통하다' 싶은 것들이 있다. 나에겐 노트북이 그렇고, 핸드폰이 그렇고, 또 엑셀이 그렇다. 엑셀 수식을 잘 다루면 더 좋겠지만 그건 여전히 서툴다. 하지만 장부 정리를 할 때 말고도 엑셀을 점점 더 많이 쓰게 되는 이유는 머리에 떠오르는 온갖 아이디어를 한 파일에 시트별로 나눠 넣어둘 수 있어서다. 글쓰기 프로그램을 진행할 때 보통 3~4가지 프로젝트를 동시에 진행하는데, 한 번의 프로젝트를 위해 최소 10개 정도의 소규모 프로그램이 활용된다. 3개 프로젝트를 진행하면 최소 30개 프로그램 준비를 병행해야 한다. 이때 유용하게 활용되는 것이 엑셀이다.

엑셀은 상담에서도 유용하게 쓰인다. 부부상담이나 가족상담이 아닌 보통의 개인상담에서는 상담사인 나는 내담자의 말만 듣고 상황을 추론해야 한다. 최대한 객관적으로 추론해야 하기 때문에 나는 엑셀을 활용해 '근거'가 될 수 있는 것을 기록한다. 대개 내담자는 자신에게 상처를 준 사람이 얼마나 최악인지 설명하는 경우가 많다. 그러면 나는 그 대상이 한 말들, 만행들을 하나하나 떠올린다. 문제는 내담자는 자신의 입장에서만 이야기할 뿐, 왜 그 상처를 준 대상이 그러한 행동을 했는지, 그런 일이 있기 전에 내담자 자신은 무엇을 했는지 100% 전하지 않는다. 따라서 그 생략된 공간을 상담사인 내가 추론해야 한다.

빈 공간을 채우면 그제야 맥락이 보인다. 낱낱이 흩어진 말이 아니라 흐름이 있는 대화로 재구성된다. 상대방이 심한 말을 하고 욕을 하려면 분명 앞뒤에 이어지는 무언가가 있을 것이다. 그 부분을 다시 내담자에게 묻는다. 나의 추론이 맞는지 확인하기 위해서가 아니다. 나의 추론은 말 그대로 추론이자 참고자료일 뿐, 모든 상황을 설명하는 명확한 근거가 되진 않는다.

만일 내가 내담자의 말과 행동을 기록하듯이, 누군가가 우리가 하루 24시간 동안 쓰고 듣는 말을 기록해준다면 어떨까? 잠들기 전에 오늘 하루 가장 많이 한 말이 엑셀로 기록되어 출력되고, 확인 서명을 해야만 잠들 수 있다면? 잠이 잘 올까? 여러분의 엑셀에는 무슨 말이 가장 많이 기록되어 있을까?

'사랑해' '좋아' '행복해' 이런 말일까? 아니면 '재수 없어' '죽어버릴 거야' 하는 부정적인 말일까? 아마 나의 엑셀 내용은 여러분과 크게 다르지 않을 것이다. 상담사로서 하루 동안의 대화를 모으면, 빈도뿐만 아니라 그 강도까지 표현할 수 있다면 가장 강렬하고 빈번한 말은 '고맙습니다'일 것이다.

고맙다는 말은 뒷사람을 위해 현관문을 잡아주거나, 무언가를 양보할 때 잘 모르는 사람에게도 들을 수 있는 흔한 말일 수 있다. 하지만 상담사로서 이런 말을 들으면 가슴이 뭉클해지고 눈물이 난다. 많은 말이 그 안에 생략되어 있기 때문이다. 그러한 말을 내뱉기까지 얼마나 많은 눈물과 한숨과 원망을 삼켰을까?

여러분은 어떤 말을 가장 많이 하고 많이 듣고 있는가? 또 어떤 말을 가장 많이 하고 싶고 많이 듣고 싶은가?

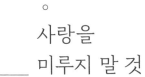

사랑을
미루지 말 것

톨스토이는 여행 중 한 술집에 들러 하룻밤 묵게 되었다. 그 술집에는 병약한 주인집 딸이 있었는데 톨스토이의 빨간 가방이 갖고 싶다며 울며 떼를 썼다. 톨스토이가 달래며 말하길 "아이야, 가방 안에 중요한 것이 있어서 지금은 줄 수가 없어. 그렇지만 여행이 끝나면 꼭 선물로 줄게"라고 했다. 일정을 마친 톨스토이는 빨간 가방을 들고 다시 그 술집에 찾아갔다. 하지만 그 소녀는 더이상 이 세상에 없었다. 그는 너무 안타까워하면서 소녀의 비석에 이렇게 적었다.

'사랑을 미루지 말 것'

사랑을 미루다가 후회하는 경우는 부모님과의 관계에서 자주 벌어진다. 집단상담이나 글쓰기 프로그램을 진행하다 보면 생각보다 많은 분이 아버지로부터 입은 상처나 적대감에 대해 이야기하곤 한다. 어느 대학교에서 집단상담을 진행한 적이 있는데, 8회기로 이뤄진 수업에서 주로 다뤄진 이야기는 어린 시절의 추억에 관한 것이었다. 어린 시절이 그리워서 돌아가고 싶다는 학생들 반, 생각하기도 싫다는 학생들 반이었다. 형제와의 끔찍한 기억을 가진 한 학생을 빼면 나머지 학생들은 부모님과의 안 좋은 추억 때문에 어린 시절을 기억하기 싫다고 말했다. 미애 학생도 그중 한 명이었다.

첫 회기 때 스튜어디스가 꿈이라며 환하게 웃으며 다가온 미애 학생. 그런데 '한 페이지 자서전'이라는 프로그램을 진행한 2회기 이후 급격히 얼굴이 어두워졌다. 말수도 부쩍 줄었고 6회기가 시작된 날엔 수업에 가지 못할 것 같다며 문자를 보냈다. 아버지가 위독하다는 문자였다. 이후 아버지가 돌아가셔서 그다음 주 수업도 불참한다는 장문의 문자가 왔다.

'교수님, 아버지가 돌아가셨습니다. 다음 주 수업도 들어가지 못할 것 같아요. 그렇게 싫고, 한때는 죽어버렸으면 좋겠다고 생각했던 아버지가 이렇게 허망하게 가실 줄 몰랐습니다. 이제는 아버지한테 할 말도 하고 소리도 질러볼 만큼 컸는데, 엄마를 때리면 손으로 막고 팔도 꺾을 만큼 컸는데 아버지에게 제대로 큰소리 한 번 내보지 못했네요.

그런데 그렇게 싫던 아버지가 마지막에 잘 나오지도 않는 목소리로 미안하다며 눈물을 흘리셨어요. 그 순간 기가 막히고 황당했지만 눈물이 흐르기 시작하는데 좀처럼 멈추질 않았어요. 저 인간이 죽으면 만세를 부른다고 유년기 내내 생각해왔거든요? 미안하다는 아버지에게 저는 그때 무슨 말을 해야 했을까요? 뭘 해야 했을까요?

아, 죄송합니다. 바쁘실 텐데 문자가 너무 길어졌어요. 그리고 감사합니다. 생각하지 못한 때에 이별을 경험할지 모른다고 하셨던 그 말이 너무 아프지만 자꾸 생각납니다. 다음 수업엔 꼭 가겠습니다. 안녕히 계세요.'

나는 이렇게 답했다.

'미애 학생, 연락 줘서 고마워요. 얼마나 당황스럽고, 아쉽고, 화가 나고, 속상하고, 슬펐을까요. 지난 일들이 주마등처럼 지나갔을 것 같아요. 눈물이 멈추지 않았다는 말에 마음이 아팠습니다. 하지만 마지막 순간을 놓치지 않고 사과하신 아버님의 용기가 대단하고, 그리고 그 마지막이라는 것이 존재할 수 있었던 기회가 주어질 수 있어 다행이란 마음도 듭니다. 지나간 시간을 다 되돌릴 순 없지만 서로의 자리에서 할 수 있는 최선을 다했다는 생각이 듭니다.

미애 씨의 아버님은 이별을 오랫동안 준비해온 사람보다 더 분명하고 확실한 마지막 인사를 남기셨습니다. 유품을 정리하듯 마음 또한 남겨둘 것과 버릴 것을 잘 구분해 정리하시길 바랍니다. 앞으로 있을 이별들과 해결하지 못한 감정들과의 마지막을 어떻게 처리할지에 대한 연습이기도 하고요. 우리는 점점 더 많은 이별을 경험하고, 때로는 후회를 하고, 아쉬움을 안고 갈 수밖에 없으니까요. 순간순간을 산다는 말은 여러 상황에서 쓰이는데요. 어쩌면 그 말은 현재를 위한 말이기만 한 것이 아니라, 마지막 순간을 준비하라는 말인 것 같습니다. 유한한 생명체로 살면서 언제고 닥칠지 모르는 마지막 순간, 어떤 누구와 만나든 결국 맞닥뜨리게 될 마지막 순간을 위해 우리는 순간순간에 충실해야 하는 걸지도 모릅니다.

그간 상처를 받아오면서 견디고, 지킬 것을 지켜내고, 미애 학생 자신의 길도 놓치지 않고 걸어 나갔으니 잘하셨다고 말씀드리고 싶어요. 애썼고 잘하셨습니다. 그리고 위로와 응원을 전합니다. 앞으로도 최선을 다해 걸어 나가시기 바랍니다.'

완벽함이란
무엇인가?

────────── 예정 씨는 늘 바쁜 사람이었다. 일이 바빠서가
아니라 여유가 없어서 바빠 보였다. 그 부분에 대해 물었더니 "제가
너무 허술해서요" 하고 그녀가 풀죽은 목소리로 말했다.

"저는 사람이 너무 허술해요. 오늘도 회사에서 '0'을 하나 더 넣
고 엔터를 치는 바람에 정말 엄청난 일이 벌어졌어요. 국제 송금인데
액수에 문제가 생겼으니…. 제가 앞으로 뭘 잘할 수 있을까요? 제 입
사 동기들은 진작 과장을 달았거나 이직했거나 하는데, 저는 맨날 욕
먹고 혼나고. 박사님 방송을 보면서 박사님이 여유 있게 웃고 편안해
보이고 평안해 보여서 너무 부러웠어요. 한편으로 그렇게 안 보이는
데 무언가 정리를 못하시거나, 잘 잊어버리신다고 허심탄회하게 이

야기기하고 인정하시는 모습이 대단해 보이기도 했고요.

저는 박사님처럼 여유 있는 표정을 하면서 지내본 적이 별로 없는 것 같아요. 항상 긴장해 있고 그다음 일을 생각합니다. 뭘 잘 잊어버린다고 하셨죠? 저는 물건을 잊어버린 적이 없어요. 단 한 번도. 일이 많기도 하고, 회사에서도 돈을 다루니 불안해서 몇 번씩 검토를 합니다. 그러다 보니 이젠 평소에도 뇌가 잘 쉬지를 못하는 것 같아요. 항상 긴장해 있으니까 뭘 해도 재미가 없고. 지난 주말에는 남자친구가 도대체 나한테 관심이나 있냐고 화를 내서 충격을 받았어요. 그 친구는 웬만해서는 화를 내는 일이 없거든요. 이러다가 뇌가 다 마모되어버릴 것 같아요."

주변을 둘러보면 예정 씨처럼 '완벽'해야 한다는 강박관념에 힘들어하는 경우가 많다. 완벽하기 위해 완벽히 준비하고, 완벽히 돌아보고, 완벽히 갖춰놓은 후에야 숨을 돌릴 수 있다고 호소한다. 하지만 그런다고 완벽해지는 것은 아니다. 숨을 돌리고 빈틈을 적당히 줘야 거센 바람을 막아낼 수 있고 버틸 수 있다. 꽉 찬 빌딩 숲속에서 빌딩마다 각기 완벽한 냉방시설을 갖추면 충분하다 생각할지 모르지만, 거센 바람이 지나갈 길을 내줘야 동네가 시원해진다.

페르시아, 지금으로 치면 이란이라고 불리는 지역은 페르시아식 양탄자로 유명하다. 고대부터 내려온 카펫 제조 기술로 오늘날까지 큰 사랑을 받고 있다. 이 양탄자를 완성하기 위해 많은 사람이 동원되었는데 당시 기술로 몇 년씩 걸렸다고 한다. 장인들은 카펫을 짜면서 자신들의 시련과 고난에 대한 이야기를 나누고, 그 과정에서 의도적으로 작은 흠을 넣어 '세상에 완벽한 것은 없다'라는 것을 표시했다. 인디언들은 구슬 목걸이를 만들 때, 작업 중에 흠이 생긴 구슬 하나를 같이 끼워 넣는다고 한다. 그리고 그 흠 있는 구슬을 '영혼의 구슬'이라고 부른다.

"예정 씨가 생각하는 완벽함과 양탄자를 만드는 페르시아인들, 구슬 목걸이를 만드는 인디언들이 생각하는 완벽함이 조금 다른 것 같죠? 예정 씨는 인생에서 제일 중요한 게 뭐라고 생각하시나요? 경제적인 안정인가요, 사회적인 지위인가요, 만족스럽고 재밌는 직장생활인가요? 내가 제일 중요하게 생각하는 건 무엇인지, 혹은 내가 정말 마주하고 싶지 않은 건 무엇인지 생각해볼 차례입니다. 예정 씨가 절대로 보여서는 안 된다고 생각하는 빈틈은 무엇인가요? 그 빈틈을 보이면 어떻게 될까요?"

한참 고민하던 예정 씨는 이렇게 말했다.

"박사님 말씀을 들으니 왠지 모르게 눈물이 나네요. 엄마는 선생님이시고, 아빠는 회사를 운영하셨어요. 두 분 다 일평생 바르게 성실히 사셨죠. 저도 부모님을 본받아 열심히 살았습니다. 부모님은 매일 제가 해놓아야 하는 일을 냉장고에 적어놓고 출근하셨어요. 한글을 읽기 시작한 4살 때부터 시작된 '약속목록'은 나이가 들수록 하나둘씩 늘어갔어요. 학습지 풀기, 간식 먹기, 피아노학원 가기, 영어숙제 해놓기, 동화책 5권 읽기 같은 것들이었죠. 6살 때인가 엄마가 '아침에 약속한 거 다했지?'라고 전화를 하셨어요. 저는 엄마가 올 때까지 얼른 마저 해야지 하고 '네'라고 대답했는데, 글쎄 엄마랑 아빠가

5분도 안 되어서 집에 오신 거예요. 그날 거짓말을 했다며 따귀를 맞았죠. 저는 너무 슬펐어요. 그날은 아침부터 머리가 아프고, 토할 것 같이 힘들었거든요.

지금 생각해보면 저는 다른 애들보다 한글도 빨리 깨우치고 자기 일을 알아서 잘하는 아이였는데, 부모님은 한 번도 칭찬을 해주신 적이 없었어요. 늘 빠뜨린 걸 지적하셨죠. 저는 그렇게 평생을 긴장하며 살아왔던 것 같아요. 학교에서도 언제 실수할지 모른다는 생각에 긴장하며 지냈어요. 그래서일까요? 저는 일을 대충하는 사람을 보면 참을 수가 없습니다. 요령을 피우고, 대충 일하고도 무사히 위기를 넘기는 사람을 보면 화가 나요. 그런 사람들을 보고 화를 내는 만큼 저는 그 사람들 이상으로 완벽하고 실수가 없어야 했습니다. 실수를 단 하나도 하지 않기 위해서 남들 퇴근하는 시간에도 같이 퇴근하지 못하고 새벽까지 남아서 서류를 다시 보곤 합니다.

말에도 실수가 없어야 한다는 생각에 남자친구와 대화할 때도 귀를 바짝 세우고 이야기를 듣습니다. 그리고 꼭 필요한 말만 생각하고 생각해서 말하죠. 급기야 남자친구가 "너는 연애를 무슨 프로젝트처럼 하냐?"면서 화를 내더라고요. 그 말을 듣는데 긴 칼날이 제 복부를 깊이 파고드는 것 같았습니다. 저는 그래요. 무엇을 하든 숙제를 해내는 것처럼 빨리, 미리, 할 수 있는 한 완벽하게 해내려고 합니다. 어쩌면 사랑을 했다기보다는 청년기의 과업을 수행한 거죠. 맞아요. 결혼 상대로 남자친구는 나쁘지 않은 사람이죠. 저는 숙제만 하고 살았던 겁니다. 거기에 남자친구를 동원시킨 건 아닌가 하는 마음에 미안한 마음도 들고, 그럼 숙제를 안 하면 난 뭘 하면 되지 하는 생각이 들더라고요.

맞아요. '숙제'요. 제 인생 과업들을 숙제처럼 여기고 있어요. 그걸 완벽히 해내지 못하면 나태해지는 것 같고, 빈틈이 생기는 것 같아요. 갑자기 뭘 안 해도 된다, 안 해야 된다고 생각하니까 깜깜한 방에 혼자 있는 것처럼 두려움이 몰려와요."

바람에 무너지지 않으려면 바람이 통과할 구멍이 있어야 한다. 제주도의 돌담을 떠올려보자. 돌이 얼기설기 올려져 있어 '비바람 많은 제주에서 잘 버텨낼 수 있을까?' 하는 의문이 든다. 언뜻 보면 엉성해 보이는 돌담의 빈틈 때문에 거센 바람이 담을 무너뜨릴 것 같다. 하지만 이 빈틈이 탄탄한 돌담의 비결이다. 바람이 빈틈 사이사이를 수월히 통과하기 때문이다. 반면 돌을 잘 다듬고 가공해서 빈틈 없이 쌓은 조경돌담인 견치돌담이나 '다이아몬드식 쌓기'는 매우 견고해 보이지만 폭우나 태풍에 쉽게 무너지기 쉬워 제주의 자연 조건엔 맞지 않다고 한다.

바람에 무너지지 않기 위해 너무 긴장해 있거나 웅크리지 말자. 불안해하느라 아무것도 하지 못하면서 하루를 보내지 말고 꼭 해야 할 중요한 일, 해낼 수 있는 간단한 일부터 하기 바란다. 피할 수 없는 너무 큰 바람을 맞을 수밖에 없다면 바람이 지나갈 길을 터놓자. 바람 없는 삶이란 없고, 또 바람이 없으면 살 수도 없다. 맞아야 할 것은 맞아야 하고, 지나갈 것은 지나보내야 한다. 나만의 바람길을 터주다보면 어느덧 바람과 함께하는 법에 익숙해질 것이다.

3일 동안만
볼 수 있다면

헬렌 켈러는 제일 처음 읽은 위인전의 인물이다. 볼 수 없고, 들을 수 없고, 말할 수 없다는 게 어떤 것인지 당시에는 도무지 상상이 안 되었다. 일단 독후감을 써야 했기에 열심히 읽었다. 숙제로 읽고 또 읽으면서 나는 내 나름대로 깨달은 바를 적었다. 이 위인전의 주인공은 설리번 선생님이었다는 것을. 헬렌 켈러가 한계를 가진 사람들의 희망이 되고 용기의 상징이 될 수 있었던 그 사랑과 수고가 숭고하게 느껴졌다.

20대가 되었을 때 장 목사님께서 선물해준 중국의 루시 칭이라는 맹인 사회복지사업가의 자서전을 읽었다. 『사랑해요 워 아줌마』라는 책이었는데 책이 어찌나 생생하고 재밌게 쓰였는지 몇 번을 읽었다. 맹인 루시 칭이 많은 형제자매 사이에서, 장애인에 대한 인식이 높지 않던 중국에서 자라는 동안 벌어진 일들이 생생히 담겨 있었다. 이 책의 주인공은 루시 칭이 미국 유학을 갈 때까지 곁에서 도와준 보모 워 아줌마다. 마음을 다해 사랑하고, 가르치고, 사랑해주었던 워 아줌마가 루시 칭의 설리번 선생님이었다.

헬렌 켈러는 여성 인권, 장애인 인권, 그리고 흑인 인권을 위한 강연과 집필, 재단 활성화 운동을 한 멋있는 여성이다. 여성의 참정권 운동, 사형 폐지, 아동 노동 반대 운동도 벌였다. 보수언론들은 그녀의 사회주의적 성향 때문에 신체적인 장애에 시선을 집중시키면서 인신공격을 일삼기도 했다. 이 모든 역경에 맞서 끝까지 자기 길을 걸어간 헬렌 켈러의 마음속을 정말 잘 기록한 것이 바로 '3일 동안만 볼 수 있다면'이다.

우리는 대개 살아 있다는 사실을 당연하게 여긴다. 물론 죽는다는 사실은 알지만 죽음은 가능한 멀리 있다고 생각한다. 건강할 때는 죽음이란 상상에 불과하다. 거의 생각하지도 않는다. 그래서 우리는 삶에 대해 진정한 의식을 하지 않은 채 사소한 일에 매달린다. 때로 나는 내일 죽는다는 각오로 매일을 산다는 것은 아주 좋다고 생각한다. 그러한 태도는 삶의 가치를 뚜렷하게 역설할 것이다. 우리는 매일을 온화하고, 활기 있게, 감사하는 마음으로 살아야 한다. (..) 만약 사흘 동안만 눈을 뜰 수 있는 기적이 일어난다면, 난 무엇을 할까?

첫째 날에는 나에게 삶의 보람을 찾아준 친절하고, 따뜻하고, 동료애로 가득한 사람들을 만나리라. 눈을 뜬 순간 어릴 적 세상으로의 문을 열어주었던 설리반 선생님의 얼굴을 오랫동안 지켜보리라. 단지 그녀의 얼굴윤곽만을 보는 것이 아니라 내 기억 속에 깊이 간직할 수 있도록 얼굴을 오래오래 바라볼 것이다. 나와 함께해야 했던 그 힘겨운 시간 동안 보여주신 그 강인한 성품과 인간에 대한 연민이 그녀의 눈에서 어떻게 빛나는지 보고 말리라. (…) 둘째 날에는 동트기 전에 일어나서 밤이 아침으로 바뀌는 가슴 설레는 기적을 바라보리라. 그리고 잠든 대지를 깨우는 태양의 장엄한 광경을 두려운 마음으로 지켜보리라. (…) 당신은 연극, 영화 등을 보면서 색깔, 우아함, 동작을 즐길 수 있는 시력의 기적에 대해 얼마나 깨닫고 감사하고 있는가? 셋째 날에는 아침 일찍 큰 길로 나가 부지런히 움직이는 사람들의 활기찬 모습을 보리라. (…) 이윽고 밤에 이르러 나의 보지 못함의 일시 유예가 끝나고 영원한 암흑이 나에게 다시 닥칠 때 미처 보지 못한 것이 얼마나 많은지 후회할 겨를도 없이 나의 마음은 벅찬 기억들로 가득 차 있을 것이고 내가 무언가를 만질 때마다 실제의 모습이 떠올라 가슴이 뛸 것이다.

아주 갑갑한 마음이 드는 어느 하루. 이 날이 나에게 주어진 특별한 3일이라고 가정해보고 주변 사물들을 새롭게 바라봤으면 한다. 가끔씩 "죽고 싶다" "살고 싶지 않다" "이번 생은 틀렸다" 하는 말을 하는 내담자가 있다. 우울이 깊어서 그렇기도 하고, 너무 많은 좌절을 겪어서 그렇기도 하다. 청년이라면 인생에서 성공, 성취보다는 당연히 실수, 실패를 먼저 겪을 수밖에 없다. 앞으로 생활하고 자립할 능력을 만들어가야 할 뿐만 아니라, 인격적으로도 겪어내야 할 과제가 많기에 작은 좌절에도 크게 낙담한다. 탈락, 거절, 실연 등 여러 아픔을 겪어낸다고 해도 다음 번에 성공한다는 보장이 없기에 막막하기만 하다.

'낯설게 하기'라는 문학적 기법이 있다. 친숙하고 일상적인 사물 또는 관념을 처음 바라보는 것처럼 바라보고 표현하는 기법이다. 독일의 극작가 베르톨트 브레히트가 주장한 것으로, 낯익은 것들의 새로운 측면을 밝혀내어 현실을 상기하기 위해 일상적인 사물들과 자기 자신을 외부의 시선으로 바라보는 기법이다. 전통 연극에서는 배우가 '실수'를 할 때 '낯설게 하기' 효과가 생긴다고 한다.[9]

이상일 교수는 "어떤 사건이나 행동의 어느 한순간, 혹은 하나의 상황을 두드러지게 돋보이게 만드는 낯설게 하기의 수법은 우리가 일상적인 것으로 넘겨버리기 쉬운 사실에 대해 한 번 더 문제를 제기해보는 방법이다"라고 말한다.

우울한 시선이 거둬지지 않는 분에게 쉽사리 그 시선을 거둘 수 있다고 단언할 수는 없지만, 살아갈 날들을 생각하며 오늘 딱 하루치만 힘을 더 내보자고 조언하고 싶다. 할 수 있다면 어제와는 다른 시선으로 세상을 바라보기 바란다. 매일 보던 것에서 벗어나 시선을 좀 더 멀리 두기 바란다. 새롭게 눈에 들어오는 것들이 있는가? 그 새로움 안에서 소소하게나마 삶의 이유를 찾아보자. 그렇게 조금씩 힘을 끌어 모아 삶의 이유를 찾아가야 한다. 인생은 삶의 이유가 정해져 있는 레이스가 아닌, 삶의 이유를 찾아가는 여정 그 자체일지 모른다. 그 여정을 어떻게 걸어 나갔느냐는 그날그날의 하루가 말해줄 것이다.

첫 하루부터 삶의 의미를 다 깨우치진 못할 것이다. 그다음 날이 어떻게 펼쳐지느냐에 따라 전날이 어떤 하루였는지 다르게 해석된다. 그렇게 다음 날이 전날의 의미를 완성하고, 또 그다음 날이 그 전날의 의미를 완성한다. 우리의 날은 마침표가 찍히는 그날까지 날마다 새로운 날일 것이고, 그 이전의 날들은 날마다 새롭게 해석될 것이다. 완주하는 그 날까지, 결승테이프를 끊을 그 지점까지 경주를 멈추지 말기 바란다.

내 마음의
이중성

─────────── 『늑대와 함께 달리는 여인들』이라는 책에 마나위의 이야기가 나온다. 마나위는 아름다운 쌍둥이 자매와 결혼을 하려고 하는데, 그 아버지가 두 자매의 이름을 알아야만 결혼을 할 수있다고 말한다. 이름을 알 길이 없어서 자포자기하고 있는데 마나위의 개가 그 이름을 알아낸다. 이름을 알아내는 과정은 순탄치 않았다. 개는 충직한 동물이지만 유혹도 많았다. 뼈다귀 냄새에 마음이흔들리고, 육두구 냄새에 또 한 번 흔들리고, 나뭇가지에 걸린 파이를 먹느라 이름을 잠시 까먹기도 한다. 그리고 마지막엔 괴한까지 만난다. 그러나 충직한 반려견의 희생 덕분에 마나위는 결국 아름다운두 자매를 아내로 얻는다.

일부다처제라니, 이 무슨 고리타분한 이야기인가 생각할 수 있지만 이 이야기 안에는 많은 상징이 있다. 주인을 결혼시키는 개는 충직하고, 끝까지 일을 해내고, 그리고 유혹에 잘 흔들리는 특성을 보인다. 개는 적응, 유혹, 안내자, 충직함을 상징한다. 여기서 중요한 건 쌍둥이 자매가 상징하는 '이중성'이다. 여자에겐, 아니 사람에겐 이중적인 모습이 있다. 쌍둥이 자매는 그런 모습을 상징한다. 따뜻한 측면, 그리고 틀린 말 하나 없는 냉정하고 비판적인 측면을 보인다. 마음이 동해 온정을 베푸는 모성 본연의 모습과 인습이나 집단의 가치에 부합하고자 하는 측면을 보인다.

이 부분은 남자의 경우에도 마찬가지다. 남자에게 요구되는 인습과 집단의 가치에 따라 길러지다 보면 외적으로 엄격한 모습, 혹은 사회가 요구하는 모습에만 치중한다. 자신의 감정은 소외되고, 자신이 원하는 게 무엇이었는지 잊어버리고, 종국에는 자신을 잃는다. 한편으론 꼬장꼬장하고, 잘 삐지고, 잔소리를 늘어놓는 또 다른 얼굴도 있다. 이는 나이가 들수록 발현된다.

혹시 요즘 권태나 싫증을 느끼는가? 그런 감정을 불러일으킨 상대가 있는가? 내가 권태, 싫증을 느낀다는 데 당황하지 말고 있는 그대로 받아들이자. 그러면 상대에게 느끼는 권태와 싫증의 감정이 '내 것'처럼 느껴질 것이다. 상대에게 싫증이 나고 만사가 귀찮을수록 보다 더 솔직하게 내 마음에 다가가야 한다. 나 자신의 이중적인 모습과 마주해야, 눌러두려고만 했던 진짜 내 감정이 올라온다.

내가 두려워하고 있는 것이 무엇인지, 두려움 때문에 마주할 수 없었던 진짜 나의 감정이 무엇인지 뚜렷하게 드러날 것이다. 때로는 회의감, 의심 같이 생각지 못한 부정적인 감정이 올라올지 모른다. 회의감과 의심이 일어나면 오히려 내가 두려워하는 것이 무엇인지 분명히 알 수 있다. 진짜 내 감정을 알게 되고, 내가 원하는 것이 무엇인지 알게 되면 용기가 생길 것이다. 나의 작은 용기로도 어찌 해결할 바가 없다면 도움을 줄 만한 다른 사람을 찾아보기 바란다.

애인에게도, 가족에게도 '이런 방식으로 생각하고 행동해야만 해' 하는 식으로 강압적으로 요구하면 듣는 상대의 감정은 경직될 것이다. 나 자신에게도 마찬가지다. 이러한 태도로 타인과 교감하면 자기 자신에 대한 감정도 경직되기 마련이다. 그 내용이 '내가 말한 대로 해' '내가 말한 대로 해야 잘돼' 하는 뉘앙스라면 아무리 부드러운 톤으로 말해도 소용없다.

묵혀둔, 아니 눌러두고 보지 않으려 했던 나의 감정, 내 바람과 마주하면서 창조성과 감정의 순환이 원활해지는 경험을 해보길 바란다.

바라본다는
것은

──────────── 문득 지리산 속 마을로 요양을 떠난 지영 씨 소식이 궁금해졌다. 외국계 컨설팅 회사를 다니며 잠도 못 자고 하루 12시간, 많게는 15시간씩 일했다는 지영 씨. 꿈을 이루겠다는 열정과 열망에 무리하다 결국 쓰러졌고, 수술 후에 지리산에서 요양생활을 시작했다.

그동안 SNS로 가끔씩 소식을 주고받곤 했는데, 이번에는 편지를 써봐야겠다는 생각이 들었다. 산속에서 보내는 정적이고 외로운 삶에 이 편지가 작은 위로가 될 수 있을까? 나는 리히텐슈타인의 아름다운 산과 계곡의 절경이 담긴 꽤 큰 엽서를 골랐다. 그리고 엽서 뒷장에 빼곡히 편지를 적어 내려갔다. 엽서 지면이 모자라 다 적지 못한 글은 또 다른 편지지에 추가로 적었다.

'지영 씨, 벌써 내려가신 지 한 달이 되었네요. 잘 지내고 계신가요? 서울은 점점 추워지고 있어요. 가로수가 울긋불긋 해지더니 어느새 발밑에 낙엽이 가득해요. 바스락 바스락 소리가 날 때마다 어릴 때 낙엽을 신나게 밟고 뿌리고 했던 아파트 주변 경광이 생각도 나고요. 왜 하필 단풍은 붉거나 노랗게 물 드는지 궁금해 했던 때가 생각납니다. 어느 날 그런 생각이 들더라고요. 나무들이 옷을 벗기 전에 가장 화려한 옷을 입어보는 것 같다고. 봄과 여름, 햇볕이 쨍쨍하고 대지에 온갖 생명의 소리가 가득 찼을 때는 그냥 초록색 옷만 입다가, 춥고 힘겨운 시간을 앞두니까 마지막으로 굳이 챙겨 입지 않던 화려한 옷을 옷장에서 꺼낸 것이라고.

그러다 시리고 아린 시련의 계절이 오면 갈색 타이즈 내복을 입은 채 묵묵히 견디는 겁니다. 그 시절이 지나면 나무들은 한층 더 커져 있고, 또다시 생기 가득한 연둣빛 새 옷을 꺼내 입습니다. 시린 바람과 고독함을 견디기 위해 나무는 해를 바라보고 서서 하늘로 가지를 뻗습니다. 이 시리고도 뜨거운 청춘이란 계절을 우리는 나무처럼, 그렇게 보내야 할 것 같아요. 해를 등지고 바라보지 않는다면, 맨날 땅만 쳐다본다면 겨울을 날 수 없습니다. 발을 땅에 딛고 팔을 벌려 하늘을 향해 손을 뻗어 태양 그리고 흘러가는 구름을 지켜봐야 해요.

시린 계절을 보내는 지영 씨가 가끔씩이라도 하늘을 보면서 견딜 힘을 충전하기를 바랍니다. 무얼 바라보느냐에 따라 우리 삶의 양상은 달라질 것입니다. 어떤 이는 폭력적인 영상에 노출되어 심각한 범

죄를 저지르고, 어떤 이는 매일 아름다운 밀밭을 바라보다가 세상에 다시없을 걸작을 화폭에 담아냅니다.

무엇을 바라보느냐, 어떤 시선으로 바라보느냐는 정말 중요합니다. 나의 생각을, 그리고 나의 팔과 다리를 움직이는 결정적 동력이 됩니다. 하늘이 가장 가까운 곳에서 매일매일 아름다운 광경으로 눈을 채우고, 가장 맑은 공기를 코로 들이마시고, 가장 인간의 때가 묻지 않은 자연 그대로의 소리로 귀를 꽉 채우기 바라요.'

'이론'이란 단어가 있다. 20대 때 나는 이 단어를 별로 좋아하지 않았다. 현실과 괴리된, 지식을 소유한 자만의 전유물이라고 생각했다. 그런데 알고 보니 이론이라는 단어 안에는 어마어마한 뜻이 담겨 있었다. 마르틴 하이데거에 따르면 '이론(theory)'은 희랍어 동사 '테오레인(θεωρεῖν)'에서 유래했다.[10] 테오레인은 '테아(θέα)'와 '호라오(ὁράω)'라는 두 어간으로 구성되어 있다. 테아는 '극장(theater)'이라는 단어에 남아 있듯 한 존재가 온전히 자신을 내보이는 것이고, 호라오는 존재가 어떤 것을 바라보는 것을 말한다. 즉 테오레인은 현존하는 존재가 스스로 내보이는 모습을 주시하고 그렇게 바라보면서 머무는 것을 뜻한다.

로마인들은 테오레인을 '컨템플라리(contemplari, 관찰하다)'로, '테오리아(theoria)'를 '컨템플라치오(contemplatio, 관찰)'로 옮겼다. 이후 독일에서 관찰, 고찰, 숙고를 뜻하는 '베트라흐퉁(betrachtung)'으로 번역되었다고 말한다. 베트라흐퉁의 동사형(betrachten)의 어간(trachten)은 어떤 것을 얻고자 노력한다, 그것을 안전하게 확보하기 위해 그 뒤를 추적해간다는 뜻을 지니고 있다. 그러므로 이론의 어원인 테오리아는 존재가 스스로를 내보이도록 앞에 두고 그것의 발현을 기다리며 바라보는 것이다. 이 바라봄은 한 존재를 대하는 자세이자 최고의 경의를 표하는 행위라는 생각이 든다. 이론의 어원을 알게 된 뒤로는 본다는 것, 특히 어떤 존재를 마음으로 바라본다는 것이 무엇인지 깊이 공감하게 되었다. 그리고 나 또한 '바라봄'이라는 것이 가지는 위대한 힘을 느낄 때가 있다.

상담을 하다 보면 내담자를 빤히 바라볼 때가 있다. 그때는 말보다 시선이 내 마음을 대신 전한다. 힘들어도 어떻게든 견뎌냈으면 하는 마음을 전하고 싶을 때, 너무 아픈 사연을 들어 깊은 위로를 전하고 싶을 때 나의 말이 내 마음을 다 담지 못해 눈이 대신 전한다. 그렇게 아무 말 없이 바라봤을 뿐인데 눈이 마주친 내담자는 '아무래도 이 이야기는 해야 할 것 같아요'라며 또 다른 이야기를 펼치곤 한다.

가끔씩 바라보는 건 마법과 같다고 느낀다. 지영 씨가 한참 직장 일로 바쁠 때, 없는 시간을 쪼개 상담소에 왔던 날들은 주로 아주 늦은 밤이었다. 피곤해 보이는 지영 씨가 잠시 커피를 마시는 동안 가만히 그녀를 바라본 적이 있다. 몸에서 빠져나가는 온기를 어떻게든 끌어안아보려고 마음의 이야기를 나누는 상담소를 찾아온 지영 씨가 굉장하다고 느꼈다. 나는 지영 씨를 바라보면서 힘을 내었고, 마음을 다해 이야기를 나누며 내가 나눌 수 있는 온기를 전하고자 노력했다.

나는 편지 말미에 이렇게 적었다.

'그 바쁜 일상 속에서 마음을 가꾸려고, 다독이려고 늦은 밤이나 혹은 주말에 상담소를 찾아오신 기억이 납니다. 그 열정으로 그곳에서도 몸과 마음을 잘 다독이고 계시죠? 지영 씨를 둘러싼 신선한 공기, 그리고 건강과 삶의 새로운 장을 시작할 수 있는 힘을 주는 대자연의 위로를 깊이 느껴보시기 바라요.

요즘도 저는 지영 씨가 생각날 때마다 서울에서 남쪽을 향해 응원을 쏘아 올립니다. 창공에 가득한 신선한 공기가, 따뜻한 위로의 마음이 빛의 속도로 지영 씨에게 당도하길 간절히 바라면서요. 오늘도 힘내세요.'

나는 무엇을
소유했는가?

──────────── '안녕하세요, 선생님. 저는 저장강박입니다' 하는 인사말로 시작된 편지를 받고 나는 고개를 갸우뚱했다. 독특한 첫 소개 문구 때문이었다. '왜 저장강박이라고 자기를 소개할까? 닉네임인가?' 하는 의문은 이윽고 편지를 읽으며 풀렸다.

　'저는 작가입니다. 아니, 아마도 작가일 것입니다. 문예창작과를 졸업했고 방송작가로 죽어라 고생한 적도 있으니까요. 요즘은 따로 글을 쓰지만 아직까지 성과는 없는 상황이에요. 유쾌하고 마당발이었던 저는 본업에서 이렇다 할 성과가 없자 점점 말수가 적어졌어요. 일자리를 찾는다고 모아두기 시작한 지역 신문이 조금씩 쌓이고 쌓이더니 방의 벽면을 가득 메웠죠. 이젠 풍족히 뭘 살 돈이 없다는 생각으로 모은 종이, 빈 상자, 공병 때문에 부엌이 어디서부터 어디까지인지 잘 알 수 없게 되었어요. 어차피 해먹을 것도 없으니 다행이지만.

한창 방송국에서 일할 때는 친구들이 찾아와 음식도 해먹고 치맥도 하곤 했어요. 그때를 생각하면 마음 한편이 씁쓸합니다. 물건이 쌓이는 만큼 이상하게 마음은 허전해요. 꽤 잘 살았던 때부터 모으던 미니 향수와 크리스털 인형들 말고는 쓸모 있는 것도 없고, 또 사람을 들일 수도 없게 된 제 자취방을 보면 한숨이 나옵니다. 이제 집주인 아주머니도 포기하셨는지 더 이상 나가라고도 안 하세요. 시체 거둘 일만 없으면 좋겠다는 지나가는 말을 듣고 충격을 받은 후에는 더 집에 들어앉아 밑도 끝도 없는 동굴을 파고 있습니다.

제 앞가림도 못한다며 책장이랑 책상의 물건들을 손으로 다 밀어 바닥에 내동댕이치시던 어린 시절의 아버지 모습도 떠오릅니다. 엄마, 아빠가 싸우시면 책가지가 어질러진 방구석에 처박혀 밥 달라는 말도 하지 못하고 숨어 있던 그 시절로 다시 돌아가고 있는 기분이에요. 버리려고 돌아보면 물건마다, 빈 병마다 추억이 녹아 있고 이야기로 채워져 있어 뭐 하나 모른 체하고 버릴 수가 없어요. 이 방을 어쩌나, 나는 어쩌나 오늘도 고민하고 또 고민합니다.'

프랑스 사상가 장 폴 사르트르는 말한다.

"우리가 무엇을 소유했는지를 보면 우리가 누구인지 알 수 있다."

소유와 소유물 연구자 리타 퍼비는 무언가 소유한다는 것의 특징(의미)을 세 가지로 요약한다.[11]

첫째, 소유자가 소유물을 통해 자신의 힘과 효험을 자각한다. 돈으로 무언가가 해결되기 시작하면 느끼는 이상한 기분을 경험해본 적 있는가? 좀 좋은 선물을 했더니 받는 사람이 너무 좋아하거나, 번 돈으로 차도 바꾸고 조금 꾸몄을 뿐인데 사람들 시선이 달라지는 경험이 대표적이다.

둘째, 대상을 소유하면 마음이 든든해진다. 불어나는 통장 잔고가 이런 느낌을 꽉꽉 준다.

셋째, 소유가 자아의식의 일부를 구성한다. 때로는 물건이 잠재력과 가능성을 확장해주기도 한다. 또한 소유는 이력도 나타내기 때문에 자기정체성도 유지시켜준다. 예를 들어 돈을 잘 벌면, 또 사업이 잘되면 잔고만 많아져서 좋은 게 아니다. 내가 소유하는 것, 소유해나가는 과정이 내가 누구인지를 말해주기에, 그리고 무언가 든든함과 힘을 느끼게 해주기에 좋은 것이다.

무언가 쉽게 버리지 못하고, 쉽게 정리하지 못한다면 '소유'에 대한 내 관념을 돌아봐야 한다. 요즘에는 영화를 많이 봐서 그런지 '성공'이라 하면 〈위대한 개츠비〉에 나오는 레오나르도 디카프리오처럼 성대한 파티를 벌이는 모습을 떠올리는 청년이 많다. 여러분이 생각하는 성공의 기준은 무엇이고, '이 정도면 성공이다' 했을 때를 상상해보면 어떤 광경이 떠오르는가? 몇 살쯤이고, 장소는 어디이며, 누구와 함께 있는가? 주변 사람들은 내 성공을 진심으로 축하해주고 있는가? 한 번 떠올려보자. 그러한 상상에 여러분의 꿈은 무엇이고, 평소 소중히 여기는 것은 무엇인지 담겨 있을 것이다.

그런데 간혹 성공한 분들 중에는 통장에 돈은 쌓이는데 정작 소중한 것이 남아 있지 않은 경우가 있다. 자기 사업을 하는 사장님이나 큰 기업의 임원 중 실제로 고지에 오르고 나니 이제 곁에 가까운 사람이 남아 있지 않다며 외로움을 호소하는 경우가 많다. 젊은 시절 성공을 쫓느라 가족과 제대로 된 휴가를 한 번도 보낸 적이 없다거나, 일에만 온통 정신이 쏠려 아이가 어떻게 컸는지도 모르겠다며 후회하는 내담자들과 많이 만났다.

여러분은 인생 드라마가 막을 내릴 때, 과연 누구와 손을 잡고 커튼콜을 하고 싶은가? 자주 상상해보기 바란다. 그리고 그 존재를 자주 무대에 등장시켜서 '나'라는 주인공에 필적하는 비중을 주자. 자주 함께 이야기를 나누고, 자주 함께 기분 전환을 하고, 자주 함께 꿈과 비전을 운운해보자. 사용함에 따라 감소하는 물질적인 '소유'보다 중요한 것은 살아 있다는 존재감을 느끼게 해주는 소중한 대상과의 관계, 그리고 그러한 대상과 함께 쌓는 추억과 기억일 것이다.

소중할수록
미루지 말자

———————— "선생님, 저희 엄마, 아빠가 사이가 안 좋으시잖아요. 내가 수향이만 임신하지 않았어도 너랑 결혼해서 이렇게 살진 않았을 것이다. 초등학교 1학년 때 두 분이 부부싸움을 하시던 중에 이 말을 하시는 걸 듣고 정말 충격 받았어요. 그때는 그 말의 속뜻을 정확히 몰랐지만 이루 말할 수 없이 슬펐죠. 그 뒤로는 부모님이 싸우실 때마다 이렇게 생각했어요. 나 때문에 우리 엄마가 할 수 없이 결혼해서 불행하게 된 거구나. 내가 임신만 안 되었어도, 내가 생기지만 않았어도 이런 일은 없었을 텐데. 저는 원래 살 가치가 없는 사람이었어요. 지금도 뭐 하나 잘하는 것도 없고요."

혼전임신으로 결혼한 부모 밑에서 하루가 멀다고 싸우는 부모의 모습을 보고 자란 수향 씨. 정말 수향 씨의 어머니는 너무너무 싫은 남자와 인당수에 빠지는 심정으로 할 수 없이 결혼한 걸까? 그건 모르는 일이지만 그런 마음이 다는 아닐 것이다. 무엇보다 부모의 그러한 과거는 '나'의 영역이 아니다. 엄마의 선택은 엄마가 끝까지 책임지고 가야 할 부분이다. 그것을 내 책임이라 여겨선 안 된다. 실패했다는 낙심을 딸에게 전가시켜서도 안 되고, 지금의 불화를 꼭 실패라고 정의할 수도 없다.

오랫동안 부모의 갈등 아래서 가슴 졸이며 살았지만 수향 씨가 부모에게 바라는 건 많지 않았다. "수향 씨 지금 엄마한테 제일 듣고 싶은 말은 뭔가요?" 하고 묻자 수향 씨는 "너를 임신했다는 걸 알았을 때 엄마는 너무 행복했어. 너를 낳은 건 정말 잘한 일이야. 이런 말이요" 하고 답했다.

수향 씨와 나는 역할극을 시작했다. 수향 씨가 엄마 역할을 한 나에게 말한다.

"엄마, 엄마는 나 임신했다는 거 알았을 때 어땠어? 엄마는 아빠랑 싸울 때마다 그러잖아. 내가 수향이 임신하지만 않았어도 결혼 같은 건 안 했다고. 나는 그 말을 들을 때마다 가슴이 찢어지는 것 같았어. 엄마가 나 때문에 할 수 없이 아빠랑 결혼했구나, 그래서 평생 불행한 거구나 하고 생각했어. 난 태어나지 말았어야 했어. 태어나서도 걱정만 끼치고, 공부도 잘 못하고. 왜 살아 있는 걸까, 나는 왜 살아 있는 걸까…."

"수향아, 네가 어릴 때부터 그렇게 오랫동안 내 말로 고통 받아온

줄 잘 몰랐어. 정말 미안해. 그런데 수향아, 사랑하지 않았는데 어떻게 임신이 되었겠니? 그냥 막상 결혼하고 나니 아빠가 너무 무책임하게 변해서 그랬어. 엄마가 너무 큰 배신감을 느꼈거든. 엄마가 엄마 슬픔을 못 이겨서 너한테 이토록 상처를 주고 있는 줄 몰랐어. 정말 미안해. 수향이 네가 얼마나 엄마한테 힘을 줬는지, 얼마나 큰 희망이었는지 수향이 네가 꼭 알아줬으면 좋겠어."

나는 다가가 수향 씨를 꼭 안아줬다. 수향 씨도 나도 울었다.

'나'라는 존재를 내가 온전히 품지 못하면 그 역할을 해줄 수 있는 다른 누군가가 필요하다. 그 존재가 꼭 이성이어야 하는 것은 아니다. 상담소 선생님이 될 수도 있고, 친구가 될 수도 있다. 내가 누군가를 안아주는 존재가 되어줄 수도 있다. 나 자신을 저 마음 깊은 곳에서 진심으로 이해하고, 내 내면의 목소리를 들어야 한다. 내가 정말 진심으로 듣고 싶었던 그 목소리 앞에서 정직해야 한다. 그래야 그 말을 해줄 사람을 찾을 수 있고 상대의 조언을 들을 수 있다. 혹은 내가 나에게 해줄 수 있다.

사랑한다는 그 말, 너는 소중하다는 그 말을 듣고 싶은 본심을 부인하지 말자. 유한한 삶과 시간 속에서 사는 우리가 내 마음 깊은 곳으로부터 외치는 소리를 밀어낸다면 평생 정말 듣고 싶은 소리를 들을 수도, 받아들일 수도 없게 된다. 유한한 시간과 유한한 인간관계 사이에 사는 '나'는 사랑받고, 사랑하고 싶은 존재라는 것부터 받아들이기 바란다. 때로는 외로움과 두려움이 엄습해서 그것들에 사로잡힐 것만 같은 순간이 있을 것이다. 하지만 그 숨 막히고 부정하고 싶은 기분에 조금만 용기를 내 맞서보자.

평소에 내가 듣고 싶었던 말을 마음에 잘 품고 있으면, 내가 원하는 말이 아닌 다른 말을 하는 사람을 금세 알아차릴 수 있다. 그 사람이 나의 사람이 아니라는 것도 명확히 알 수 있다. 무슨 이유인지 상대가 내가 듣고 싶은 말을 주저하고, 말을 돌린다면 내가 듣고 싶은 말을 정확히 요청할 수 있다. 내 마음을 있는 그대로 느끼고 표현할 수 있다면 상대방 역시 나의 의도와 마음을 정확히 알아차릴 수 있게 된다.

평소에는 자애로운 사람으로 살면서 정말 소중한 사람은 용서하지 못하고, 그 사람의 사정을 미뤄 짐작하며 긴 오해의 시간을 보내는 경우도 종종 있다. 하고 싶은 말을 미룰수록 나만의 대본에 상상으로 꾸며진 대사가 길게 늘어지고, 상대방이 한 행동에 여러 이유를 붙이게 된다. 그 빈칸에 다른 추측의 말이 채워지기 전에 용기를 내어 물어봐야 한다. 그리고 내가 진짜 하고 싶었던 대사, 듣고 싶었던 대사를 말해야 한다.

내가 임의로 다른 대사, 다른 대본을 써내려가는 동안 어느새 내 인생 극은 막을 내릴 시간에 가까워질지 모른다. 다시 만나고 싶은 중요 등장인물은 퇴장해 집에 가버리고, 다시 만날 수 없게 될지도 모른다. 수향 씨도 그랬다. 어머니가 일찍 돌아가셔서 끝끝내 본인의 입으로 "너를 낳은 건 정말 잘한 일이야" 하는 말을 들을 수 없었다. 길게 적었지만 내가 하고 싶은 핵심 조언은 이렇다.

나는 그 무엇과 바꿀 수 없는 소중한 존재라는 것을 믿을 것. 그 소중함을 느끼게 해주는 사람들과 자주 만날 것. 나도 누군가의 소중함을 느낄 것. 그리고 소중한 사람과 꼭 나누고 싶은 말은 미루지 말 것.

소중한 것일수록 미루지 말자.

너무 무거운
짐을 지고 있다면

　　　　　　　　　　　　　 젊은 날에 일찍부터 너무 많은 짐을 어깨에 지고 사는 청년들이 있다. 아버지가 혹은 어머니가 진 수억 원의 빚을 갚느라 미래를 담보 잡혀 눈물인지 땀인지도 모르는 것이 끝없이 흐르는 그런 사람, 부모의 폭언과 폭력으로 세상에 나오지 못하고 마음의 빗장을 꽁꽁 닫은 사람을 주변에서 드물지 않게 볼 수 있다. 부모가 이미 내 명의로 여러 번의 대출을 일으켜 사회생활을 시작하기도 전에 신용불량자가 되는 경우도 있고, 부모의 오랜 폭언과 폭력으로 마음이 불안정하고 고통스러워 정상적인 대인관계를 유지하지 못하는 경우도 있다.

　　젊을 때 고생은 사서 한다지만 젊은 날에 지기에 너무 많은 짐을 한꺼번에 진다면 몇 걸음 걸어보지도 못하고 넘어질 것이다. 고통이 나를 단련하고 성장시키기도 하지만, 너무 과한 고통은 내 마음을 궁핍하게 하고 사람들을 혐오하게 한다.

고통은 어떻게 받아들여지느냐에 따라 그 영향이 달라진다. 고생을 많이 했다는 이야기를 자주 하는 사람들 중에는 그 고난이 주는 의미 자체를 알아내려 하기보다는, 자신이 겪은 고난이 얼마나 힘겹고 고달픈지를 강조하는 데 주력하는 경우가 많다. 대단하다 싶지만 왠지 가까이 하고 싶지 않은 마음을 주기도 한다. 자신에게 어려움이 닥쳤다면 도대체 왜 이런 일이 나에게 벌어졌는지 고통의 의미를 찾기 위한 질문을 던져야 한다. 고통 자체에 압도되지 않고 의미를 찾아내고 극복하려는 삶의 태도가 곧 우리가 배워야 할 자세다. 고통 안에서 의미를 찾고 극복하는 과정이 바로 인생이고, 그 과정에 충실히 임하는 법을 알 때 비로소 우리는 삶의 의미를 깨닫는다.

어떤 이의 고통이 유독 마음에 걸리고, 아프고, 계속 마음 쓰인다면 고통당하고 있는 사람과 그의 일이 나의 어떤 측면을 두드린 것이다. 나 자신의 어떤 측면과 연관이 있을 테니, 그 사건이나 그 사건으로 인한 고통이 나에게 어떤 의미인지 살펴보길 바란다. 어차피 피할 수 없는 고통이라면 할 수 있는 한 원망과 분노로만 세월을 보내기보다 내가 무엇을 할 수 있을지, 어디로 가면 좀 더 위안을 받을 수 있을지, 잘해내고 있다고 응원해줄 사람은 누구인지 차근차근 생각해보기 바란다. 우리는 천사도 아니고, 호구도 아니기 때문에 부당한 짐을 지거나 너무 무거운 짐을 졌을 때 마냥 즐겁게 살 수 없다.

무리하게 짐을 이고 살다가 결국 관계가 틀어져 가까운 지인이나 가족과 적이 되어버리면, 그래서 그 가족이 뒤늦게 "미안하다. 그게 그렇게 큰 상처일 줄 몰랐어"라고 말한다면 어떤 기분이 들까? 너무나 당황스러울 것이다. 상담사인 나는 늘 이렇게 강조한다. 상담은 주변 사람을 바꾸기 위한 것이 아니라 나 자신을 변화시키기 위한 것이라고. 말만 보면 맞는 말이고 당연한 말이지만 너무 뾰족하거나, 정서적 민감성이 떨어지거나, 나르시시즘에 빠져 사는 지인에게 상처를 입어 만신창이가 되어 있는 내담자에게 그런 말을 하기란 쉽지 않다. 그 상처를 오랫동안 주고 또 준 사람이 대부분 내담자의 부모이거나, 연인이거나, 배우자이기 때문이다.

그런데 놀랍게도 자신을 찾기 위해서 부단히 노력하는 사람, 쏟아지는 눈물을 닦고 또 닦아낸 사람, 넘어지고 다치고 또 넘어져도 빈약한 걸음걸이를 연습하고 또 연습하는 사람은 반드시 성장한다. 그리고 주변 사람들에게 보이지 않는 좋은 영향력을 미친다. 그 작은 변화에 영향을 받기 시작한 주변 사람들도 조금씩 달라지고 성장하기 마련이다. 내가 입은 상처가 얼마나 큰지 직접 표현하거나, 혹은 우연히 그런 이야기를 나누면 평소 그렇게 원망하던 상대가 다르게 느껴진다.

매일 나를 평가 절하하고, 비난하고, 힘들게 하던 장본인이 진심으로 사과하고 밥을 사준다고 찾아오면 처음에는 몹시 당황할 것이다. 만일 정성스레 선물까지 준비해온다면 정말 뜨악할 것이다. 그런 일들이 가끔씩 실제로 일어나기도 한다. 그건 그 내담자가 복이 많아서, 그러한 운명이어서 그런 걸지도 모르지만 잘 살아보기 위해, 상처에 압도당하지 않기 위해 열심히 노력한 결과이기도 하다.

　내가 스스로 지는 굴레, 즉 스스로 만들어 씌우는 비운의 역동, 그 책임이 나에게도 있다는 것을 인정하기까지 얼마나 많이 눈물을 흘리고 가슴을 치고 애를 썼겠는가? 그걸 옆에서 지켜본다면 그런 순간이 저절로 하늘에서 떨어지지 않았다는 걸 알 수 있다. 내담자로부터 그런 소식을 들으면 직업 특성상 내담자와 그 벅찬 순간을 속마음처럼 크게 환호하며 반기지는 못한다. 소심하게 속으로만 뜨겁게 환호하곤 한다.

5장

내 마음과
인생의 방향성

나의
버킷리스트

새해가 되면 꼭 나오는 이야기 중 하나가 새해 계획에 관한 것이다. 새해가 아니어도 누구에게나 이루고 싶은 버킷리스트가 한두 개쯤은 있다. '버킷리스트(bucket list)'란 죽기 전에 꼭 해야 할 일이나 하고 싶은 일을 뜻한다. 중세시대에 자살할 때 목에 밧줄을 감고 양동이를 차 버리는 행위(kick the bucket)에서 유래되었다고 하는데, 버킷리스트라는 단어에 대해 우리가 갖고 있는 희망적인 느낌과는 달리 어원의 배경이 사뭇 어둡다.

2007년 잭 니콜슨, 모건 프리먼 주연의 영화 〈버킷리스트〉를 통해 버킷리스트라는 단어가 널리 알려졌다. 가난하지만 성실한 정비사 카터(모건 프리먼)와 백만장자이지만 괴팍한 사업가 에드워드(잭 니콜슨)는 시한부 선고를 받고 함께 버킷리스트를 이루기 위한 여행을 떠난다. 두 사람은 가정에 대한 가치관도, 성격도 판이했지만 삶을 마무리하는 여정에서 깊은 유대감을 느끼고 서로 친해진다.

피라미드 위에서 카터는 에드워드에게 이집트 전설에 대해 이야기한다. 저승에 가면 신이 두 가지 질문을 하고, 그 질문에 대한 답에 따라 사후에 갈 곳이 정해진다는 이야기다. 그 두 가지 질문은 다음과 같다.

1. 인생의 행복을 찾았는가?
2. 자신의 삶이 다른 이를 기쁘게 했는가?

이 질문에 대한 여러분의 대답은 무엇인가?

나는 글쓰기 프로그램에서 종종 '내가 죽은 날의 부고기사 쓰기'를 주제로 제시한다. 평소 호기심을 갖고 흥겹게 글쓰기 프로그램에 임하던 분들도 '부고기사'를 쓰라고 하면 어렵다고 난색을 표한다. 그러면 나는 "기사 형식이 어렵다면 추도문도 좋습니다" 하고 살짝 다른 방향을 제시한다.

추도문을 쓰기 위해서는 나의 장례식장에서 누가 추도문을 작성하고 읽을 것인지, 죽음이 당도한 시점에 나는 몇 살이고 어떤 삶을 살아왔는지, 조문 온 사람들과 나는 어떤 관계인지, 장례식장은 어느 나라 어느 지역인지, 분위기는 어떻고 장례식의 형식은 어떤지 등을 설정해야 한다. 과연 사후 나는 어떤 사람으로 기억될 것인가? 내가 소중하다고 생각하는 사람들에게 나는 어떤 의미로 남게 될 것인가?

추도문도 어렵다면 일단 그냥 생각해볼 수 있는 것들을 마구 적어보라 권한다. 나는 어떤 패션을 한 사람으로 기억될까? 나라는 사람을 떠올리면 어떤 냄새가 떠오를 수도 있고, 아니면 평소 내가 자주 쓰던 어떤 말이 떠오를 수도 있다. 즐겨하던 게임이나 드라마, 스포츠가 연상될 수도 있고, 좋아하는 어떤 음식이 떠오를 수도 있다. 연대기처럼 시기별로 유년기, 청소년기, 청년기, 중장년기, 노년기로 찬찬히 거슬러 올라가면서 '나'라는 사람이 어떻게 자리매김하게 될지 떠올려보자. 그리고 인상적인 이벤트와 소소하지만 감동을 줄 만한 포인트도 생각해보자. 실제로 일어난 일도 좋고 앞으로 일어날 법한 일을 꾸며도 좋다.

추도문을 다 쓴 다음에는 추도문을 읽는 사람은 누구인지, 나와는 어떤 관계의 사람인지 발표한다. 그리고 그 사람의 톤으로, 감정선을 따라 또박또박 읽어나간다. 나와 즐거운 추억이 많았다면 밝은 톤으로 그 추억에 대해 이야기할 것이고, 잊지 못할 재밌는 일화도 하나둘 털어놓을 것이다. 애절한 유대감을 공유한 사람이라면 깊이 있게 감정을 교류한 장소와 사건, 그때 느낀 감정을 절절하게 전할지도 모른다. 마지막으로 나를 떠올리며 전하는 추도사의 마지막 문구는 내 삶 전체가 남기고자 했던 열정이나 의미를 함축하는 말일 것이다.

여러분도 기회가 된다면 장례식장의 모습을 상상하며 추도문을 적어보자. 1년에 한 번씩 주기적으로 고쳐나가도 좋고, 그냥 일회성

이벤트로 한 번만 써봐도 생각의 변화가 많을 것이다. 어쩌면 '내가 살아보고 싶은 삶이란 이런 것이구나' '내 버킷리스트란 이런 것이구나' 하고 생각이 정리되는 진귀한 경험이 될지 모른다. 바로 지금, 꼭 한 번 써보기 바란다.

평범함의
위대함

─────── "사람은 보통 '좋은 사람'으로 보이고 싶어 한다. 연예인은 그게 목숨줄이니까 훨씬 강할 수밖에 없다. 우리끼리는 '연못에 돌을 던진다'고 표현하는데, 그 사람의 진짜 모습을 보려면 여행 보내는 것처럼 평소와 다른 상황에 놓으면 된다. 그걸 우리는 '캐릭터'라고 부른다."

〈꽃보다 할배〉〈삼시세끼〉〈윤식당〉〈알쓸신잡〉 등 굵직한 프로그램을 연출한 나영석 PD의 말이다. 한동안 유행했던 MBTI 성격 유형으로 나영석 PD를 분류하면 ENTP, 즉 '발명가형'일 것이다. 새로운 것을 추구하고, 논쟁하는 것을 좋아하고, 주도면밀하고 예리한 안

목이 있으며, 독특한 재치가 있다. 언뜻 보면 카리스마 없는 리더지만 실은 주도면밀한 리더다. 그가 진행해온 프로그램들은 대체로 평범해 보이지만 사실 평범한 것은 별로 없다. 누구나 가능한 것처럼 보이는 평범한 주제와 배경을 선정해 해당 출연자만 해낼 수 있는 독특한 무언가를 창출해낸다. 따라서 비슷한 주제일지라도 다른 등장인물이 등장하면 또 다른 이야기가 탄생하고, 평범한 배경 속에서 등장인물의 독특함을 부각시킨다.

"PD는 평범한 사람이어야 해요. 이 세상을 살아가는 보통의 사람, 그들이 갖는 관심과 시선 정도만 가져야 하죠. PD가 한 분야의 전문가가 되면 자신도 모르게 그 분야에 관한 전문적인 프로그램을 만들게 돼요. 그러다 보면 대중의 평균 지점에서 멀어지죠."

나는 그의 인터뷰 기사를 보고 무릎을 탁 쳤다. 그는 평범함의 위대함을 일찍이 깨우쳤던 걸까?

사람들은 늘 '하고 싶은 일'과 '할 수 있는 일' 사이에서 고민한다. 어떤 주제로 내담자를 만나더라도 빠지지 않는 깔때기 같은 주제가 바로 진로에 관한 것이다. 잘하는 게 많은 사람은 고민도 덜할 것 같지만 그렇지 않다. 지적으로 우수한 학생들은 적성검사를 해도, 진로검사를 해도 모두 고득점을 맞는 경우가 많아서 결국 변별력 없는 결과지를 받는다. 그러다가 그냥 높은 점수에 맞춰 유망하다는 과에 진학한다. 그래서 아주 먼 훗날에야 내가 정말 좋아하는 게 뭔지 뒤

늦게 깨닫는 경우가 많다.

10대부터 50대까지 다양한 내담자와 만나지만 언제나 공통된 주제는 '앞으로'에 관한 것이다. 10대는 학과와 학교, 심지어 어느 나라에서 공부해야 할지 등을 고민하고, 20대는 지금부터 뭘 해야 결혼하고 먹고살 수 있을지, 혹은 이미 시작한 일을 더 늦기 전에 접어야 할지 등을 고민한다. 30대는 이미 정해진 운명이라 생각하고 이 길을 계속 가야 하는지, 아니면 무언가 다른 선택지를 스스로 막고 있는 건 아닌지 고민하고, 40대는 인생 후반기를 잘 준비하지 못하고 있는 것 같다며 사표는 언제 쓸지, 또는 이제라도 배워서 할 수 있는 일이 있을지 고민한다. 50대라 해서 다르지 않다. 배우고 싶고, 하고 싶은 일은 많은데 이제 와 돈과 시간을 투자하자니 아깝고, 아니면 지금이라도 돈이 되는 다른 일을 찾아야 할지 고민한다.

많은 어린이가 꿈을 꾸지만 자신만의 고유의 꿈을 꾸는 경우는 적은 것 같다. 물론 당연한 일이다. 어린이가 부모님과 주변 어른의 영향을 받아 세상이 훌륭하다고 생각하는 가치관에 맞춰 꿈을 꾸는 건 자연스러운 일이다. 이루기만 하면 부모님의 기쁨도 되고 내 자신도 으쓱해지는 그런 꿈 말이다. 하지만 그 과정에서 자신의 평범한 능력이 고개를 들 때마다 비참함을 느끼고 좌절하는 청년들이 많다. 평범한 내 모습, 그냥 나 자신의 특질적인 모습에 수치심을 느끼는 경우가 많다.

유년의 꿈은 그 자체로 소중하고 의미 있다. 그것을 평생 들고 다니면서 이뤄내지 못했다고 자신을 자책하며 살 필요는 없다. 나의 꿈이지만 유년의 꿈은 유년 시절의 꿈이다. 유년기의 꿈이 나의 재능이나 욕망을 잘 드러내는 것일 수도 있지만, 부모의 기대나 사회적 기대에 더 충실한 꿈일지도 모른다. 유년의 꿈을 이루기 위해 도전하는 용기는 박수 받아 마땅하다. 그것을 이루기 위해 이어온 부단한 노력만큼은 눈부신 면류관이 아깝지 않다.

그런데 진짜 용기는 내가 나 자신이 되기로 마음먹는 것이다. 내가 어떤 사람인지 명확히 파악하고, 이 땅을 사는 평범한 한 사람이라는 것을 받아들이는 것이야말로 진정한 용기다. 설사 유년기의 꿈을 이뤄 세상이 박수 치는 곳까지 오르더라도 언젠가는 내려와야만 한다. 지금은 왕성한 체력을 가진 한 사람의 젊은이로 전진하는 삶을 살지만, 정점에서 내려와야 하는 순간은 반드시 온다. 내려오는 그 길에 드리워진 석양빛의 아름다움을 느낄 줄 아는 현명한 어른이 되어야 빛나는 노년기에 접어들 수 있다. 나이 든 그때를 인생이 쇠락하는 시점이라 치부할지 모르지만, 어쩌면 그때야말로 인생의 정점을 향해 가는 때일지 모른다. 미완의 인생에 마침표를 찍기 위해 달리는 마지막 레이스이기 때문이다.

상담을 하다 보면 한때 소위 잘나갔던, 인터넷에 검색하면 금방 찾을 수 있는 분들을 뵐 때가 있다. 높은 곳에 계셨던 분들 중에 자신이 한때 타고 달렸던 화려한 마차를 반납하고 미련 없이 보통의 사람처럼 편안하고 즐겁게 걷는 사람은 그리 많지 않았다. 그들은 보통 늘 타고 다녔던 마차가 얼마나 화려했고 웅장했는지를 자랑한다. 그럴 때 느낀다. '정말 잘나가셨구나. 하지만 현재에 만족하진 못하시는구나'라고.

　무언가를 자랑하거나 과장하지 않아도 평범한 나로서의 하루가 뿌듯했으면 한다. 여러분의 사소한 능력을 부디 사소히 취급하지 않기를. 오늘 만나는 사람, 오늘 내가 느낀 무언가, 오늘 내가 한 말, 오늘 내가 이룬 작은 것들을 하나하나 주의 깊게 들여다보고 쓰다듬어 주기를. 그것이 미래를 준비하는 현명한 자세라고 생각한다.

당신은 운이
좋은 사람입니까?

"진흙탕 같은 20대도 언젠가 끝나고 이 큰 강처럼 실컷 뻗어나가겠죠?"

어느 날 함께 천변을 걷던 윤아 씨가 고민을 털어놨다. 요즘 윤아 씨는 고민이 많다. 방송 작가가 되고 싶은데 스스로 재능이 없는 것 같고 너무 힘든 길이라는 생각이 들어서다. 집에서는 쌍둥이 여동생들이 너무 어리다며 얼른 살림에 보탬이 되길 바라는 눈치라고 했다. 어머니는 윤아 씨에게 이제라도 진로를 바꿔 공무원 시험을 치르라고 조언했다.

우리는 한강 쪽을 바라보며 강기슭에 나란히 앉았다.

"윤아 씨, 제가 20대에 첫 직장에 들어갈 때만 해도 이제 내 인생

레이스가 안정기에 접어들었다는 생각이 들었어요. 하지만 직장생활은 또 다른 시작이었어요. 그냥 어른으로서의 시작. 직장이 종착지는 아니더라고요. 제가 처음 다녔던 직장은 8시까지 출근해야 하는 곳이었는데 왕복 5시간 거리여서 새벽 5시 조금 넘어서 출발해야 했어요. 야간수업까지 병행해야 하다 보니 새벽 1시가 되어서야 퇴근할 때도 있었죠. 그때 주변 사람들이 대부분 그만두라고 했어요.

그런데 그 이야기를 옆에서 듣고 있던 교회 변 권사님이 그러셨어요. '원이가 알아서 하게 놔둬라 고마. 원이야, 너 그 직장만 평생 다닐 거 아니잖아. 걱정하지 마라. 그냥 다닐 때까지 다녀라'라고요. 그 말에 용기가 났어요. 저는 힘들다고만 생각했지 이게 제 커리어의 일부이고 첫 단추일 뿐이라는 생각은 안 해봤거든요. 그냥 처음 직장이 생겼으니 열심히 다녀야지 하고 심플하게 생각했어요. 그런데 변 권사님께서 저보다 오래 산 어르신의 입장에서 지금의 삶은 인생 초반 어느 한 구간일 뿐이라고 일깨워주셨던 거예요."

존 크럼볼츠는 한 개인이 사회와의 상호작용을 하면서 무엇을 습득했느냐가 진로 선택에 영향을 미친다고 말했다.[12] 이때 자신의 타고난 능력, 환경과 사건들, 학습 경험, 문제해결을 위한 접근 방식 등이 결정에 있어 중요한 영향을 미친다. 삶에서 마주하게 되는 우연한 사건들이 긍정적으로 혹은 부정적으로 진로에 영향을 미치는데, 크럼볼츠는 이 사건들이 유리한 기회가 되도록 노력하면 우연처럼 긍정적인 영향력이 발휘된다고 주장한다. 이러한 우연을 그는 '계획된 우연(planned happenstaces)'이라고 설명한다.

계획된 우연이 일어나도록 하기 위한 10가지 노하우는 다음과 같다.

1. 현재 상황에서 얻을 수 있는 걸 찾아라
2. 언제든 삶의 방향을 바꿀 수 있다고 생각하라
3. 인생 전체의 계획을 세워놓을 필요는 없다
4. 모험을 감수하라. 단 무모하게 위험을 감수하지는 마라
5. 완벽해지려고 애쓰는 것은 불행으로 가는 지름길이다
6. 성공의 사다리를 올라가기 위해서는 먼저 맨 아랫칸에 가로대를 만들어야 한다
7. 필요한 모든 기술을 갖출 필요는 없다
8. 아무리 상황이 나빠도 새로운 기회는 얼마든지 발견할 수 있다
9. 최선을 다하지 못하도록 당신을 가로막는 잘못된 신념이 무엇인지 점검하라
10. 행운은 우연이 아니라는 점을 기억하라

크럼볼츠의 이 이론은 아이에게 적성에 맞는 직업을 고르게 하는 것보다, 살면서 경험하는 여러 가지 사건을 대하는 태도가 더 중요하다는 것을 일깨워준다. 직장은 과정의 시작일 뿐이지 종착지가 아니다. 꿈을 이루기 위해서는 지금 있는 자리에서 한 걸음씩 내딛는 수밖에 없다. 지금 내가 할 수 있는 일부터 찾아 실천으로 옮겨야 한다. 막상 직장이 내가 생각한 것과 다를 수도 있다. 하지만 세상은 빠르

게 변화한다. 언제든지 삶의 방향을 바꿀 수 있다고 생각하고, 무엇보다 행운은 우연이 아니라는 크럼볼츠의 조언을 새겨들을 필요가 있다.

당신은 운이 좋은 사람인가? 다음의 세 가지 질문에 답해보자.

1. 살면서 운이 좋았다고 느꼈던 때는 언제인가?
2. 운이 좋았던 그때, 그런 기회를 만드는 데 도움이 되었던 나의 말이나 행동이 있다면 어떤 것이었나?
3. 이번에는 내가 아닌 다른 사람 중에 운이 좋다고 생각하는 사람을 떠올려보자. 그 사람의 어떤 점이 그러한 운을 만드는 데 기여했다고 생각하는가?

투병하는 이의 터널은
참으로 길지만

지리산으로 요양을 떠난 지영 씨에게 마지막 편지를 보낼 때만 해도, 나는 은연중에 투병과 건강 문제가 나와는 무관한 일이라고 생각했다. 그래서일까? 갑작스럽게 수술을 받고 긴 긴밤 투병생활을 이어오며 지영 씨의 생각이 많이 났다. 건강을 어느 정도 회복한 다음, 나는 다시 펜을 들어 지영 씨에게 편지를 썼다.

'지영 씨는 지금 어쩌면 끝이 어디인지도 모를 터널 속에서 캄캄한 길을 따라 걸어가고 있는지도 모릅니다. 아니면 출구를 코앞에 두고 이 어두컴컴한 길을 통과해야만 하는 운명을 탓하고 있을지도 모르죠. 아니면 이미 멋지게 통과해냈을지도 모르고요. 목적지가 있는 사람은 반드시 출구를 찾기 마련입니다. 지영 씨한테는 꿈이 있잖아요? 힘겨운 만큼 터널을 지난 다음에는 더 단단하게 빛날 것입니다.

지영 씨, 저도 갑작스럽게 수술을 받았어요. 빨리 수술할수록 좋다는 진단을 받고 수술 날짜를 잡았는데, 곧이어 한 군데 더 수술을 받아야 한다는 진단을 받았죠. 그래서 두 분의 의사선생님께서 한 번에 두 군데 수술을 동시에 진행하기로 협의하셨어요. 입원 전날, 개인적으로 알고 지낸 가정의학과 의사선생님과 통화를 했어요. 수술하고 나면 내가 상상한 것보다 두세 배는 더 힘들 거라고, 잘 받아들이고 관리 잘하면서 지내라고 담담하게 조언해주시더라고요. 이런 충고에도 저는 그냥 해맑게 환자복을 입고 웃으며 손을 흔드는 사진을 찍어 가족과 친구들에게 전송했습니다. 기도해주셔서 감사하다는 인사와 함께요. 한편으론 나는 괜찮다, 아무렇지 않을 거라고 되뇌이면서요.

수술을 하기까지 모든 과정이 신속하게 잘 진행되었습니다. 수술실까지 저를 옮겨주시던 병원 직원분이 가족 이야기를 들려주시면서 퇴원하면 식이요법을 어떻게 하면 좋을지 알려주시고 응원해주셨습니다. 병실로 돌아왔을 때는 수술이 잘되었다고 기뻐하시며 환하게 웃으시던 의사선생님의 모습이 큰 위로가 되었어요. 모든 것이 잘 끝났는데, 역시 시작은 그때부터였습니다. 그렇게 무거운 수술이 아니라고 생각하며 심기일전하려는데, 몸이 말을 듣지 않더라고요. 식탐이라면 평생 누구에게도 뒤지지 않았는데 입맛이 없어졌습니다. 기운이 없어서 앉아 있지도 못하고, 조금 걷고 나면 한참을 누워 있어야 했죠. 처음에는 곧 좋아지겠지 생각하며 그간 미뤄둔 드라마 시리즈를 시청하며 기쁜 마음으로 출발했습니다. 책도 읽을 생각에 자리에 앉았는데 도저히 힘들고 집중이 되질 않더라고요. 친구가 찾아와도 마주앉아 있기 힘들고, 이야기하는 것도 힘들었습니다. 그제야 '좌절'이라는 단어가 이해되더라고요.

좋아지고 싶은데 잘되지 않아서 낙심하던 내담자분들의 얼굴도 떠올랐습니다. 특히 지영 씨가 많이 생각났어요. 제가 행복할 수 있을까요, 꼭 행복해야 하는 걸까요 하고 묻던 한 내담자의 얼굴도 스쳐지나갔습니다. 몸이 마음대로 되지 않다 보니, 비로소 마음이 마음대로 되지 않아 낙심하던 분들의 한숨 소리가 진심으로 이해되기 시작했어요. 그렇게나 지치고, 힘들고, 짜증 난 상태에서도 꿋꿋이 상담소를 찾던 그 발걸음의 무게를 이제야 이해합니다. 상담소에 오셔서 넋두리하던, 왜 이렇게 나아지지 않는 것이냐며 원망하던 내담자들이 참으로 귀하고 큰 용기를 냈다는 걸 다시금 깨닫습니다.

한기가 느껴져서 한밤중에 잠에서 깨어 이불을 한 겹 더 덮고, 또 한 겹을 더 덮고, 그렇게 네 겹째 덮고 부들부들 떨다가 잠이 든 날, 지리산이 너무 춥다고 하셨던 지영 씨 생각이 나더라고요. 새벽까지 잠에 못 들다 아침이 되어 잠에서 깼습니다. 마음이 고장 나서 시린 분들은 아무리 주변에서 따뜻한 관심을 기울여도 어찌할 수 없는 깊은 외로움에 침잠합니다. 이불을 이렇게 무겁게 덮고도 따뜻하지 않다고 느꼈던 제 몸처럼, 그들의 마음은 얼마나 아프고 시렸을까요. 비로소 깨닫습니다. 자신의 의지로 이불을 당겨올 수만 있다면, 혹은 이불을 덮어달라고 요청할 수만 있다면 온기를 되찾을 수 있지 않을까요? 주변에 아무에게도 뭘 좀 덮어달라고 말할 데가 없어 상담소를 찾아오는 분이 있다면 정말 따뜻한 말로, 포근한 공기로 맞이해야겠다는 다짐을 합니다.

아픈 몸과 씨름하는 시간 동안 어쩌면 이젠 뭘 더 못하게 될지도 모른다는 좌절감이 발목을 잡았습니다. 동시에 아직 내 마음속에 간절히 내담자들과 만나고 싶어 하는 욕구와 열정이 남아 있다는 것도 알게 되었습니다. 좀 더 교단에서 강의를 하고, 초보 상담학도들과 이야기를 나누고 싶었습니다. 그리고 무엇보다 상담소에서, 다시 건강해진 지영 씨를 만나고 싶었습니다.

억지로 몸을 일으켜 산책을 하기 시작했습니다. 집 옆 동산의 나지막한 오르막길도 숨이 차고 힘들더라고요. 하지만 반드시 나아야 한다는 일념으로 매일 집을 나섰습니다. 쉬었던 상담도 다시 시작했지만 상담이 비는 시간에는 꼼짝없이 누워 있는 상황입니다. 다음 상담시간이 다가오면 일으켜지지 않는 몸을 마음으로 억지로 일으켜 채근합니다. 어느 순간 제가 마음이 힘든 내담자들과 비슷한 생각을 하고 있더라고요. 이 몸으로 이 일을 얼마나 더 할 수 있을까, 아예 상담을 접는 게 낫지 않을까, 왜 열심히 살아야 하는 걸까 하고요. 동시에 제가 내담자들에게 했던 말도 떠올랐습니다. 그래도 힘을 내보세요, 이번 주에도 한 발자국만 더 나아가 봅시다 하는 말들이요.

제가 상담소에서 뱉었던 말들이 진심이려면, 나 자신에게도 이말을 전해야 하고, 이 말대로 나 또한 일어나야 한다는 것을 깨달았습니다. 지영 씨에게도 제가 가끔씩이라도 하늘을 보면서 견딜 힘을 충전하기를 바란다고 말씀드렸잖아요? 그건 지리산에서 그냥 편히 휴양만 하면 된다는 의미가 아니었죠. 포기하고 싶은 마음, 나약해져 가는 의지와 투쟁하고 반드시 이겨내서 다시 만나자는 의미였어요. 지영 씨는 정말 훌륭하게 그 투쟁을 하고 있고, 저 역시 그런 시간을 보내고 있습니다.

수술 후 1년이 지나고 나니 저는 조금씩 더 좋아지고 있어요. 수술도 하고 잠시 상담도 쉬었다는 소식을 좀 더 빨리 전하지 못해서 미안해요. 하지만 이젠 저도 많이 좋아졌고, 이 긴 터널을 통과하는 여정을 저도 함께하고 있다고 말씀드리고 싶어요. 지영 씨의 여정을 응원하며 이만 줄입니다.'

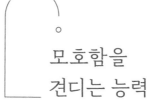

모호함을
견디는 능력

───────── 청년 시절이 힘겹게 느껴지는 이유 중 하나는
무슨 문제든 확실한 것이 없어서인 것 같다. 가업을 물려받거나 집이
부자인 사람이 아니라면 빈곤한 일자리를 놓고 치열한 경쟁을 벌여
야 한다. 막막한 미래, 이렇게 사는 게 맞는지 한 치 앞도 알 수 없다.
내가 좋아하는 일을 정해도 그 일에 재능이 있는지, 성공할 가능성이
있는지는 알 수 없다.

피아니스트 이그나치 얀 파데레프스키는 말한다.

"만약 내가 하루 동안 연습하지 않는다면 내가 그 차이를 알아차
릴 것입니다. 이틀 동안 연습하지 않는다면 평론가들이 그 차이를

알아차릴 것이고, 사흘 동안 연습하지 않는다면 청중이 그 차이를 알아차릴 것입니다. 그때 가서 서둘러 보완한다고 해도 늦습니다. 그래서 나는 매일 꾸준히 연습합니다."

각 분야에서 날고 긴다는 고수들도 끊임없이 발버둥을 치며 연습하고 노력한다. 천부적인 재능이 있는 그들도 그런데 하물며 평범한 '나'는 조금만 긴장을 풀면 길을 잃고 표류한다. 아마 그 누구도 자신 있게 '나는 꼭 성공한다, 그냥 하기만 하면 돼' 하고 단정 짓지 못할 것이다. 재능 있는 사람도 알 수 없는 캄캄한 미래를 헤쳐 나가기 위해 자신의 자리에서 부단히 노력할 뿐이다.

꿈은 많은 기회비용을 요구한다. 누구에게나 미래는 모호하다. 하지만 살아내야 한다. 진로뿐만 아니라 사랑도 그렇다. 배우자 선택의 문제에서도 그렇다. 내 집 마련과 같은 거창한 자산관리 문제도 어떻게 하는 것이 최선의 선택인지는 알 길이 없다. 그냥 어떻게든 매 순간 최선의 선택을 내리기 위해 노력할 따름이다.

'나 자신을 좀 더 객관적으로 바라봐야 한다'라는 말을 주로 능력에 대한 평가로 이해하는 경우가 있는데 그렇지 않다. '능력'은 나를 재단하는 여러 시선 중 하나다. 예를 들어 어떤 상, 지위를 나의 꿈과 동일시하고 있다면 내가 왜 그런 인물상을 목표로 삼고 있는지 돌아봐야 한다. 그리고 그것이 나에게 얼마나 필요한 것이며 중요한 것인지도 가늠해봐야 한다. 이 부분에서 객관적일 필요가 있다. 나라는 존재를 팽창시켜서 주변에 위협적인 존재로 각인시키고 싶어서라면,

그 사람은 자신의 본모습을 편히 내보이며 살기 힘들 것이다. 늘 어깨에 커다란 뽕을 집어넣고 지내야 안심이 될 것이기 때문이다. 남이 나를 보고 박수 친다 해도 내 모습 그대로를 드러내고 살 수 없다면 삶 자체가 버거워진다.

간혹 자신의 모습을 객관적으로 바라보지 않고 황당한 인물상을 롤모델로 택하는 경우가 있다. 혹은 현실에서 도저히 있을 수 없는 사람을 배우자상으로 삼는 경우도 있다. 이런 엉뚱한 목표를 정하는 이유는 자신이 정확히 무얼 원하는지 모르거나, 자신에게 가장 중요한 것이 무엇인지 모르기 때문이다. 오로지 돈이 자신의 삶을 풍성히 해줄 거라고 믿거나, 배우자의 사회적 위치가 자신의 미래를 보장해줄 거라 믿는 경우도 많다. 어느 정도 맞는 말이지만 다 맞진 않다.

나라는 사람이 갖고 있는 한계와 부족함, 그리고 그 안에서 잘할 수 있는 것들, 소소하게 나를 행복하게 만드는 것이 무엇인지 좀 더 분명하게 정리해야 한다. 생각보다 인생은 짧고 지금 내가 소유한 젊음은 더 짧다. 시간과 공간은 유한하다. 잘 안 될 것 같고 막막해서 그 방어기제로 나를 부풀리는 팽창된 자아, 그런 부풀려진 자아를 유지하기 위한 노력은 잘못된 소비다. 자꾸 보여지는 모습에만 신경 쓰고 살면 나 자신으로서의 삶은 유예된다. 나 자신으로 산다는 것이 무엇인지, 내가 견뎌내야 할 시선과 기대는 무엇인지 알아차려야 한다. 내가 그것을 극복할 만한 힘이 있는지, 아니면 남을 의식하느라 허세를 부리고 있는지 알아야 한다.

지금 할 수 있는 것, 손에 쥘 수 있는 것, 활용할 수 있는 것을 정리해보자. 큰 꿈은 큰 꿈대로 유의미하지만, 유한함 안에서 해낼 수 있는 것부터 부지런히 챙겨서 해내야 한다. 큰 집을 짓기 전에 지금 내 안의 서랍부터 챙길 필요가 있다. 소소하지만 나만의 특질을 살려 잘 정리해두면 그게 바로 내 마음의 보석상자가 된다.

젊음은 생각보다 빨리 떠나간다. 중년이 되고 노년의 어느 날이 되면 아무리 잘나갔던 사람도 머지않아 생을 정리해야 하는 순간이 온다. 아무리 대비하고 예상했다 하더라도 그 시간은 피할 수 없다. 나만의 것을 챙기고, 나만의 인연을 만들고, 나만의 삶을 산 사람들은 노년기에 접어들더라도 덜 당황스럽고, 덜 외롭다. 마음속에 꺼내 볼 서랍이 많고, 그 안에는 젊은 시절부터 차곡차곡 쌓은 많은 이야기와 추억이 가득할 것이다. 그러한 이야기와 추억이야말로 모호함, 답답함을 견뎌낸 빛나는 청춘의 기록이자 자신의 레이스를 묵묵히 완주해낸 노인의 면류관일 것이다.

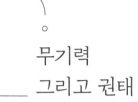

무기력
그리고 권태

──────── 대부분의 사람들은 적어도 순간이나마 자신의
자발성을 경험하고 동시에 그 순간을 진정한 행복으로 느낀다. 어
떤 풍경이 아름답다고 자발적으로 느꼈을 때, 타인에 대한 사랑이
갑자기 솟구쳐 오를 때, 그런 순간 우리 모두는 자발적 체험이 무
엇인지 알게 되며, 그런 체험이 이렇게 드물지 않게, 세련되게 찾아
온다면 인간의 삶이 어떻게 달라질지 어렴풋하나마 예감하게 될
것이다.

에리히 프롬의 글이다.[13]
무기력감과 권태, 어떤 것이 더 먼저일까? 종종 우리는 권태감을

느낄 때가 있다. 희망이 없고 무언가 더 할 수 없다는 자괴감이 주원인인 것 같지만, 개인적으로 '언젠간 하겠지' '나중에 해도 되겠지?' 하고 미루는 습관이 직접적인 원인일 때도 있다. 나도 매사 할 수 있는 한 많은 걸 미루면서 사는 편이다. 나이 오십이 되어서야 사소한 것들을 미루는 습관을 적극적으로 고쳐야겠다는 생각을 했다.

사소한 것들을 잔뜩 미뤄놓다 보면 늘 바쁘다는 느낌이 들고 열심히 사는데도 시간이 모자란다. 당연한 말이지만 시간을 여유롭게 쓰기 위해서는 할 일을 제때 해야 한다.

사소하다는 이유로 사소한 일을 미루면, 그런 일들이 쌓이고 쌓여 늦은 밤까지 시간에 쫓기는 경우가 많다. 매사 미루지 않고 성실히 해내는 사람들은 사소하지만 아주 중요한 공통된 루틴이 있다. 그 다음 날 일정을 전날부터 머릿속에 그려두고 갑작스레 생기는 사소한 미션도 그때그때 해결한다. 사소한 걸 미루는 사람은 미래의 큰 계획 역시 미룰 것이다. 미래의 큰 계획조차 실현 가능성이 '0'에 가까울 만큼 원대하고 막연할 가능성이 높다.

무언가를 계속 하고 있긴 한데 늘 찜찜하다면, '이 정도면 내 하루 밥값은 했네' 하면서도 쉼 없이 바쁘다면 문제가 있는 것이다. 우리의 하루를 그림에 비유하면, 먼저 색을 칠하기 전에 밑그림을 그리고 또 그 밑그림을 확인하고 수정하는 작업이 필요하다. 일단 색을 칠하기 시작하면 더 이상 스케치를 고칠 수 없다. 사소하고 자잘한 수정을 미루다 보면 당장 색을 칠해야 하는데 시간은 없는 상황이 벌어진다.

무슨 일이든 스케치 단계에서 멈추는 사람은 보통 '언젠가 하면 잘할 거야' '시작하면 최선을 다해야지' '나의 미래는 밝아' 하는 긍정적인 기운을 나에게 불어넣는다. 하지만 그것이 과연 정말 '긍정적'인지 잘 살펴봐야 한다. 남은 기운을 나를 북돋는 데 쓰는 것인지, 아니면 미루는 데 보태는 것인지.

막상 큰 결심을 하고 무언가 해보려고 마음을 먹고 나면 어디서부터 어떻게 해야 할지 막연할 것이다. 막연함이란 벽 앞에 부딪혀 작심삼일을 반복한다. 이렇게 반복적으로 좌절을 경험하면 다시 뭔가를 준비해서 도전하기보단 또다시 결심과 시작을 미루는 악순환에 빠진다.

맨땅에 헤딩을 해야 하는 청년기, 이 불안한 시기를 잘 넘기고 주어진 인생의 과제를 완수하기 위해서는 많은 좌절을 경험해야 한다. 인생의 숙제를 미루는 것은 어쩌면 단순히 해야 할 일을 멀찍이 밀어놓는 게으름이 아닌, 숙제 자체에 대한 저항심 때문일 수 있다. 실제로 많은 경우 우리는 불안함 때문에 해야 할 일을 미룬다. 막연히 무언가를 열심히 하거나 혹은 아무것도 안 하기보다는 무엇이 두려운지 들여다보고 나를 토닥여야 한다.

'언젠간 하겠지' '기회가 오겠지' '언젠간 잘하게 되겠지' 하면서 해야 할 일을 미루다 보면 정작 꼭 해야 할 중요한 결정을 놓치고 값비싼 기회비용을 치른다. 어떤 일을 벌여놓고 결과나 소식을 기다려야 한다면 초조하고 다른 일이 손에 잘 안 잡힐 것이다. 그래도 뭔가 하긴 해야 하는데 뭘 해야 할지도 모르겠고, 뭘 한다고 해서 잘된다는 보장도 없기에 그냥 막연히 무언가를 미루곤 한다. 답답하고 설명하기 힘든 짜증이 계속 이어지고 무기력감을 느낄 것이다. 이러한 마음이 권태로 이어진다. 이러한 권태는 허무주의의 권태와는 좀 다르다. 도무지 삶의 의미를 찾을 수 없어서 아무것도 할 수 없는 상태인 경우도 있을 것이다. 하지만 끊임없이 무언가를 미루는 사람들 중에는 매일매일 엄청 열심히 사는 경우도 적지 않다.

『미루기의 천재들』이라는 책을 가지고 팟캐스트 녹음을 한 적이 있다. 처음에는 책 제목에 매혹되어 읽기 시작했는데, 책에 나온 일을 미루는 사람들의 특징은 읽는 족족 공감을 불러일으켰다. '미루는 습관' '미루는 인생' 같은 표현들은 열등감을 자극하는 공격적인 단어이기도 하다. 하지만 이 책은 미루는 습관이 마냥 나쁜 것만은 아니라고 이야기한다. 게으른 게 아니라 '창의적'으로 바쁠 뿐이라며 재치 있게 설명한다. 다만 사소한 일을 해결하고자 중요한 일을 미루는 행위는 지양해야 한다고 경고한다. 이 책은 드와이트 아이젠하워의 노스웨스턴대학교 졸업 연설문을 예로 들면서 급한 일을 중요한 일보다 먼저 선택하는 행동에 대해 꼬집는다.

"중요한 일은 긴급한 경우가 드물고, 긴급한 일은 중요한 경우가 드물다."

현재의 일을 처리하면서 즉각적인 보상을 얻는 것이 한참을 기다려서 받을까 말까 한 미래의 보상을 얻는 것보다 달콤할 것이다. 유튜브 영상을 하나 더 보고, 새로 출시된 온라인 게임을 한 판 더 하느라 자기소개서 쓰기를 미루고 미뤄 입사원서 마감일을 놓친다면 당연히 후회할 것이다. 모두가 강박적으로 뭐라도 시도해야 한다는 건 아니다. 하지만 아무런 대책 없이 막연히 미루고 미루다 보면 어느 날 문득 대책 없이 장년, 노년이 되어 있는 나와 마주할 것이다. 급한 일도 처리해야 하지만 중요한 일을 더 우선시해야 한다. 청년의 시간은 생각보다 짧다.

아직 생의 의지가
답을 주지 않았기에

상담을 통해 어떤 사람이 변화하고 있다는 것을 알려주는 가장 명확한 신호는 얼굴 표정이다. "한 주간 별 일 없으셨어요?"라고 질문하면 내담자들은 각기 다른 답을 내놓는다. 사실 나는 질문을 하고 답을 듣기 전부터 이미 답을 알고 있다. 현관에 들어서서 자리에 앉는 순간 답을 받기 때문이다. 표정이 먼저 나를 보고 많은 말을 건넨다.

환한 표정은 그간의 상담, 그리고 자신의 자리에서 분투하고 그 다음 단계로 올라섰음을 알려준다. 아마 나도 모르게 내 표정도 환해졌을 것이다. 그러한 내담자는 목소리에 힘이 들어가고 뭔가 새롭게 해보고 싶은 것이 생긴다. 마음속에서 애매모호했던 것들을 보다 명료하게 설명하고 표현해낸다. 굳이 많은 걸 설명하지 않아도 표정만으로 명료하게 자신의 기분이나 기대를 표현할 수 있게 된다. 단 상처 주는 것을 두려워하지 않고 마구 자신의 생각을 뱉어내는 자기중심적 태도와는 분명 다르다.

얼굴이 밝아지는 내담자에게서 느낄 수 있는 가장 큰 변화는 생각이 유연해진다는 것이다. 이전에는 어떤 생각의 패턴에 대해 지적받으면 곧바로 발끈했던 서경 씨. 그런데 어느 날부턴가 얼굴 표정이 바뀐 뒤에는 같은 말을 듣고도 "그건 정말 저의 이야기입니다. 말씀해주셔서 감사합니다"라는 반응을 보인다. 나는 상담사로서 같은 말을 같은 자리에서 똑같이 했을 뿐인데. 첫 회기 때 서경 씨에게 상담사인 나는 자기 마음대로 마음을 휘젓고, 판단하고, 지적하는 몹쓸 사람이었다. 하지만 어느 순간부터 나는 그의 인생에 있어 중요한 문제를 다시 직면하게 해주는 고마운 사람이 되었다.

첫 회기 때 서경 씨는 대뜸 나에게 이렇게 물었다. "꼭 행복해야 하나요?" 나는 바로 답변을 할 필요가 없다고 느꼈다. 굳이 행복이란 단어를 화두로 삼으며 말을 건넨 서경 씨에게 행복이 무엇인지 구구절절 이야기할 필요성은 없었다. 행복이라는 주제에 대해 고민을 엄청나게 많이 하고 왔을 것이기 때문이다. 정말 행복에 관심이 없다면 굳이 따져 묻지 않았을 것이다. 자꾸 행복이라는 말이 귀에 거슬린다면 그것은 서경 씨에게 있어 중요한 주제인 것이다. 행복을 운운하는 사람에게 태클을 걸고 싶은 마음, 행복하자는 말이 강요하는 것으로 들려 거슬린다면 그것 역시 '행복'이라는 개념에 본인이 깊게 연루되어 있다는 뜻이다.

행복감을 느끼는 사람 특유의 편안하고 밝은 표정을 내담자에게서 발견하면 내 표정 또한 환해지는 걸 느낀다. 강박적으로 행복한 삶을 살아야 한다는 게 아니라, 그냥 나에게 맞은 옷을 입고 가장 편안함을 느끼는 상태로 살 수 있는 것. 그것이야말로 행복이 아닐까?

프랑스 인류학자 마르크 오제는 일상 속 행복이 중요한 이유로 "개인의 삶을 영위하게 하는 것은 물론, 타인과 관계를 유지하고 새로운 관계를 형성하는 길을 열어가게 해주기 때문이다"라고 말했다. 이 지점이 마르크 오제가 말한 바로 그 지점이다. 어떤 문제를 다른 사람이 나에게 끼친 (기대하지 않았던) 영향력 때문이라고 생각했던 사람이, 이 문제의 기원이 나라는 것을 깨닫고 생각을 달리하면 변화하지 않을 수 없다. 이 문제를 해결해나가야 하는 사람이 나 자신이라고 생각을 달리하면 인간관계는 확 달라진다. 나라는 존재가 변화했는데 내가 맺는 관계가 어떻게 그대로일 수 있겠는가? 생각이 유연해진 내담자는 자신을 둘러싼 관계에서도 새로운 국면을 맞는다.

이럴 때면 생각하게 된다. 닭이 먼저인가 달걀이 먼저인가를. 생각이 유연해져서 관계가 좋아지는 게 먼저인가, 좋은 관계가 생각을 유연하게 만드는 게 먼저인가? 사실 둘 다 긍정적인 방향이니 나쁠 게 없다. 상담에서 내가 언제나 분명히 해두는 것이 있다. 그것은 상담을 하기로 결심한 내담자의 의지가 가장 먼저이고, 가장 커다란 힘이며, 앞으로도 계속 내담자의 변화를 이끌어나갈 열쇠라는 것이다. 좋은 상담사를 만나고, 좋은 상담을 하는 것도 결정적인 열쇠가 될 수 있지만 가장 중요한 것은 내 마음에서 일어난 '더 나아지고자 하는 의지' '보다 성장하고픈 마음'이다. 그것이 없으면 아무 일도 일어나지 않는다.

의지와 성장하고픈 마음은 누구에게나 있다. 너무나 사는 게 괴롭고, 환경이 나빠지고, 관계도 틀어지고, 하는 일마다 실패를 반복할 경우 죽고 싶다는 마음이 들 수도 있다. 그러한 마음이 든다면 나의 의지가 바라는 것이 무엇인지 나의 의지에게 물어보자. 아직 생의 의지가 답을 주지 않았는데 내 쪽에서 임의로 생을 마감해버릴 수는 없다. 그것은 나 자신과 내 인생에 대해 예의가 아니다. 살아갈 이유가 동이 났다는 생각이 든다면 잠깐 그 자리에 멈춰 서보자. 좋았던 때와 힘들었던 때를 좌우에 두고 한 장씩 기억을 찬찬히 넘겨보길 바란다. 훗날 아무것도 보이지 않는 깜깜함 속에서도 빛나는 한 순간이 있었노라고 말하게 될 것이다. 먼 훗날이 말해준다. 먼 훗날이 반드시 지금 이 순간을 다시 평가할 것이다. 그러니 좀만 더 가보길 바란다. 아직 남아 있는 내 앞의 길을.

평범하게
그리고 위대하게

——————— 등 뒤 창문으로 길게 쏟아져 들이치는 빛이 눈부시다. 아파트 유리창에 반사되어 들어오는 빛이라 바로 쳐다보기 힘들 정도다. 또각또각 구두 소리, 그리고 연이어 벨소리가 들린다. 불안한 얼굴로 상담소에 찾아온 내담자는 자신감 없는 목소리로 말한다.

"경찰공무원은, 제가 어릴 적부터 꾼 꿈이에요. 계속 준비해야 할까요? 노량진 생활이 몇 년째인지 모릅니다. 학원도 다니고 나름 열심히 준비했는데 취업길이 너무 안 열려요. 그냥 아르바이트를 병행하면서 길게 준비할까요?"

이 친구는 무엇을 원하고 있을까? 일단 수중에 돈이 생기는 게 목적일까? 아니면 부모로부터 신세를 지지 않고 독립하는 것? 그것도 아니면 이 길이 내 길이 아님을 빠르게 판단하고 싶은 걸까? 마음이 힘들고 혼란스러운 내가 지금 해야 하는 것은 현실적인 선택일까, 아니면 나 자신에 대한 굳건한 믿음일까? 현실적인 선택과 나 자신에 대한 믿음은 무엇이 다를까?

간혹 나의 현실과 가진 능력을 뛰어넘는 무리한 것을 꿈꿔야 그것이 진정한 목표 설정이고 도전이라고 생각하는 경우가 있다. 나는 자신에 대해서 객관적인 판단을 내리는 것도 큰 용기라고 생각한다. 인생의 어떤 한 지점에서 무언가를 포기하고 내려올 때 해야 하는 가장 큰 미션, 인생이 걸린 중대한 미션은 '평범함의 위대함'을 깨닫고 받아들이는 것이다. 아무리 어깨 위에 별을 2~3개씩 단 장군도 퇴역하면 할아버지, 그냥 동네 아저씨일 뿐이다. 대기업 임원도 승진하거나 재임용이 되지 않으면 평범한 퇴직자가 된다. 유명한 정치가도 은퇴하면 그냥 시민일 뿐이다. 이처럼 커리어가 특별한 궤도에 오른 이들도 감투를 내려놓는 순간은 반드시 찾아온다. 하물며 실패로 성장하고, 실수를 반복해서 배우는 게 일상인 청춘에게 '포기'의 순간은 밥 먹듯이 찾아온다.

무언가를 내려놓고 포기하고 자기 자신으로 돌아가는 그 순간, 어쩌면 그때야말로 그 사람의 진면목을 볼 수 있는 순간일지 모른다. 한창 앞으로 달려 나가야 할 미래가 창창한 여러분에게 이런 말을 하는 게 부적절해 보일 수 있지만, 어떤 분야든 오르는 사람은 내려올 때를 염두에 둬야 하고 내려올 힘을 아껴둬야 한다. 그리고 잘 내려와야 한다. 대부분의 등정에서 큰 사고는 내려올 때 생긴다고 한다. 인생도 그와 비슷하다는 생각이 든다. 인생을 잘못 하산한 대표적인 예 중 하나가 '나 때는 그랬지' '나도 한때는 엄청 잘나갔어' 하며 묻지도 않은 지난 얘기를 하고 또 하는 '꼰대'의 모습일 것이다.

정상 등정을 꿈꾸는 사람이라면 올라가기 위한 만반의 준비뿐만 아니라, 어떻게 잘 내려올 것인지에 대한 철저한 계획도 필요하다. 언제 내려올 건지, 어떻게 내려올 건지, 내려와서는 어떻게 지낼 건지를 생각해야 한다. 내려와서의 삶은 생각하기도 싫고 일단 무조건 올라가겠다는 마음이라면 추후 계획에 차질을 빚거나, 실수와 좌절의 순간을 제대로 받아들이기 어려울 것이다. 어떤 경우에는 기대가 너무 큰 나머지 실패의 순간, 폐인이 되기도 한다. 끝났다고 해서 끝난 게 아니다.

'내가 하고 싶은 일' 그리고 '잘할 수 있는 일'을 놓고 각각 엑셀이나 종이에 표를 그려보자. 그리고 다음의 8가지 사항을 함께 나열해보자.

1. 내가 해낼 수 있는지 객관적 능력 정도
2. 내가 해낼 수 있는지에 대한 자신감 정도
3. 이 일을 얼마나 즐겁게 할 수 있을지
4. 이 일을 얼마나 오래 할 수 있을지
5. 이 일을 계속할 경우 10년 후 나의 건강 상태
6. 이 일을 하면서 얼마나 여유 있게 살 수 있을지

7. 이 일을 선택할 때의 주변 반응

8. 주변 반응에 대한 나의 반응

내가 할 수 있는 범위 안에서 내 삶을 잘 꾸려보자. 작은 것부터 바로 오늘 시작해보자. 평범하게, 그리고 위대하게.

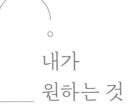

내가
원하는 것

벨이 한 번 울리고 멈춘다. 한참 있다 다시 울리는 벨소리. 소심한 벨소리다. 화장실을 청소하다 발이 다 젖어 금방 뛰어나가질 못했다. 아직 상담을 시작하려면 15분도 더 남았는데 미정 씨가 일찍 온 것 같다. 나도 모처럼 만난다고 들떠서일까? 미정 씨가 간만이라서 자꾸 뭘 치우고 정리하게 된다. 혹시 시간이 남았다고 발길을 돌릴까 얼른 소리쳤다. "잠깐만요, 나가요!"

1년 만에 보는 미정 씨는 무척 수척했다. 작년 요맘때쯤 열심히 지내보겠다고 열의에 차서 이 상담소 문을 나가지 않았던가. 1년이 지난 그 얼굴은 '할 말이 가득한데 지금은 말할 수 없어요' 하는 표정이었다. 임용고시를 준비하러 떠났던 그녀는 지난 시간을 애매모호하게 서술한다. 나는 조금 속상해진다. 그래서 시험은 통과한 것인지 차분하게 묻는다.

나는 알고 있었다. 그녀의 꿈은 교사가 아니었다. 간절히 바라고 또 바라도 붙기 힘든 게 고시인데, 하기 싫은 일에 매달리니 신통치 않을 수밖에. "그쯤 되면 임용고시는 그만 접는 게 어떨까요?"라고 말하고 싶었다. 그러나 한 번도 그렇게 말하진 않았다. 매번 밝고 명랑한 모습으로 자신의 이야기를 하는데 찬물을 끼얹는 것 같아서. 하지만 이번엔 다르다. 그녀와 알고 지낸 지도 4년이 되었다. 내 상담소에는 임용고시를 준비하는 청년들이 꽤 많다. 어떤 청년은 교사라는 직업이 정말 잘 어울린다. 적성에도 맞고 교단에 서고 싶다는 열망도 크다. 하지만 미정 씨는 그렇지 않다. 돈 계산이 빠르고, 부지런하고, 센스가 있고, 책과 영화를 참 좋아하는 지적인 청년이지만 고시에 최적화된 사람은 아니었다.

사실 시험이 문제인 듯 보이지만 정작 가장 큰 문제는 세상에 내 편이 없다는 '두려움'이었다. 시험에 떨어지는 일이 반복되자 부모도, 친구도 다 떠나갈 것만 같다. 이제 세상에 내 편이 아무도 없을 것 같은 두려움이 그녀를 사로잡았다. 오늘은 내 편인 것 같은 언니도, 나를 응원해주는 단 한 명의 친구인 성희도 다 떠나갈 것만 같다. 미정 씨가 치러야 할 진짜 시험은 임용고시가 아닌 미정 씨 안의 두려움이었다. 나는 보다 단도직입적으로 그녀에게 물었다.

"미정 씨, 임용고시 합격이 정말 원했던 꿈이었나요?"

"그럼요, 저는 교사 말고 다른 직업을 생각해본 적이 없어요."

"그렇군요. 다른 직업을 생각해본 적이 없었던 이유는 뭔가요?"

"아빠도, 엄마도 다 교사시거든요. 저는 제가 교사가 되는 게 당연하다고 생각했어요. 그래야만 하고요."

"오늘 상담이 끝나고 집에 가시면 교사가 아니라면 어떤 일을 해보고 싶은지, 교사라는 직업을 잘 몰랐다면 무엇에 관심을 가졌을지 생각해보세요. 그리고 나를 행복하게 하는 게 무엇인지도요. 미정 씨는 손재주도 좋고, 야무지게 말씀도 잘하시니까 얼마든지 다른 일도 잘할 수 있을 거예요."

그렇게 한참 이야기를 나누다 미정 씨는 무언가 찝찝한 표정으로 무겁게 상담소를 떠났다. 마음으로 아낌없이 응원을 하고도 싶었지만, 미정 씨를 진심으로 아끼기에 평소 하고 싶었던 질문들을 던졌다. 상담소를 들어올 때만큼이나 떠날 때도 발걸음이 무거워 보였다. 신고 온 구두의 무게가 천근만근인 것처럼.

며칠 뒤 미정 씨로부터 장문의 문자가 왔다.

'선생님, 마음의 짐을 내려놓고 힘을 좀 낼 수 있을까 해서 찾아간 상담소였는데, 돌아오는 길에 계속 눈물이 쏟아졌어요. 문득 이런 생각이 들었어요. 한 번도 내가 원하는 걸 선택해본 적이 없구나 하고요. 교사인 엄마, 아빠는 세상엔 교사 말고 다른 직업이 없는 것처럼 내가 교사가 된다는 것을 기정사실로 여기셨습니다. 저는 늘 부모님이 정해놓은 지점에 도달하기 위해 긴장하면서 지냈어요. 숙제나 해야 할 일 등 부모님의 과제가 언제나 높은 허들처럼 느껴졌습니다. 그 허들은 나이가 들수록 점점 더 높게 느껴졌고, 어느 순간부터가 허들이 너무 높아 발끝이 스치기만 하면 족족 다 무너져버릴 것 같았죠. 그렇게 저도 무너져갔습니다. 저는 곱게 정돈한 승마용 말의 말갈기처럼 촘촘히 정리된 모습을, 비싼 경주용마처럼 늘 단정한 모습을 유지했습니다.

처음 임용고시에서 떨어지던 해, 그때 엄마의 싸늘한 눈빛을 잊을 수가 없어요. 그다음 해에도 그다지 점수가 나아지지 않았고 그때부터 깊은 창고에 갇힌 것 같은 답답함과 공포에 휩싸였습니다. 저는 점점 더 깊은 곳으로 꺼져 들어갔습니다. 보다 못한 중학교 동창 성희가 상담을 신청해줬죠. 옷가게를 운영하는 성희는 성격이 호탕하고 다혈질인 친구입니다. 그런 성격에도 연애 문제만 생기면 소심해져서 한동안 상담을 받았었는데 도움을 많이 받았다며 저를 상담소로 이끌었어요. 성희는 공부에 그다지 흥미도 없었고 집안 형편도 어려워서 실업계 학교에 진학했어요. 졸업한 후 몇 년간 지하상가에서 옷가게 아르바이트를 하다가 결국 자신만의 가게를 차려서 지금은 어엿한 한 사람의 몫을 해내고 있네요.

성희는 경제적으로 뒷바라지해주는 부모님이 있는 제가 부럽기도 하면서 한편으론 속이 터진다고 해요. 어떻게 응원 한마디 없이 차 문을 쾅 닫고 널 학원에 떨궈놓고 가냐며 저 대신 화를 많이 내줬죠. 선생님, 저는 성희가 부러워요. 날개가 있잖아요. 건강하고 힘 있는 날개가. 저를 똑똑하다고, 예쁘다고 하는 분들도 있지만 부모님은 늘 제가 고쳐야 할 것투성이라고 지적하셨어요. 저의 날개는 단정하고 깔끔해 보이지만 실은 부러졌어요.

어디서부터 어떻게 손대야 할까 하는 생각이 들자 무작정 떠나고 싶어졌어요. 그래서 비행기표를 끊고 제주도로 내려왔습니다. 선생님께 이렇게 문자로 넋두리를 합니다. 갑작스러운 연락에 당황하셨죠. 생각이 정리되지 않아 두서없이 보내네요. 이해해주세요, 선생님. 죄송합니다.'

무거운 내용이었지만 그녀의 문자에 제주도 바다 내음이 동봉되어 있다고 생각하니 일순간 마음이 편안해졌다. 나는 다음과 같이 답변했다.

'미정 씨, 아닙니다. 아니에요. 부러지지 않았어요. 날갯짓이라는 게 파닥파닥 내 힘의 크기만큼, 나만의 방식으로 해야 하는데 어린 새가 엄마의 날갯짓 방식을 강요받으면 힘겨울 수밖에요. 이미 어른이 된 사람도 자신만의 강도와 방식이 있는 법인데, 누군가를 따라 하라고 강요받으면 힘에 부칩니다. 하다하다 잘 안 되면 날개가 부러졌거나 날 수 없는 날개라고 착각할 수도 있어요. 지금부터라도 성희 씨가 할 수 있는 만큼, 성희 씨의 몸짓으로 날개를 저어보세요.

우연한 기회로 사립학교에 들어가 교사를 시작하신 분을 뵌 적이 있습니다. 원래 하고 싶은 일은 다른 일이었는데 기회가 생겨서 교편을 잡게 된 거죠. 사람에게 어떤 길이 열린다는 것은 참 우연한 일 같으면서도 운명이구나 싶기도 하고, 간절히 바라는 것과 전혀 다른 길이 열리는 경우도 많은 것 같습니다. 다른 사람들은 참 잘 사는 것 같은데 난 왜 이럴까? 이런 생각이 들 때가 많을 것입니다. 그러면 참 세상이란 퍼즐은 잘 맞지 않구나, 어렵구나 하는 생각이 듭니다. 원하는 일을 시작한 사람도 막상 시작하고 보니 내가 생각한 것과 너무 달라서 당황하는 경우가 있어요. 혹은 어쩔 수 없이 이거라도 해야지 하는 생각으로 시작한 일이 나에게 잘 맞고 재미있을 수도 있고요.

중요한 건 내 나름대로의 날갯짓입니다. 날갯짓을 하지 않으면 날개가 퇴화해요. 꼭 독수리만큼 커다란 날갯짓을 하며 날 필요는 없어요. 그냥 나만의 날갯짓을 하면 됩니다. 누구와 비교할 필요는 없어요. 내가 하고 싶었던 일이 있는데 기회가 닿지 않아서, 혹은 실력이 부족하거나 시험에 운 나쁘게 떨어졌다고 해서 나의 날갯짓을 끝낼 필요는 없습니다. 그 길은 나의 길이 아니었을 가능성이 크죠. 도쿄올림픽에서 양궁선수들에게 코치들은 이렇게 주문했다고 해요. 옆 선수 신경 쓰지 마, 그냥 너 것만 하면 돼. 그렇습니다. 우리는 우리의 레이스를 충실하게 완주하면 됩니다.'

나의 선택을
믿어주고 응원하자

─────────── 선택이란 게 원래 힘든 일이다. 중국집에 가도 짜장면을 먹을 것인가, 짬뽕을 먹을 것인가를 두고 고민한다. 뭘 모르는 어린 시절에는 선택지가 많지 않고 단순하지만, 오지선다로 출제되는 수능시험처럼 인생의 선택지는 점점 많아지고 복잡해진다. 나이가 들수록 그렇다. 세상에는 맛있는 음식이 너무 많고, 식당을 고르더라도 그 안에서 또 어떤 메뉴를 고를지 고민한다.

완벽한 선택을 하는 것이 중요한 것이 아니다. 나의 선택을 믿어주고 응원해주는 것이 중요하다. 아직 살아본 날보다 살아내야 할 날이 더 많기에 그것이 내가 할 수 있는 최선이다. 선택할 당시에는 최고의 선택이었는데 시간이 지나고 나면 판이 뒤집어지는 경우가 있다. 혹은 어쩔 수 없이 선택했던 일들이 훗날 로또 당첨처럼 좋은 일이 되기도 한다.

교육대학원 강의가 있던 날, 교회에서 가르치는 영규라는 학생이 입원했다는 소식을 듣고 급히 병문안을 가기 위해 늦은 밤 택시를 잡았다. 그런데 한 승용차가 내 앞에 서더니 크랙슨을 울린다. 내 교육대학원 강의를 수강하는 초등학교 선생님이었다. 어딜 가냐고 물어서 병원에 간다고 하니 가는 길이라며 타라고 한다.

"운전 못 하세요, 교수님?"

"제가 장롱 면허라서요."

"전 어쩔 수 없이 운전을 시작했어요. 남편도 저도 둘 다 직장에 다니는데 애기들까지 키우다 보니 운전 부탁할 일이 많더라고요. 남편은 너무 바빠서 그냥 제가 운전을 시작했어요."

"선생님 하시면서 아이들까지 키우느라 힘드시겠어요."

"그래도 지금 일에 만족해요. 지금 생각해보면 교사가 된 것도 운이 좋았죠. 인생이란 참 알 수 없어요. ○○대학교에 너무 가고 싶었는데 아버지가 등록금이 비싸다고 안 보내주시는 거예요. 그래서 할 수 없이 원서비가 싼 교대에 지원했어요. 등록금도 쌌고요. 그때는 절망적이었는데 지금 돌아보면 잘된 일이네요."

초등학교 교장으로 일하는 아는 언니가 있다. 공부를 잘했기에 대학에 진학하고 싶었지만 수재로 불리는 남자 형제들 사이에서 딸이라는 이유로 실업계 고등학교에 진학해야 했다. 물론 거기서 남다른 성적을 낸 언니는 대기업인 ○○그룹에 취업했다. 그런데 너무 공부가 하고 싶어서 회사를 그만두고 교대에 갔다. 그때는 모두들 그녀의 선택을 나무랐다. 하지만 몇 년 후 ○○그룹은 파산했고 수많은 임직원이 실직을 경험한다. 언니는 교사로 직업을 전환한 덕분에 지금까지 계속 직장생활을 이어올 수 있었다. 사근사근한 성격 덕에 아이들과도 즐겁게 지내고 선생님들과도 잘 지내서 그 언니가 가는 학교는 항상 분위기가 좋았다. "나는 나중에 인자한 교장선생님이 될 거야" 하는 장난처럼 던지던 말이 훗날 그대로 실현되었다.

어쩌면 훗날 일이 잘 풀렸기에 나의 선택이 최고였다고 두둔할 수 있는 것일지 모른다. 결과적으로 일이 꼬여 그게 아닌 경우도 많다. 하지만 결과가 어떻든 선택을 하는 순간만큼은 내 선택을 존중해야 한다. 고심 끝에 입사원서를 넣은 분들 중 상당수는 이렇게 말한다. "고민하다 막판엔 그냥 던졌어요"라고. 하지만 그 과정을 지켜본 나로서는 이런 생각이 든다. '얼마나 고민하다 힘이 빠졌으면 그냥 던지겠는가?' 고민 끝에 힘이 빠져 마지막에 다급히 막 던졌다고 해서 그것을 마구잡이 투척이라고 할 수는 없다. 물수제비를 할 때 무심코 강물에 돌을 던지더라도 늘 던진 방향으로, 늘 기울인 그각도로, 비슷한 힘의 강도로 던지기 마련이다. 아무데나 원서를 넣었다고 하지만 실은 익숙하고 무난한 곳으로 넣었을 것이다. "보험회사 모집공고가 먼저 떠서 그냥 넣었는데 붙었네요"라고 하지만 금융계통의 일이 그렇게 싫었다면 마구잡이로 지원하지 않았을 것이다.

내 선택을 믿는다는 건 가능성이 커서 혹은 내가 대단해서가 아니다. 그냥 '나'이기 때문에 믿어주는 것이다. 내가 나를 믿지도, 믿어줄 수도 없는데 누가 나를 믿어주고 전폭적으로 지지해주겠는가? 나도 못 믿는 나를 다른 누군가가 믿어주고 기대해주기를 바란다는 건 말도 안 된다. 도무지 믿어줄 수 없을 때, 믿을 수 있는 상황이 안 되더라도 믿어주는 것이 진정한 믿음이다. 빤히 잘될 일을 잘될 거라 믿는 건 진정한 믿음이 아니다. 내가 나를 믿어주고 믿음직스럽게 여겨야 남들도 나를 그렇게 본다. 나를 믿어주자. 그리고 잘할 수 있다고 말해주자.

연경 씨는 몇 번 상담소에 오다가 갑자기 아르바이트 자리가 생겨 시간을 낼 수 없다며 상담을 그만뒀다. 그리고 1년 6개월 만에 편지를 보내왔다.

'선생님, 어디를 향해 걸어갈지 고민하고 질문을 많이 해야 한다고 하셨잖아요. 저는요, 제가 할 수 있는 질문은요. 뭔가 이뤄놓은 게 없는데 여태껏 뭐하고 살았나 하는 생각뿐이에요. 이렇게 밥만 축내는 식충이로 살아가야 할까 하는 질문밖엔 떠오르질 않네요. 제 삶엔 의미라곤 없어요. 제가 뭐 한 게 없으니까요. 앞날을 생각하면 더 캄캄해요.'

나는 이렇게 답변했다.

'연경 씨, 잘 지내셨어요? 젊음이 아름답다고들 하지만 실은 칠흑처럼 어두운 시간이기도 합니다. 갈 길은 분명히 먼데 앞이 안 보이기 때문이죠. 눈앞이 보인다 해도 이정표가 눈에 띄지 않을지 모릅니다. 나아가야 하기 때문에 어둠에 굴복할 수는 없습니다. 자포자기 심정으로 어둠을 그냥 받아들여서는 안 된다고 생각해요. 최근에 팟캐스트에 출연 중인 청년들과 단테의 『신곡』 읽기에 도전하고 있어요. 아름다운 시라고 하지만 도무지 혼자서는 이해하기 어렵더라고요. 이번 주에 11곡에서 20곡까지 읽었는데 15곡에 이런 내용이 있었습니다.

네가 이 숲을
벗어나고자 한다면
다른 길로 가야 한다.
(…)
너의 별을 따라가라.
네가 너의 별을 따라가는 한
영광스러운 항구에
실패 없이 도달할 수 있으리라.

누구에게나 생명이 주어지는 순간 자신만의 고유한 빛을 함께 부여받습니다. 나의 존재가 빛을 발할 때 그것을 가장 먼저 알아차리고 바라봐줘야 하는 사람은 나 자신입니다. 뭘 모를 어린 아기 시절에야 부모님이 아가인 나에게 기억하라고 일러주겠지만, 이 글을 읽는 연경 씨는 이제 자신의 빛을 알아볼 수 있는 성인이잖아요? 그 빛이 꺼지지 않도록 잘 간직하고 그 빛이 빛나는 곳을 따라 걸어 나가면 됩니다. 의심한다고 해서 내 생명이 쉽게 꺼지거나 빛이 없어지는 게 아닙니다. 다만 내가 그 빛을 믿지 못하고 눈을 감는 것이 문제입니다.

밤하늘에 수놓아진 별들이 다 같은 크기가 아니고, 다 같은 강도의 빛을 발하진 않죠. 모두가 똑같을 필요는 없습니다. 각기 다 다르기에 별이 수놓아진 하늘이 아름다운 거죠. 비교하느라 미래를 접을 만큼 좌절할 필요는 없습니다. 연경 씨만의 빛을 주목하고 바라봐주세요. 나만의 빛이 있고, 나만의 몸짓이 있습니다. 그러니까 연경 씨가 잘하는 것이 있을 겁니다. 연경 씨라는 별을 보고 힘을 내길 바랍니다. 그리고 다음의 질문에 답을 해보기 바랍니다. 살면서 가장 반짝였던 순간은 언제였나요? 어떻게 빛났었나요?'

6장

관계의 조각들

관계는
거리 두기의 기술

관계에 관한 이야기를 써야겠다고 마음먹었을 때, 처음에는 쓸 말이 너무 많아서 쉽게 풀릴 줄 알았다. 그런데 막상 쓰려니 정말 쉽지가 않다. 가장 쓰고 싶은 말이면서도 어떻게 시작해서 어떻게 끝내야 할지 모르겠는 말, 가장 간절히 원하면서도 무심한 척하고 싶은 그것. 바로 관계다. 나도 모르게 계속 공기를 마시고 배가 고프면 먹을 것을 찾아 먹듯이 우리 삶에서 떼려야 뗄 수 없는 그것이 바로 관계다.

관계가 없는 사람은 없다. 잉태 자체가 남녀의 관계로 발생하고 엄마의 뱃속에 있는 10개월은 엄마와 내가 생명으로 연결된, 그야말로 관계 중의 관계다. 엄마가 무얼 먹고 무슨 생각을 하고 무슨 말을 하고 어떤 관계를 맺는지를 그대로 영향을 받는 무시무시한 공생관계. 그 관계는 태어난 순간, 탯줄이 잘린 이후에도 지속된다. 나는 엄마를 통해 먹고 마시고 자고 싸고, 더 나아가 세상과 인생에 대해 배운다.

인생은 평생 어떤 사람과의 관계로 시작해서 관계로 끝을 맺는다. "관계는 별로 중요하지 않아, 나 혼자로 충분해" 같은 말을 하는 사람이 있다면 그는 솔직하지 않은 것이다. 아무도 나의 장례식에 오지 않는다면 그건 아무 관계가 없었던 것이 아니라 그의 관계가 어떠했는지를 드러내는 것이다. 이번 챕터를 통해 나의 관계를 돌아보고 앞으로는 어떻게 살아가게 될지 생각해볼 수 있기를 바란다. 내가 태어났을 때 기뻐했을 사람들, 행복해했을 사람들, 인생이란 마라톤을 마쳤을 때 곁에 남아 있을 사람들을 떠올려보라. 나의 장례식에는 누가 와서 나와의 기억을 추억하고 박수쳐줄 것인가. 이 돌아봄이 창창한 여러분의 앞날에 분명 긍정적인 영향을 미칠 것이다.

우리는 잉태된 순간부터 누군가와 연결되어 있으며 잉태된 이후에는 하나의 객체로서 성장해나간다. 한 생명으로 살아내기 위해, 나만의 삶을 꾸려나가기 위해 성장한다. 그 과정에서 좌절하고, 넘어지고, 때로는 누군가가 손을 내밀어주고, 나도 누군가의 등을 두드려주면서 다시 일어나고 또 일어서서 나아간다. 넘어져서 일어나지 못한 순간들, 막 일어나서 갈피를 못 잡아 길을 헤맨 흑역사 같은 기억들, 머릿속에서 삭제해내고 싶은 순간마저도 훗날 돌아보면 모두 다 소중한 나의 한 순간이다. 그렇게 삶의 순간순간을 차분히 쌓아나가면서 우리의 삶은 풍요로워진다.

우리는 세련된 관계, 쿨한 관계를 유지하고 싶어 한다. 타인에게 찌질하게 보이는 걸 개의치 않는 사람은 없을 것이다. 우리가 정말 괜찮은 사람이 되려면, 혹은 괜찮은 사람으로 보이려면 원초적인 나 자신부터 들여다볼 수 있어야 한다. 내가 맺은 관계를 온전히 평가할 수 있어야 한다. 내 마음 깊은 곳으로부터 내가 바라는 것, 간절히 원하는 것을 깨달아야 한다. 나를 좋아해야 다른 사람이 나를 좋아하고, 그때 비로소 자연스럽게 그 사람과 관계를 맺을 수 있다. 그리고 나를 이해해야 나를 용서할 수 있고, 나 자신을 용서할 수 있을 때 다른 사람을 용서할 수 있다. 나 자신과 화해할 수 있어야 다른 사람과 화해할 수 있고, 싸워도 다시 잘 지낼 수 있고, 더 깊은 관계를 맺을 수 있다. 다른 사람과 좋은 관계를 맺고 싶다면 먼저 나 자신과 사이 좋게 지내자. 그리고 나 자신을 좋아하자.

건강하게 자아분화를 한 사람이란 정서적으로도, 대인관계 측면에서도 모두 건강하게 자기 삶을 영위하는 사람을 말한다. 자아분화가 잘된 사람은 자신의 감정을 잘 통제하며, 주요한 타인과의 정서적 관계를 잘 유지하면서도 자신의 독립성을 지킨다.[14] 스트레스가 너무 많고, 불안하지만 정서적 충동에 따라 자기 정서를 그대로 반사하지 않고, 자신의 가치나 주관에 따라 반응할 수 있는 사람이 바로 자기분화가 잘된 사람이다.

안정 애착 속에서 잘 자라는 경우도 있지만 그렇지 못한 경우도 있다. 반복적으로 주양육자와 나 사이에 애착 문제가 벌어진다면 건강한 자아분화를 이뤄내기 어렵다. 애착을 원하는 아기가 반복적으로 애착 욕구에 손상을 입는 경우가 있다. 가령 아기가 간절하게 엄마의 애착행동을 요구하는데 그것이 주어지지 않거나, 원하지 않을 때 엄마에 의해서 과하게 애착행동이 제공되면 애착손상이라 볼 수 있다. 공생관계를 벗어나지 못하고 자녀도 엄마도 서로 분리되지 못한 채 계속 융합되어 있으려고 한다면 이 또한 분리, 즉 개별화를 이뤄내지 못한 상태다. 이렇게 애착손상을 입은 자아는 '미분화(un-differentiation)' 상태에 빠져 있게 된다. 미분화 상태에 빠진 애착 형태를 애착불안이라고 한다.

한편 적절한 애착이 형성되어 있지 않으면서 개별화와 독립성만 추구하는 사람, 독립적이기만 하고 관계를 잘 맺지 못하는 '단절 혹은 고립' 상태에 이른 개인도 있다. 이러한 성인의 애착형태를 애착회피 또는 회피적 애착성향이라고 한다.[15] 개별화가 잘 이뤄지지 않고 미분화된 채 성장한 애착불안형의 성인은 누군가와 관계 맺는 데 열중하게 되고 독립적으로 살지 못한다. 한편 개인적이고 독립적으로 보이나 적절한 애착을 맺지 못한 채 자라온 애착회피형의 성인은 관계를 잘 맺지 못하고 인간관계에 관심을 드러내지 않기도 한다. 미분화된 애착불안형 성인은 관계에 집착하게 되다 보니 나 자신으로 살기보다는 관계에 매이고 상대방에 매인다.

미분화된 성인뿐만 아니라 미분화된 아이들도 역기능적 교류를 한다. 이들이 겪는 어려움에 전문가들은 반응성 애착장애, 탈억제성 사회적 유대감 장애라는 이름을 붙였다. 반응성 애착장애 아동은 정서적으로 위축되고 억제된 행동을 한다. 괴로움을 느끼더라도 양육자에게 도움을 바라지 않고 위안에도 반응을 하지 않는다. 긍정적인 정서를 잘 느끼지 못하고 양육자와 상호작용을 하다가도 갑자기 짜증이나 슬픔, 또는 공포를 보인다. 탈억제성 사회적 유대감 장애 아동은 낯선 성인에게 주저 없이 과도한 친밀감을 표현하며 접근하고 무분별한 사회성을 발휘한다. 하지만 주양육자에게는 관심을 갖지 않는다. 외로움과 두려움을 억압하는 방어기제로 대상에게 집착한다. 정말 얻고 싶은 친밀감과 위로가 아닌 인스턴트 위로라도 얻고자 하는 행동이다.

반응성 애착장애는 애착회피형인 '후퇴형'이고, 탈억제성 사회적 유대감 장애는 애착불안형인 '돌격형'이라고 할 수 있다. 후퇴는 언제하는가? 전진할 수 없을 때, 승산이 없을 때 하는 것이다. 후퇴형인 사람은 누군가에게 다가가려고 나섰다가 확 두려움에 휩싸여 뒷걸음질 친다. 애착손상으로 입었던 과거의 상처와 좌절이 떠올라 다가감을 포기한다. 그럼 돌격은 언제 하는가? 전투에 자신 있거나 더 이상 물러날 곳이 없을 때 한다. 하지만 무분별한 돌격, 방향을 상실한 돌격은 참으로 위험하다. 타이밍을 보고 자신의 힘을 조절할 줄 모르는 무작정 돌격이기 때문이다.

무분별한 돌격도, 패기 없는 후퇴도 관계에 도움이 되진 않는다. 나에게도 좋고 상대방에게도 좋은 지점에서 사랑하는 사람과 관계를 유지하려면 어떤 노력이 필요할까? 어떻게 서로 어울려 하모니를 이루면서도 나만의 음색을 발현할 수 있을까? 조금만 노력하면 누구나 그럴 수 있다. 그리고 그래야 한다. 청년이라면 마음껏 빛을 내고, 나만의 빛깔을 찾느라 이것저것 시도해보고, 뽐내기도 해야 한다. 튀면서 동시에 어울릴 수도 있어야 한다.

자꾸 음이 삐걱거리고 흔들리는 건반이 있는데 그 악기로 연주를 계속해야 한다면? 연주하는 사람도, 듣는 청중도 괴로울 것이다. 내고 싶은 음이 있는데 그 음이 잘 나오지 않는다 해서 "당신들 때문이야!" 하고 자신이 속한 교향악단을 떠난다면, 다시 자기 자리로 돌아오기란 쉽지 않을 것이다. 자신의 상태와 주변 사람들과의 관계를 왜곡하지 말아야 한다. 아직 기회가 있을 때, 내가 정말 내고 싶은 음이 어떤 것인지 알아내고 그 음을 내기 위해 연습하면 된다. 가장 잘 도와줄 수 있는 사람을 찾아가 도움을 청하면 생각했던 것보다 훨씬 빨리 풍부한 음을 낼지도 모른다.

상담에서 강조하고 또 강조하는 것은 '적절한 거리 유지하기'다. "사랑하는 사람이 있다면 그 사람과 어느 정도 떨어져서 걸어야 해요. 그래야 오래 동행할 수 있어요" 하는 말을 하면 깜짝 놀라는 내담자가 많다. 진정한 사랑은 거리감 없이 완전한 합일을 이루는 것이라고 생각하는 청년이 꽤 많다. 심지어 엄마, 아빠 중에도 사랑하는 자녀와 거리가 없어야 이상적인 부모, 자식 간이라고 생각한다. 하지만 아이가 건강한 한 주체로서 기능하기 위해서는 홀로 설 수 있게 양육해야 한다. 딱 붙어서 모든 것을 공유하고, 비밀도 없고, 떨어져 지내는 시간도 없는 부모, 자녀는 각기 홀로 설 수 없다. 잠시 떨어져 지내도 그냥 그렇게 공생하며 살게 된다. 부모와 떨어지지 못하는 자녀는 결혼을 해도 행복할 수 없다. 몸은 배우자 옆에 있어도 정신은 여전히 부모님 집에서 살고 있기 때문이다.

사랑을 잘하는 사람들을 보면 한없이 퍼주고, 한없이 잘해주는 것도 아닌데 잘 지낸다. 가만히 들여다보면 치고 들어갈 때와 빠질 때의 타이밍 조절을 잘한다. 거리 조절도 마찬가지다. 너무 자주 통화하거나, 너무 자주 만나는 것 같으면 적당히 핑계를 대거나 일거리를 만들어서 차분히 거리를 유지하고, 너무 소원한 것 같으면 찾아가거나 안부를 열심히 전하는 등 적극적으로 표현한다. 밀고 당기기, 소위 '밀당'을 잘한다고 표현할 수 있다. 물론 모든 밀당이 훌륭한 건 아니다. 상대방을 조종하기 위해서 하는 밀당, 상대방에게 너무 깊숙이 관여하는 가스라이팅을 의도한 밀당은 옳지 않다.

상대방을 존중하고 나도 지키기 위한 거리 조절은 '슬기로운 밀당'에 포함된다. 상대방의 영역을 존중하고, 영역에 대한 권리를 인정함으로써 좋은 관계를 유지할 수 있다. 상대의 영역을 존중한다는 건 아무 때고 들어가고 나오고, 내 마음대로 밀어내고 끌어당기지 않는 것을 말한다. 노크한 후 허락하는 만큼만 관계 속으로 들어가고, 허락된 거리 안에서 함께하고, 헤어져야 할 때는 인사하며 나오는 그런 거리 유지가 바로 건강한 관계의 척도다. 그런 거리 유지를 잘할 수 있는 사람이 관계를 잘하는 사람이다. 상대가 원하는 거리를 존중해줄 수 있는 사람, 내가 원하는 거리가 얼마 만큼인지 인식하고 원하는 만큼 초대하고 원하는 만큼 거절할 수 있는 사람으로 살기 바란다. 내 삶의 주인으로서 자유롭고 당당하게 살아가길 바란다.

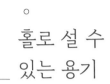

홀로 설 수
있는 용기

─────────── "인생에서의 비극은 고통을 받는 것이 아니라 '삶에서 중요한 것을 놓치는 것'이다."

사학자 토머스 칼라일은 말했다. 그렇다면 중요한 것이란 무엇이고, 어떻게 해야 그것을 지킨다는 말인가?

"내가 가져갈 수 있는 말은 사랑이 넘쳐나는 기억들뿐이다(what I can bring is only the memories precipitated by love)."

이 말은 스티브 잡스의 마지막 말이라고 알려졌으나 출처를 확인할 수 없는 말이다. 실제로 스티브 잡스는 마지막에 'Oh wow. Oh wow. Oh wow'라는 말을 남겼다고 한다.[16] 이 출처 미상의 말을 남긴 사람이 누구인지는 확실하지 않지만 이 말은 참 의미심장하다. 마지막 순간에 어떤 생각을 할지 상상해본 적이 있는가? 그 마지막 순간에 생각하는 것은 재산과 같은 물질적인 것일까, 아니면 못다 한 일에 관한 것일까?

나는 마지막 순간에 어떤 생각을 할까? 벌어놓은 돈, 혹은 잃어버린 돈이 떠오를지 모른다. 박수 받았던 순간이 떠오를지도 모른다. 그런데 정말 마지막, 진짜 마지막 순간에는 아마도 사람이 떠오를 것이다. 가장 보고 싶은 사람, 혹은 보고 싶었던 사람, 혹은 용서를 구하고 싶은 사람, 용서하고 싶은 사람, 바로 옆에 있는 소중한 사람 등을 떠올리며 떠날 채비를 할지 모른다. 너무나 미워했던 사람이 떠오른다면, 그런데 그 사람이 실은 보고 싶었던 사람이라면, 찰나와 같은 아주 짧은 순간이어도 정말 가슴 아플 것이다. 좀 더 시간이 주어진다면 그 사람과 시간을 보낼 텐데.

마지막 순간, 수많은 행복했던 기억이 떠오르는 사람이라면 삶에서 중요한 것을 잘 챙긴 사람이라고 할 수 있다. 그런데 한과 아쉬움, 안타까움이 마구 솟구친다면 그 사람의 사회적 지위와 재력과는 상관없이 삶에서 중요한 것을 놓친 사람일 것이다. 여러분은 어떻게 삶을 마감하고 싶은가? 갑작스러운 사고로 생을 마감하는 것보다 기왕이면 사랑하는 사람들 앞에서 유언과 사랑이 가득한 마지막 인사를 남기고 작별하는 것이 가장 이상적인 그림일 것이다. 하지만 죽는 순간의 모양이 그 사람의 삶을 정의하는 것은 아니다. 앞서 언급했던 영화 〈버킷리스트〉의 오프닝 멘트는 한 사람의 삶이 어떻게 정의되는지를 설명해준다.

당신을 기억하는 이들이 당신의 삶을 말해준다.

내가 어떤 기억을 가지고 살았으며, 인생에서 어떤 중요한 가치를 창출했는지는 결국 남겨진 사람들의 평가에 달려 있다. 남은 사람들과 혹은 먼저 생을 마감한 지인과 어떤 관계를 맺었는가가 그 사람의 삶을 정의해준다. 우리는 중요한 사람과 깊이 있게 연결되길 원하며 그 관계와 단절되길 바라지 않는다. 단절된 관계는 삶을 메마르게 만든다. 더 이상 물이 흐르지 않는 강, 심장이 더 이상 펌프질하지 않는 생명과도 같다.

욕구가 없는 행동은 없다. 욕구는 삶에서 나오는 에너지고 삶을 추동시킨다. 인간이면 누구나 욕구가 있기 때문에 상대의 욕구를 이해한다는 것은 그 사람을 이해한다는 것이고, 진심으로 이해한다는 것은 곧 그 사람과 내가 연결된다는 것을 의미한다. 하지만 욕구를 추구하는 방식, 억압하는 정도, 표출하는 방식이 각기 다르기에 오해가 생기기도 하고 갈등이 빚어지기도 한다. 이때 자칫 오해를 잘 풀지 못하고 갈등이 깊어지면 관계가 단절되기도 한다.

그럼 어떤 욕구가 있는지, 그 욕구는 어떻게, 얼마만큼 충족되었는지는 어떻게 알 수 있을까? 그 지표는 신체의 반응과 기분이다. 화가 나면 얼굴이 붉어지면서 눈꼬리가 올라가고 주먹을 불끈 쥐게 되는 경우가 있다. 너무 좋아하고 행복하면 입꼬리가 올라가고 광대뼈가 승천할 것이다. 말로는 괜찮다고, 아니라고 하지만 마음은 그렇지 않을 때가 종종 있다. 내 기분을 부정하고 싶지만 내 몸에서 감정을 부인하지 못하고 그대로 드러날 때가 있다. 몸과 마음의 반응이 다른 이유는 내 기분을 잘 알아차리지 못해서 그렇고, 기분을 솔직히 직면하기가 두려워서 그렇고, 기분을 내 마음대로 내지를 수 없는 환경이어서 그렇다.

욕구가 충족되면 기분이 좋다. 하지만 욕구가 충족되지 않을 때는 기분이 좋지 않다. 그러니까 만일 누군가와의 관계에서 기분이 나빠지는 경우가 있다면, 내 기분이 저하되는 원인을 이렇게 이해해보면 좋겠다. 상대방이 악하거나 못되게 굴어서 그런 것만이 아니라, 특정한 내 욕구가 채워지지 못했거나 위협받아서 기분이 나빠지는 것이라고. 물론 때때로 상대의 악의적인 행동이 나의 화를 불러일으키기도 하지만, 선한 관계 맺음과 나에 대한 존중의 욕구가 좌절되어서 부정적인 감정이 생겨났다고 설명할 수 있다. 따라서 나의 느낌은 나의 욕구로부터 비롯되었으며 그 책임 또한 나에게 있다.

아브라함 매슬로우에 따르면 우리는 기본적인 생리적 욕구부터 자아실현의 욕구까지 단계별로 욕구를 추구한다. 욕구들을 크게 결핍욕구와 성장욕구로 나누기도 한다.

자의식이 분화하기 시작하면 더 이상 욕구가 주요타자가 입혀주고, 닦아주는 것으로 충족되지 않는다. 자신이 스스로 충족할 수 있

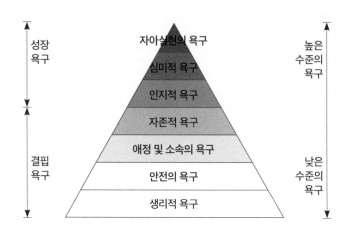

매슬로우의 욕구위계 이론(7단계)

성장
욕구

자아실현의 욕구

심미적 욕구

인지적 욕구

자존적 욕구

애정 및 소속의 욕구

안전의 욕구

생리적 욕구

결핍
욕구

높은
수준의
욕구

낮은
수준의
욕구

는 방식에 대해 집중하기 시작한다. 즉 자발성이 중요해진다. 놀이도 누가 놀아주는 대로 노는 게 아니라 자신이 중심이 되고 자발적으로 재미를 찾는다. 의식성이 획득되면서 자신의 심상을 표현하기 시작한다. 하지만 이것은 매우 큰 전투다. 홀로 서기 위해 준비하는 과정이다. 불안하고, 고독하고, 두렵고, 매우 긴장된다. 하지만 부모로부터, 엄마로부터 분리를 위한 몸부림을 시작해야 진정으로 독립을 할 수 있고, 스스로 마음속의 본능과 욕구를 충족시키고 조절하는 힘을 발전시킬 수 있다. 이 과정에서 자신이 스스로 욕구를 자각하고 그것을 자발적으로 채워보려는 시도를 존중받을 때 자존감의 기초가 탄탄히 형성된다.

자발적인 시도, 자유로운 욕구에의 추구를 격려 받은 사람은 자기 자신의 고유의 욕구를 알아차리고 채워나가는 건강한 인간으로 성장할 수 있다. 이 과정 속에서 일어나는 사소한 질문들을 통해 스스로의 욕구를 알아차리고, 그것을 채워나가면서 이 과정을 계속해 나갈 힘을 지속적으로 끌어올린다.

10대가 되면 몸도 정신도 크게 성장한다. 하지만 모든 성장이 일직선으로 상승만 하진 않는다. 반항하고, 자기애적인 모습을 뿜어대는 10대를 보면 사랑스럽던 유년기의 아이는 어디로 갔나 싶을 때가 있다. 이 시기에는 기성세대에게 날선 비판을 하고, 반항을 하고, 비행을 하는 등 허물을 벗고 한 마리의 나비가 되려는 처절한 몸부림을 보인다. 이 과정에서 아이는 신비한 상상을 하고, 팽창된 자기 모습을 상상하기도 하고, 너무나 초라한 자기 모습에 크게 위축되기도 한다.

청년기 때는 적당히 가면을 쓰는 법도 익히고, 청소년 같은 위트 있는 모습과 불안정한 모습이 공존한다. 법적으로는 만 24세까지 청소년이기도 하다. 성취의 경험을 하나둘씩 쌓으면서 세상에 적응해야 하는데 세상이 그리 녹록하지 않다. 성취의 경험을 많이 해봐야 한 개체로서 더 자신 있게 일어설 텐데 요즘엔 그럴 기회가 점점 줄고 있다. 더 많은 인내심이 요구되는 지점이다. 자신감이 적어지면 부모로부터 분화하기가 더 어려워지고, 자아상도 뚜렷해지기 힘들어진다. 부모의 말, 부모가 나를 대하는 태도, 현재 나의 사회적 위치가 나 자신이라고 생각하게 된다. 이 상황이 바로 세상이고, 불안정한 이 느낌이 나고, 세상이 주는 무드라고 착각한다. 내가 단단하지 못하면 나를 침범하는 것들로부터 나를 지키지 못하고, 나를 위한 과감한 선택을 하지 못한다. 나보다 상황이 나아 보이는 사람을 찾아다니며 의존하려고 할 수도 있다. 반면 뭐가 괜찮은지, 누가 나와 좋은 관계를 유지할 수 있을지를 판단하기 어려워 방어적인 모습을 보이기도 한다.

사춘기를 막 벗어나서 청년이 되면 이제는 성인이 되었다는 자부심과 기대감을 준다. 하지만 한 번도 살아보지 않은 앞날에 대한 두려움은 어릴 때나 성인이 되어서나 여전히 존재한다. 어쩌면 더 큰 도전을 해야 해서 어느 때보다 두려움이 크고 위축되는 시기이기도 하다. 어린 시절부터 부단히 분화와 독립을 위해 애쓰지 않았다면 그저 자신에게 익숙한 어른의 삶과 정신을 모방하고 답습하고 있을 가능성이 크다. 청소년기에 엄청난 반항을 했다고 해서 익숙한 성인의 삶과 다른 창조적인 삶을 살고 있는 것은 아니다. 조금 다른 형식으로 어린 시절부터 지속해온 의존을 계속하고 있는 건 아닌지 살펴봐야 한다. 마찬가지로 부모님과 물리적으로 떨어져 산다고 해서 독립이 이뤄지는 것이 아니다. 두려워하던 무언가에 맞설 수 있는 힘, 고독함을 느끼지만, 그것을 견딜 수 있는 힘, 조금씩 성장하는 힘이 있어야 진정한 독립이다.

여전히 거대한 자아를 품은 채 나는 특별하다는 생각을 하고, 한편으론 그런 포기할 수 없는 공상 때문에 더욱 초라해지는 나 자신을 느끼면서 나만의 도전을 지속하는 것이 바로 청춘이다. 뭘 모르던 어린 시절에 꾸던 막연한 꿈은 막연할지라도 그것 자체로 소중하고 의미가 있다. 자신의 평범함을 깨달아가면서 씁쓸한 맛을 조금씩 알게 되는 것이 청춘이다. 한편으론 머리로, 말로 이룰 수 없다고 하면서도 꿈을 향해 여전히 들이받는 에너지가 남아 있는 시절이 바로 청년기다.

나는 이제 더 넓은 시야로 지혜로운 선택을 하고 내 결정은 틀리지 않을 것이라는 기대를 한다. 곳곳에 숨어 있는 함정과 난관도 거뜬히 피해갈 수 있다는 알 수 없는 자신감도 있다. 그리고 완전한 사랑을 이룰 수 있다는 막연한 판타지도 있다. 동시에 크고 작은 실패와 좌절이 반복되면서 자본이나 기타 자원을 충분히 제공하지 못하는 집안을 탓하기도 한다. 실패 경험이 쌓이면 어느 순간 도전을 멈추고 재도전을 미루기도 한다.

유년기 때 그린 막연한 큰 그림을 다시 한번 살펴보고 그 그림이 너무 크고 비현실적이라면, 슬프지만 그림은 그냥 그림 그 자체로 봐야 한다. 비현실적인 그림이 준 나름의 낭만과 기대, 그리고 아직 이런저런 상상과 기대를 자유롭게 할 수 있는 젊음에 감사하자. 그 그림이 현실과 멀어졌다고 실망과 좌절을 느낄 필요는 없다. 실망과 좌절의 밀물에 내 몸을 떠맡기면서 마냥 도전과 전진을 미루기만 할 수는 없다.

오늘도 크고 작은 좌절 속에서 많은 청년이 힘을 내어 한 걸음 한 걸음 전진하고 있다. 전진하는 삶은 당연히 상처와 뜻하지 않은 난관을 동반한다. 그 길에서 뜻밖의 반가운 만남을 경험하거나 생각지 못한 위로를 받기도 한다. 배신이나 왕따, 지독한 외로움도 겪을 것이다. 앞으로 나아가면 나아갈수록 힘에 부칠 것이다. 이 길은 스스로의 힘으로 완주해야 하는 고독한 레이스다. 진정 나를 돌봐주고, 상처를 가장 가까이에서 보듬어줄 수 있는 사람은 바로 나 자신이다. 진정한 동반자, 언제나 나를 기다려왔다고 말하는 사람은 바로 내 안의 나 자신이다. 평탄하고 만만한 길을 걸어야 하는 것이 인생이라면 청년기의 고난이 누구에게나 식은 죽 먹기, 누워서 떡 먹기였을 것이다. 이미 상처 입었더라도 앞으로 몇 번이고 더 상처 입을 수 있다는 각오로 뚜벅뚜벅 걸어 나가길 바란다.

부탁을
잘하는 사람

부탁과 관련해서 누군가와 멀어진 경험, 한 번쯤은 있을 것이다. 사연은 저마다 다르겠지만 일단은 나의 부탁은 어떤 스타일인지 살펴보자. 『설득의 심리학』에 이런 예가 등장한다.

누군가 복사기에서 복사를 하고 있는데 내가 매우 급히 복사를 해야 하는 상황이라고 가정해보자. 잠깐 먼저 복사를 하자는 요청을 해야 하는 상황, 당신은 어떤 식으로 상대에게 부탁하겠는가? 이때 대부분 "저 실례하지만 복사 한 장만 먼저 하면 안 될까요?" 하는 식으로 요청을 한다. 하지만 이런 식의 요청은 효과가 떨어진다. 만일 자신의 사정을 짧게나마 설명하면서 요청을 했다면 상대는 기꺼이 양보하려는 마음이 들 것이다. 예를 들어 "지금 사장님과 미팅에 들어가야 하는데 중요한 보고서가 이제 막 완성되어서요. 혹시 한 장만 제 복사를 먼저 해도 될까요?" 하고 자신의 상황을 설명하는 것이다. 이렇게 상세히 설명하면 얼른 복사할 수 있도록 비켜줄 뿐만 아니라 더 도와줄 건 없나 하는 생각까지 들 것이다.

한 장짜리 복사를 하기 위해서도 앞뒤 사정을 설명하는 것이 도움이 되는데 하물며 더 큰 부탁은 오죽할까. 오래 마음속에 담아두었던 말을 자세한 설명 없이, 앞뒤 없이 꺼내는 것은 그래서 위험한 일이다. 상대로 하여금 '내 부탁은 이거야, 들어줘'라는 일방적인 부탁으로 느껴질 수 있다. 부탁을 할 때는 나의 상황이나 욕구를 정확히 표현하면서 전달해야 한다. 나의 욕구를 상대가 정확히 이해했다면 상대는 기꺼이 욕구를 채워줄 수 있는 방법을 찾아보려 할 것이다. 부탁을 들어주지 못하더라도 상대방에게 무언가를 기여하고 싶은 순수한 마음으로 작은 호의라도 베풀 것이다. 물론 무리하지 않는 선에서 말이다. 즉 부탁을 잘하기 위해서는 나의 기분을 잘 알아차리고 그 기분을 일으킨 본래의 욕구를 정확히 짚어내야 한다.

앞뒤 설명 없이 생략된 부탁을 한다거나, 일방적으로 호의를 강요한다거나, 부탁을 들어주면 안 될 것 같은 압력을 가하는 것은 올바른 부탁이라고 할 수 없다. 아무리 가까운 관계에서라도 이러한 태도는 금물이다. 부탁하는 것만큼이나 어려운 것이 거절하는 일이다. 어려운 부탁을 차마 거절하지 못한 상황, 거절하지 못해 힘들어진 상황을 누구나 한 번쯤 겪는다. 곤경에 빠지지 않기 위해서라도 내가 진짜 원하는 것과 내가 어려워하는 것, 내가 들어줄 수 있는 부탁과 들어줄 수 없는 부탁이 무엇인지를 평소에 잘 알고 있어야 한다. 그 선이 명확해야 낭패를 볼 일이 없다.

내가 좋아하는 것이 있다면 왜 좋아하는지, 어떤 욕구와 관련이 있는지, 내가 어려워하고 거절하지 못하는 것이 있다면 왜 어려워하는지, 어떤 욕구와 관련이 있는지 알고 있어야 한다. 거절을 못하는 이유는 아마도 관계의 단절에 대한 두려움, 내가 상대의 우선순위에서 밀릴 것 같다는 걱정과 독점의 욕구, 사람들이 나를 어떻게 볼까에 대한 인정의 욕구, 비난에 대한 두려움, 나의 성과를 포장하고 싶은 마음 등이 있을 것이다. 그것이 무엇이든 정확히 알고 나만의 선을 정해야 한다.

나의 욕구를 잘 알아차리고 선을 명확히 그으면 상대방의 욕구도 눈에 잘 들어오기 마련이다. 상대방의 욕구를 먼저 알아차리고 움직이면 관계들이 호전된다. 협상도 점점 더 잘하게 될 것이고, 적정한 선에서 상대방의 욕구를 들어줄 수 있기에 거절도 잘하게 된다. 명심하기 바란다. 부탁도 잘하고 거절도 잘하려면 내가 원하는 게 무엇인지부터 명확히 파악해야 한다. 내가 원하는 걸 잘 알아차리는 것이 모든 일의 첫 단추다.

내 마음이
네 마음?

─────────── '공감'은 다른 사람의 마음을 같이 느낀다는 뜻
이다. 1909년 미국의 심리학자 에드워드 티치너가 도입한 용어로,
'감정 이입'을 뜻하는 독일어(einfühlung)의 변역어다. 소중한 사람에
게서 간절히 받고 싶은 것이 공감이고, 그럼에도 정말 잘 안 되는 것
이 공감이다. 대부분의 사람에게 '공감'은 늘 부족하게 느껴진다. 사
람의 마음이 다 내 마음 같지 않기도 하고, 내 마음의 욕구나 느낌을
있는 그대로 말로 표현하기 힘들 뿐더러 정확히 표현하지 못하기 때
문이다.

어떤 이야기를 들으면 일단 마음속 깊이 느껴야 하는데 자꾸 좋
은 걸(충고나 조언) 먼저 안겨주려고 한다. 혹은 '내가 더 큰일을 겪어

봤는데 그 정도는 괜찮아' 하는 식의 조언도 아니고 공감도 아닌, 다른 사람의 고민을 평가 절하하는 어이없는 반응을 보인다. 요즘 인터넷에 워낙 정보가 많다 보니 많은 분이 전문가처럼 상대의 고민을 다룬다. 이야기를 이해하기에 앞서 너의 증상은 ○○ 같다고 이야기하며 증상을 들먹이거나 MBTI가 이러이러해서 그렇다는 식의 불명확한 충고도 한다.

특히 격려인지 비난인지 국적을 알 수 없는 부모의 격려에서 발끈하는 자녀가 많다. 예를 들어 "영희야, 네가 얼마나 대단한 애인데 그래. 왜 그렇게 부정적이야. 부정적이니까 재능을 발휘하지 못하지" 하는 식의 격려는 격려가 아니다. 실제로 이 대목에서 화를 버럭 내는 내담자가 꽤 있다. 부모는 이런 식의 표현이 자식의 긍정적인 부분을 부각하는 격려라고 생각한다. 나는 걔가 뭘 못한다고 생각해본 적이 없고 평소 칭찬을 엄청 많이 한다고 이야기한다.

영희 씨의 어머니는 영희 씨가 어떤 좌절감과 무력감을 겪고 있는지 공감하려는 데는 별 관심이 없어 보인다. 잘 안되면 "얼른 일어나서 다시 뛰어야지 왜 쉬어? 왜 빈둥거려?" 하는 식으로 재촉한다. 숨이 턱밑까지 차올라서 뭘 더 못할 것 같다고 생각하는 영희 씨에게 자기만의 방식으로 기운을 북돋는다. 상담소에 오면 죽고 싶다는 말을 연신 반복하는 영희 씨. 그래서 그다음 회기에 어머니를 모시고 오시도록 했다. "아니, 글쎄 제가 이 애를 얼마나 자랑스럽게 생각하는데요. 넌 대단하다, 잘할 수 있다! 이런 말만 해도 소리를 버럭 지른다니까요. 뭐 어쩌겠어요. 제가 다 받아주고 참아야지" 하고 어머님이 말씀하신다.

어머니는 항상 걱정이 앞선다. 그런데 걱정은 어머니의 일방적인 감정이다. 걱정에 앞서 '딸 영희는 지금 어떤 심정일까?'를 먼저 생각해보면 좋을 텐데. 영희 씨를 사랑해서 한 말이지만 영희 씨의 고단하고 지친 마음은 소외되었다. 공감받지 못한 영희 씨의 마음은 당연히 답답하고 화가 연신 올라온다.

'네가 얼마 대단한 애인데 그래. 왜 그렇게 부정적이야. 부정적이니까 재능을 발휘하지 못하지' 하는 말은 언뜻 보면 굉장히 따뜻하고 격려에 찬 표현처럼 들리지만 '힘들어 하면 안 돼' '뭔가 해야만 해' '네가 부정적이어서 문제가 벌어진 거야' 하는 뉘앙스가 담겨 있다. 이 말을 듣는 자녀는 어머니에게 고마움보다는 설명하기 복잡한 분노를 느낀다. 어머니가 만일 어린 시절 공감을 많이 받으며 자라셨다면 이보다는 사랑의 마음을 잘 표현했을지 모른다. 이것 역시 어머니 나름대로의 최선이었을 것이다. 어머니가 나빠서가 아니라 '공감'에 익숙하지 않아서 그런 것이다. 그러니 그 마음을 마냥 나쁘게만 생각해선 안 된다.

만일 어머니의 문제가 무엇인지 콕 집어 지적해드리고 싶은 마음이 드는가? 어머니도 뭘 좀 느끼고 변화해야 내 속이 시원할 거라는 판단이 드는가? 그렇다면 나도 공감이 결여된 어머니의 '프로지적러'다움을 답습하고 있지는 않은지 돌아보길 바란다.

당신과 나의
즐거운 춤

나는 종종 대학원생들에게 '상담이란 내담자와 함께 춤을 추는 것'이라는 표현을 쓴다. 함께 추는 춤이 황홀했었다고 느끼려면 양쪽 모두 즐거워야 한다. 혹시 한쪽이 초보이거나 아예 춤을 모른다면 초반에는 한쪽이 조금 리드하고 배려를 해줘야 한다. 처음엔 조금 부딪힐 수 있다. 하지만 이내 서로의 호흡을 느끼고 스텝을 즐길 수 있게 된다. 새로운 몸짓을 시작하면 상대방이 그것에 호응하고, 그러면서 그것이 새로운 동작이자 춤이 된다. 설령 춤이 국적을 알 수 없는 요상한 모양새라고 해도 두 사람이 진정 서로를 받아들이고 서로의 스텝을 존중하면서 췄다면 그것은 최고의 춤이다.

아주 유명한 무용수랑 춤을 추게 되었다고 가정해보자. 상대의 유명세에 위축된 아마추어는 자꾸 실수를 하고 스타 무용수의 발을 밟는다. 무용수는 답답한 마음에 최대한 전문가처럼 보이기 위해 상대의 실수를 감추고 아름다운 한 편의 춤을 완성하는 데 온 신경을 쏟는다. 아마추어의 기분 따위는 돌아보지도 않고. 아마추어는 미안한 마음이 점점 커진다. 더불어 서글픈 마음도 든다. 무용수와의 춤이 황홀하고 잊을 수 없는 멋진 추억으로 남을 거라 생각했건만, 자꾸만 초라해지는 내 모습에 지금이라도 손을 놓아버리고 어디론가 숨어버리고 싶다. 음악이 끝나자 팔다리에 힘이 쭉 빠지면서 털썩 주저앉는다. 무용수는 아마추어와 눈도 마주치지 않는다. 물론 마지막 인사는 매우 우아했다.

상담사의 상담은 이러한 전문 무용수의 태도와는 달라야 한다. 상대방의 긴장과 불안을 온전히 느끼고, 그 두려움과 불안에 공감해야 한다. 나의 입장과 상담 실력을 주장하기 전에 먼저 상대의 마음을 읽고 그 마음 그대로 함께 어울려야 한다. 나의 입장, 실력, 전문성은 어차피 감추려 해도 감춰지지 않는다. 오히려 함께하면 할수록 드러난다. 아주 낱낱이.

흔히 예비 상담사는 가슴팍에 팍 꽂힐 만한 엄청난 말을 상대에게 남겨야 뭔가 했다고 생각한다. 그게 영향력이라 생각한다. 말 한마디가 천 냥 빚도 갚고, 오랜 여운도 줄 수 있지만 그 말로써 진정한 감동을 주려면 그 말을 뱉은 화자가 그 말대로 살아왔어야 한다. 상담 과정은 우주를 비행하는 것과도 같다. 어떤 두 사람이 마주하고 관계를 맺는다는 것은 환경이 다른 두 개의 행성을 오가는 것과 같다. 내담자는 목숨을 건 비행을 하며 지금까지 살아낸 하나의 우주이자 신비로운 존재다. 우리는 이러한 상대방의 마음의 문을 열고, 내 마음을 전달하기 위해서 먼저 온전히 그의 말에 귀 기울여야 한다.

상대방의 말을 정확히 받아침으로써, 즉 나의 전문성을 살려 솔루션을 쏟아냄으로써 아주 적절하게 응수했다고 착각해선 안 된다. 상대의 마음을 읽어주지 않고, 상대의 의도를 무시한 리시브와 속공은 상대가 이탈한 코트에서 홀로 경기를 속행하는 것과 같다. 자신의 존재가 중요하게 여겨지지 않고 있다는 걸 느끼면 상대는 마음을 닫아버린다. 이렇게 상대가 마음을 닫고 반격을 시작하면 상담은 설전으로 변질된다.

공감이란 게 너무 거창하게 느껴지는가? 어찌해야 할지 잘 모르겠다면 그냥 상대방이 한 말을 있는 그대로 따라 하고 되묻기만 해도 된다. 만일 이 책을 읽고 바로 실천해본다면 놀라운 효과를 경험할 것이다. 상담에서는 이것을 '재진술(restatement)'이라 한다. 잘 들어주고, 들은 말을 따라 해서 되묻기만 해도 깊은 유대감과 공감을 형성할 수 있다. 때로는 상대방의 말을 다 들어주면 내가 매도당할 것 같은 조바심, 걱정이 들 수도 있다. 그 순간을 참아낼 수 있는 힘이 바로 깊은 신뢰다. 이때 신뢰란 상대의 말을 다 믿어주고 의지할 만하다 느끼는 거창한 신뢰가 아닌, 적어도 상대와 대화하는 동안은 터무니없는 논쟁 없이 내 마음을 온전히 표현하고 전달할 기회가 주어질 것이라는 믿음을 뜻한다.

그럼에도 그다음 걸음을 어디로 떼야 할지 모르겠다면 기꺼이 함께 길을 헤매야 한다. 그 걸음에도 즐거운 리듬을 불어넣고 함께 리듬을 타야 한다. 너무 힘주지 않아도 되고, 버겁지도 않게 가벼운 마음으로 춤을 추자. 상대와 스텝을 맞추는 게 버겁다면 잠시 쉬거나 멈춰도 좋다. 내가 추는 춤은 내가 주인공이니까.

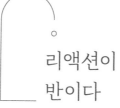

리액션이
반이다

──────── "주변 친구들 중에 사람을 잘 모으고 마당발인 친구가 있죠. 참 부러워요. 그런 친구들을 보면."

평소 대인관계에 어려움을 겪던 재희 씨가 말했다.

"마당발인 친구를 가만히 살펴보세요. 어떤 점이 사람을 끄는지. 그 친구의 어떤 점 때문에 친해질 수 있었나요? 제 친구 춘화와 은희는 평상시에 전화할 땐 그냥 그런 보통의 톤으로 통화를 하는데, 제가 아프거나 힘든 일을 겪고 있으면 수화기 너머로 들려오는 목소리 톤이 확 달라져요. 톤이 높아지고 말이 빨라집니다. 자기 일처럼 마음 아파하고 걱정해주죠. 대화법과 관련된 책이 많잖아요? 눈을 보고 얘기해라, 자기 이야기는 가급적 하지 마라, 각 분야의 사람들과

10분 정도 대화를 이어갈 만한 지식을 쌓아라 등 비법이 참 많죠. 그런데 '마음이 가는 대화'를 하는 방법은 아주 간단해요."

"그게 뭔가요, 선생님? 저는 너무 긴장하거든요. 낯선 사람들 앞에만 서면요."

여러분은 어떤 사람과 함께하고 싶은가? 재희 씨처럼 주변을 보면 사람을 잘 사귀는 사람, 그리고 주위에 사람이 몰려드는 사람이 있을 것이다(본인이 그런 사람일 수도 있다). 나 역시 그런 사람을 떠올리라고 하면 바로 생각나는 친구 K가 있다.

중학교 때 나는 5명의 친구들과 몰려다녔다. 인원이 5명이다 보니 항상 함께 다닐 수는 없었는데, K가 불참하면 모두 은근히 아쉬워하고 심지어는 나들이 계획이 취소되곤 했다. 교실 안에서 K는 눈에 띄는 친구도 아니었고 쾌활한 성격도 아니었다. 오히려 신경질이 좀 있는 편이었다. 지금 생각해보면 그 친구의 장점은 커다란 리액션에 있었다. 무슨 이야기를 하든 크게 웃었고, 슬픈 일이나 걱정을 털어놓으면 함께 눈물 흘리며 경청하는 모습을 보였다. 나 또한 그 친구를 좋아했기에 어딜 가도 그 친구가 함께하길 바랐다. 지금도 그 친구와 함께한 기억 중에 나쁜 기억은 없다. 지적질도 많이 하고 신경질도 종종 내던 카랑카랑한 그 친구의 목소리가 왜 그렇게 청량하게 느껴졌을까?

당시 엽서에 시를 적어 보내는 것이 유행이었다. 나는 그때나 지금이나 악필이라 정성스러운 엽서를 보낼 엄두도 못 냈고, 받을 일도 별로 없었다. 그러던 어느 날 K가 시를 적은 엽서 묶음을 내게 건넸다. 문구점에서 엽서를 만지작거리던 내 모습에 이런 선물을 준비했다고 한다. 예쁜 그림엽서에 정갈한 글씨가 빼곡했다. 엽서에는 지금도 내가 정말 사랑하는 유안진 시인의 「지란지교를 꿈꾸며」가 적혀 있었다. 정말이지, 마음에 꼭 드는 선물이었다.

K는 상대에게 무얼 받아내고자 관심을 가졌던 것이 아니라, 본인에게 버겁지 않은 선에서 호의를 베풀고 원하는 것을 들어줄 준비가 된 사람이었다. 그렇다 보니 K의 친구들은 자신도 모르게 'K랑 같이 있고 싶다'라고 생각하게 된 것이다.

나는 K의 이야기를 경희 씨에게 했다. 그리고 이렇게 말했다.

"가장 중요한 건 리액션이에요. 그리고 또 한 템포 정도는 친구에게 양보해야 해요."

보통 친구를 만나면 내가 하고 싶은 말을 쏟아내고 싶다. 오랜만에 만나면 더 그렇다. 그간 쌓였던 이야기가 참 많다. 낮에 회사에서 열 받았던 일, 이성친구 때문에 속이 뒤집어진 일 등 이런저런 이야기가 너무너무 하고 싶다. 좋은 교우관계를 위해서는 잠깐 숨을 고르는 여유가 필요하다. 친구가 먼저 말할 수 있게 한 템포 양보하면 더할 나위 없이 좋다. 또 내 이야기보다는 요즘 힘든 건 없는지, 잘 지내는지 묻는 것이 먼저다. 사람들은 자신의 이야기를 잘 들어주는 사람을 좋아한다. 상대에 대한 관심을 충분히 보인 다음에 내 이야기를 해도 늦지 않다. 만일 그 친구가 별일이 없다면 그때 마이크를 나에게로 가져오면 된다.

대개 자주 하는 실수 중 하나가 만나자마자 내 이야기를 쏟아내고, 이야기를 다했으니 다른 데로 장소를 옮기자고 일어나는 것이다. 지나가는 말이라도 "그런데 넌 별일 없어?" 혹은 저번에 한 이야기 중 하나를 기억해내서 "아, 그때 그 일은 어떻게 되었어?" 하고 묻는 성의가 필요하다. 모든 일에는 디테일이 있고, 사소한 것까지 기억해내는 사람은 사랑받기 마련이다.

'사랑은 리액션이다'라는 말이 있다. 관심을 받는 게 싫은 사람은 없다. 사랑하는 사람끼리라면 더더욱 그렇다. 상대를 얼마나 좋아하는지, 얼마나 관심이 있는지는 리액션의 크기에서 잘 드러난다. 사랑하는 마음은 속일 수 없다는 말이 괜히 있겠는가? 상대에게서 시선이 떨어지지 않고, 별것 아닌 이야기에도 크게 웃으면 주변 사람들이 누군가를 좋아하는 나의 마음을 모르려야 모를 수 없다.

간혹 상대를 아끼는 마음은 있는데 다 알아서, 귀찮아서 반응을 잘 안 한다고 하는 경우가 있다. 이는 위험한 게으름이다. 마음에도 없는 과한 반응은 큰 부담이지만 리액션을 생략하고 넘기다 보면 마음도 조금씩 시들해진다. 계속 관심을 가져야 더 궁금한 것도 생기고, 자꾸 이야기를 나눠야 나눌 이야기도 생긴다. 리액션이 좀 적은 사람이라고 해도 리액션에 노력을 기울여야 한다. 물론 억지로 과장된 태도로 리액션을 꾸며낼 필요는 없다. 상대방이 이미 나의 스타일을 알고 있을 테니까. 상대는 내가 할 수 있는 범위에서 마음을 쓰고 있는지, 아닌지를 금방 알아차릴 것이다. 그러니 내가 할 수 있는 선에서 노력하면 된다.

"경희 씨, 내가 한 말에 잘 웃어주는 사람이 좋잖아요? 자꾸 오버

하게 되고, 또 허튼 소리도 늘어놓게 되고요. 그리고 내가 한 말을 기억해주는 사람이 고맙고, 그런 좋은 기억이 쌓이면 마음속에 중요한 사람으로 자리매김하게 되죠. 친구나 연인 간에 리액션이 부족하면 그 아쉬움을 솔직히 털어놓고 전해야 해요. 내 말에 좀 더 반응을 해 달라고요. 충분한 대화로 적절한 기준을 정해서 서운함 없이 좋은 관계를 유지하기 바라요."

누구를 위한
로망인가?

'선생님, 남자친구가요. 이제 그만 하재요. 요즘 너무 싸우긴 했는데, 제가 너무 화를 낸다고 싫다고 그러네요. 저는 최선을 다했거든요. 서로 최선을 다하기로 약속도 했고요. 잘못한 게 있으면 시간 오래 끌지 말고 바로 잡자고. 그런데 더 이상은 제 화를 못 받아주겠다는 거예요. 그 인간은 자기는 화를 안 내는 줄 아나 보죠?'

연인과의 관계에 대한 걱정으로 빼곡한 하연 씨의 편지를 보며, 나는 말의 중요성에 대해 다시금 생각했다. 남자는 왜 여자에게 화가 났을까? 편지를 보낸 여자는 왜 마음이 조급할까? 너무 맑은 물에는 물고기가 살 수 없듯이 나쁜 말이란 없는 청정수에서 온전히 칭찬받으며 살 수 있는 사람은 없을 것이다. 그런데 내 말은 정말 틀리지 않은 것일까? 틀린 것이 없다고, 상대가 잘못한 것이라고 스스로 객관적으로 판단을 내릴 수 있을까?

소중한 관계일수록 대개 자신이 상대방에게 얼마나 어마어마한 기대를 갖고 있는지 알아차리지 못한다. '내가 바라는 건 딱 이것뿐이에요. 그냥 내 말에 대꾸를 잘 하라는 거예요. 툭툭대지 말고요' 하는 하연 씨의 마음이 대표적인 예다. 들어보면 간단한 부탁인 듯 들리지만 그 안에는 '내 상처를 네가 잘 알아차리고 보듬어줘야지' '내가 원하는 건 정말 사소한데 그것도 못 지켜?' 하는 책망의 마음이 담겨 있다.

상대 또한 나와 비슷한 기대를 품고 있다. 자신의 기대가 충족되길 원하는 평범한 한 사람일 뿐이다. 나의 숨겨진 욕구를 마법처럼 척척 알아서 채워주는 사람은 신화 속 영웅이나 왕자님밖에 없다. 상대가 평범한 한 사람이라는 걸, 또 나처럼 사랑받길 바라고 기대를 품고 있는 존재라는 걸 인정해야 한다. 서로 참을 만큼 참았다고 생각하고 화를 내버리면 관계는 끝나버린다. 내가 상대방에게 엄청난 기대를 부과하고 있었다는 것을 끝까지 깨닫지 못한 채, 그냥 상대가 사소한 부분에 귀 기울이지 않고 자기중심적인 사람이라는 책망만 남는다. '그래도 난 최선을 다했어'라는 슬픈 위안을 안은 채 말이다. 그런 기대는 부모도 채워주지 못하는 부분이고, 당연히 파트너 역시 채워줄 수 없는 부분이다.

미완의 두 사람, 자신은 보이지 않고 상대방만 보이는 두 사람이 만들어가는 관계는 위태위태하다. 이들의 관계를 짓누르는 상대방을 향한 로망, 그것이 누구를 위한 것인지 냉철하게 돌아봐야 한다. 로망이 크면 클수록 무언가를 열심히 하기 마련이다. 간절하기 때문이다. 대체로 강렬한 로망의 추구는 '헌신'의 형상을 하고 있다.

로망이 큰 사람은 상대방을 헌신적으로 살피고 돕는다. 자신이 생각하는 최선의 방식으로. 하지만 상대방이 나만큼 로망이 크지 못하면, 당연히 상대는 나를 위해 내가 하고 있는 만큼 헌신하지 못한다. 헌신의 무게추가 한쪽으로 기울어져 있다는 사실이 수면 위로 떠오르는 순간, 로망이 더 큰 쪽이 그렇지 못한 쪽을 비난한다. 이기적이라며, 개인주의적이고 자기중심적이라며. 그렇게 죄책감을 심어주고 사과하도록 가르치고 자신은 용서한다. 이 프로세스가 계속 반복되면 한쪽은 계속 사과하고, 한쪽은 계속 용서해야 한다. 그런데 이것은 과연 바르고 정당한 기울기인가? 서로가 충분히 존중되고 이해된 프로세스인가?

무엇을 위해 야단치고, 무엇을 위해 가르치는가? 빙빙 돌려서 이야기하지 말고 각자가 원하는 것을 툭 터놓고 말하자. 이때도 물론 더 적극적인 사람의 의견이 존중받을 확률이 높지만 그래도 잠시 멈춰서 대화의 시간을 가져야 한다. 추격자가 있으면 도망자가 있기 마련이다. 한참 쫓고, 또 한참 도망가다 보면 내가 왜 쫓고 있는지, 쫓기고 있는지 헷갈릴 때가 있다. 이 추격전이 왜 시작되었는지도 모른 채 계속 파국을 향해 달려갈 수 있다.

자기 자신의 마음을 알아차리고 얼른 거대한 로망을 내려놓거나 현실적인 방향으로 바꾸지 않으면 관계는 와르르 무너진다. 그렇게 관계에 금이 가면 인간의 마음이 지닌 어쩔 수 없는 한계라고 인식하기보다는 파트너를 잘못 만나서, 내가 선택을 잘못해서라며 후회한다. 엄청난 배신감이 가슴에 남는다.

상대방과의 관계에 문제가 생기면 보통 '내가 좀 더 잘하면 되지'라는 마음보다 상대방을 탓한다. 상대가 고자세를 바꾸지 않거나 변함이 없으면 적극적으로 피드백한다. 상대는 나로부터 시큰둥한 태도, 자기중심적인 태도, 오만한 태도 등에 대한 피드백을 받는다. 당연히 기분이 좋을 리 없다. 자기 자신에게서 해답을 찾지 않고 상대의 태도에 따라 마음이 오락가락하는 태도만 봐도, 그 사람이 상대에 대한 기대가 얼마나 크고 매우 의존적인 사람인지 알 수 있다. 상대의 반응이나 인성에 관계의 열쇠를 맡기는 경향이 있을지 모른다.

관계를 회복하고 싶은 마음이 들어서 손을 내밀고 싶다면 그냥 가볍게, 솔직하게 말하면 된다. 내 자존심을 구겨가면서, 마음을 다쳐가면서까지 할 필요는 없다. 관계를 회복한다는 것은 나를 망가뜨리면서까지 할 일이 아니다. 관계를 회복한다는 것은 나를 지키고, 나의 소중한 것을 잘 영위한다는 의미다. 사과나 화해의 손길을 거부하고, 나의 노력을 업신여기거나 폄하한다면 더 낮은 자세를 취할 것이 아니라 '당신의 태도에 마음이 상한다' '나는 당신에게 존중을 받고 싶다'라고 정확히 표현해야 한다.

나를 소중히 여길 수 있는 사람이 상대도 소중히 여길 수 있다. 내가 소중하지 않은데 상대가 어떻게 소중할 수 있단 말인가? 연인이나 친구에게서 나를 소중히 여긴다는 느낌을 받지 못한다면 그 속상한 마음과 섭섭함을 표현하길 바란다. 억지로 사랑하는 느낌을 받아내려고 자존심 상해가면서 눈물을 참진 말자. 나를 소중히 여기는 데서 서로 존중하는 관계가 시작되니까.

말할 때와
참을 때

이번 장의 제목은 에리히 마리아 레마르크의 소설 『사랑할 때와 죽을 때』에서 영감을 받았다. 모든 일에는 다 때가 있다. 어쩔 수 없이 운명을 받아들여야 할 때가 있고, 나의 의지로 무언가를 선택해야만 할 때도 있다. 마음속에서 일어나는 일도 마찬가지다. 상담을 하면서 나는 "마음을 표현하세요, 표현하지 않으면 아무도 내 마음을 알아줄 수 없어요"라는 말을 자주 한다. 대화에서 여백은 때로는 의문을 남기고 오해를 낳기도 한다. 관계 속에서 사람은 여백을 여백으로 그냥 두지 않는다. 그 여백을 다시 떠올리면서 예상 가능한 지문으로 새롭게 채운다. 주고받은 말이 실제로 없었던 상황에서도 사람은 끊임없이 비언어적 대화를 주고받으며 상호작용한다.

어떤 말을 해야 할 때가 있는 반면, 하고 싶은 말을 참아야 할 때도 있다. 부부 간, 혹은 부모와 자식 사이에 한쪽은 추적자가 되고 한쪽은 도망자가 되는 경우가 있다. 추적자가 된 사람은 도망자를 끊임없이 지적한다. "왜 그렇게 말했어?" "아무 말도 안 하고 입 다물고 있으면 다야?" "그렇게 회피만 하면 문제가 해결 돼?" 추적자는 아무리 잘못을 지적해도 도망자가 바뀌지 않는다며 원망한다. 추적자 역은 주로 아내나 엄마가 맡는다. 그들은 왜 그렇게 사랑하는 가족을 쫓아다니며 지적하고 못살게 구는 걸까? 무언가 해결되지 않는 욕구가 있기 때문이다. 자신이 얼마나 수고하고 있는지 좀 알아달라는 것, 혹은 당신과 무언가를 함께하고 싶은데 무심하게 보여서 섭섭하다는 것 등을 우회해 표현하는 것이다.

추적자가 자신의 아쉬움과 바람을 '지적과 비난'으로 표현하면, 도망자는 반복되는 지적과 비난에 지치고 듣기가 싫어진다. 도망자가 도망가는 이유는 무엇일까? 그 도망 속에는 무슨 감정이 들어 있을까? 아마도 그들은 '나 지금은 너무 힘들어. 조금만 기다려주면 안 될까?' '내가 말하면 이번에는 무시하지 않고 들어줄 수 있어?' '자기가 하고 싶은 방식 말고, 내 방식대로 한 번은 해볼 수 있어?' 하는 말을 하고 싶을 것이다. 추적하는 사람들은 대개 예민하거나, 강박적이거나, 불안이 높다. 그래서 상대가 원하는 대로 반응을 하지 않거나 예상을 넘는 반응 혹은 무반응을 보이면 끊임없이 자신의 예상 시나리오 안으로 들어오도록 종용한다.

내가 원하는 대로 상대가 따라야 사랑인 걸까? 만일 본인이 추적자에 해당된다 생각되면 지금이라도 잠깐 멈춰 서서 돌아볼 필요가 있다. 상대가 원하는 것은 무엇인지, 내가 상대에게 원하는 것은 무엇인지를. 우리가 하는 대화를 잘 들어보면 문장 속에는 대개 '부탁이야(please)'가 담겨 있다. 말하는 이의 '욕구(want)'가 들어 있다. "너는 왜 내가 하는 말을 귓등으로도 안 듣는 거야?"라는 추적자의 말을 온화하게 풀면 "내 말에 귀 기울여줘"가 되고, "이런 비싼 걸 왜 사? 난 생일선물 같은 거 필요 없어"는 "네가 나 때문에 무리하게 큰 돈을 쓰지 않았으면 좋겠어"로 해석할 수 있다. 두 말 다 같은 의도지만 듣는 이의 기분은 확연히 다르다.

악순환을 끊기 위해선 도망자도 노력이 필요하다. 상대의 욕구를 정확히 알아차리지 못했을 때는 무슨 뜻인지 되묻거나 기다려야 한다. 내 속에서 떠오르는 말을 급히 뱉어내면 안 된다. 어쩌면 상대는 나를 배려하느라 그 말을 했을지 모른다. 순간 기분 나쁘다고 비난으로 되받으면 다가오는 상대방을 멀리 밀어버리는 셈이 될 수 있다.

상대방의 부탁의 말을 잘 알아차려야 하는 한편, 나도 부탁을 잘해야 한다. 비폭력대화센터(CNVC)의 설립자 마셜 로젠버그는 칭찬과 감사를 충분히 한 뒤 부탁을 하는 것이 좋다고 말한다.[17] 즉 내 요구를 잘 전달하려면 먼저 상대방에 대한 진심 어린 칭찬과 감사가 있어야 한다. 나는 이때의 칭찬과 감사를 '기름칠'이라고 표현한다. 기름칠을 잘해야 톱니바퀴가 잘 굴러가듯이 나의 '요구'를 잘 표현하기 위해서는 충분한 '감사'를 전해야 한다.

만일 내가 추적자의 역할을 하는 수 없이 반복하고 있다면 잠시 멈추어보기 바란다. 나의 말이 상대에게 어떻게 들릴지, 상대가 무슨 말을 듣고 싶을지 고민해보자. 다음과 같은 사람은 누구나 좋아하지 않을 수 없다. 특히 소중한 관계일수록 상대에게 이러한 모습을 보여 줘야 한다.

1. 나의 요구를 잘 기억해주고 존중해주는 사람
2. 고마움을 진심으로 표시하는 사람
3. 리액션이 좋은 사람

말을 해야 할 때와 멈춰야 할 때를 잘 구분할 수 있다면 이 세 가지를 잘해낼 수 있다. 그러한 사람은 함께 이야기를 나누고 싶어지고, 이야기를 하면 할수록 즐거워지고, 힘들 때 생각나고, 만나면 마음이 편안해진다. 사랑하는 사람에게 그런 사람이 되길 바란다.

소중하다면
헌신해야 한다

──────── 카렌 블릭센의 소설을 원작으로 한 〈바베트의 만찬〉이라는 덴마크 영화가 있다. 19세기 덴마크 서부 해안마을에 존경받는 목사님과 두 딸 마티나와 필리파가 살고 있었다. 아름다운 두 딸은 많은 남자에게 구애를 받았는데 아버지인 목사님이 그들을 모두 물리쳤다. 이후 아버지가 돌아가시자 두 딸은 그의 유지를 이어받아 마을 사람들을 위해 헌신하며 산다. 그러던 어느 날 바베트라는 여자가 나타난다. 바베트는 파리혁명 때문에 여기까지 오게 되었다면서 보수는 없어도 좋으니 가정부로 써달라고 간청한다. 요리 솜씨가 괜찮았던 바베트는 늘어가는 12명의 교인만 남은 썰렁한 동네에 14년 동안 머물면서 얼마 안 되는 식비로 그들의 식사를 풍성하게

해준다.

파리에서 친구를 통해 매주 복권을 사던 바베트는 어느 날 1만 프랑 복권에 당첨되었고, 마티나와 필리파는 바베트가 파리로 돌아가리라 짐작한다. 하지만 그녀는 곧 다가올 목사님 탄생 100주년 기념 파티를 위해 손수 음식을 준비하겠다고 나선다. 파티에 참여한 동네 사람들은 너무나 화려한 프랑스식 만찬에 당황한다. 평생 먹어볼일 없는 호화스러운 음식들, 소유한 재산이 하나도 없었던 바베트가 1만 프랑의 복권 당첨금을 동네 사람들을 위한 한 끼 식사비용으로다 쓴 것이다. 알고 보니 그녀는 파리 제일의 레스토랑에서 수석 요리사로 일한 적이 있는 실력 있는 요리사였다. 시골 마을의 볼품없고 신경질적인 노인들을 대접하기 위해 아낌없이 애정을 쏟은 바베트. 그간 작은 섬에서 서로 헐뜯고 싸우면서 살아온 노인들은 식사를 마치고 말할 수 없는 감격과 감사에 젖어 둘러서서 손을 잡고 기쁨을 만끽한다. 평소 마찰이 잦던 노인들은 자연스럽게 화해를 한다.

이 영화를 보고 돈을 이렇게도 쓸 수 있구나 하는 생각을 했다. 그것은 왕년에 잘나가던 요리사의 객기가 아니었다. 동네 사람들을 소중히 여긴다는 최고의 표현이었다.

우리가 가장 소중하게 여기는 것은 무엇인가? 가족이라고 말하는 분도 있을 것이고, 돈이라고 대답하는 분도 계실지 모른다. 아마도 대부분 사랑하는 사람을 꼽을 것 같다. 그 사람이 평소 중요하게 여기는 것이 무엇인지는 신용카드 지출내역이 잘 말해준다. 돈과 시간을 어디에 쓰는지가 내 마음이 어디에 가 있는지를 드러내주기 때문이다.

앞으로는 소중한 사람이 누구인지 더 자주 상기하고, 그들과 함께하는 시간을 더 많이 마련해야 한다. 그리고 그 소중한 사람과의 관계를 위해 돈도 써야 한다. 혼자 있는 걸 견디지 못해 이 친구, 저 친구를 불러내느라 쓰는 과도한 소비를 지칭하는 것은 아니다. 소중한 친구와의 관계, 가족과의 우정과 사랑을 위한 노력을 의미한다. 소중한 사람을 위해 시간과 돈을 쓰는 것이 좋다는 것을 모르는 사람은 없을 것이다. 하지만 이를 우선순위에 두고 매일 그들을 생각하고 마음으로 축복하는 시간을 따로 떼어두고 사는 사람은 많지 않다.

바로 지금 나의 지난 1년간의 지출내역을 확인해보기 바란다. 자녀가 있는 부모라면 많은 돈을 자녀의 교육비로 쓰기에 그것이 자녀에 대한 사랑이라고 생각할 수도 있다. 하지만 그것을 자녀와의 관계를 위해 사용한 돈이라고 말하긴 어려울 것이다. 피부과 비용이나 명품 옷, 가방 등에 많은 지출을 한 달이 있을지도 모른다. 아름다움을 추구하는 게 나쁜 것은 아니지만 그것이 정말 나의 영혼을 풍족하게 하는 좋은 소비인지 고민해볼 필요가 있다.

사람들은 언제나 나의 편에 서서 응원해줄 소중한 사람과 연결되어 있길 바란다. 때때로 그러한 연결을 자신이 얼마나 진심으로 원하는지 모른 채 사는 내담자와 만난다. 그들은 지금 하는 일이 너무 바빠서, 이미 관계로 큰 상처를 입어서, 돈을 버는 재미가 너무 좋아서, 얼른 지난 실패를 메꿔야 해서 다른 사람과 질척거릴 시간이 없다고 말하곤 한다. '친밀함'이라는 것의 유통기한은 생각보다 짧다. 통조

림 캔처럼 겉으로는 변화도, 흔들림도 없어 보이지만 캔의 내용물은 신선도 100%의 자연식품처럼 금방 부패하고 영양소가 없어진다. 그래서 자주 열어보고 신선하게 새로운 내용물로 채워야 한다. 찌꺼기는 깨끗이 버리고, 씻어서 싱싱한 내용물로 날마다 채워야 한다. 하지만 우리는 캔의 겉면만 보고, 우리 사이는 별 문제가 없다고 가정한다.

신선하고 건강한 관계를 원한다면 날마다 중요한 사람을 챙기고 돌보고 앙금을 없애자. 어떤 문제가 벌어졌다면 화해는 해가 지기 전에 해야 한다. 사랑한다는 말도 지금 해야 한다. 따뜻한 눈길을 보내는 일도 지금 해야 한다. 모든 추억이 희미하게 보이고, 저 멀리 사라지는 뒷모습만 하염없이 바라보는 때가 오기 전에 말이다. 관리해야 할 관계가 없다면 그런 마음을 나눌 수 있는 사람을 지금부터 열심히 찾아보자. 친밀함은 나누고 공유한 사람만 그 맛을 알 수 있다.

글쓰기 프로그램을 운영하면서 종종 제시하는 주제가 '나는 용서한다'로 시작하는 글쓰기다. 김영하 소설가가 글쓰기 특강에서 활용했던 주제인데, '용서'라는 주제는 늘 무겁게 느껴져서 처음에는 나도 선뜻 활용하기가 어려웠다. '나는 용서한다'라는 문장을 필두로 쉽게 써내려가는 분도 있는 반면, 얼마 쓰지 못하고 펜을 내려놓는 분도 많았다. 용서가 얼마나 어려운 것인지, 얼마나 하기 힘들고 숭고한 일인지 알기에 결코 강요할 수 없는 부분이다.

'사랑은 화해의 능력이다'라는 문구를 따라 쓰도록 지도한 교양 수업 교수님이 계셨다. 교수님의 말대로 여러 번 따라 쓰기도 했고, 교수님의 목소리가 좋기도 해서 이 문구가 30여 년이 지난 지금까지도 귓가에 생생하게 맴돈다. 단순히 좋은 문구여서 계속 기억하는 것은 아니다. 시간이 지날수록 이 말이 진리라는 생각이 들고, 맞는 말이라는 것을 자꾸 확인하게 된다.

드라마 애청자인 나는 로맨틱 코미디로 분류되는 드라마를 즐겨 본다. 젊고 아름다운 남녀 주인공이 결국 사랑에 골인할 것이라는 걸 알면서도 손에 땀을 쥐고 긴장하면서 열심히 챙겨본다. 또 소위 '막장' 드라마로 분류되는 드라마도 간혹 챙겨본다. 이러한 부류의 드라마는 대개 인물들이 서로 등을 지고 원수가 되는 과정을 디테일하게 묘사한다. 막장이라고 평가하면서도 매화 꼬박꼬박 챙겨보는 사람이 많아 높은 시청률을 기록하는 경우도 많다.

사람들이 자극적인 막장 드라마를 좋아하는 이유는 무엇일까? 어떤 대상을 마구 비난하고 미워하고 싶은 마음, 어떤 큰일이 일어나더라도 한 번쯤은 모조리 뒤집고 실컷 소리도 지르고 싶은 공격성과 질투심 등이 내 안에 내재되어 있기 때문이다. '저건 너무 과한데' 하면서도 자꾸 다음 화를 챙겨보는 이유는 내 마음속 어딘가에 자리하고 있는 마음과 드라마 속 인물이 표출하는 극단적인 감정이 너무 닮아 있기 때문이다.

상담을 하다 보면 정말 용서하기 어려운 일을 겪은 내담자와 만날 때가 있다. 부모, 형제, 친족, 이웃으로부터 성폭력이나 물리적 폭력을 겪은 분들과 마주하면 나도 내담자와 함께 고개를 숙인다. 이런 사건에 대한 심판과 용서는 신의 영역인 것 같다는 마음이 들 때가 많다. 이와는 별개로 용서를 구했거나 혹은 충분한 사과를 받았다면 그렇게까지 되지는 않았을 것 같은 안타까운 사연을 접할 때도 많다. 어떤 사건 이후 그냥 그렇게 시간이 흘러 가족 간, 친구 간 연락도 없이 소식이 끊기는 경우가 종종 있다. 처음엔 '사과할까?' 하고 망설이던 분들도 상대방의 딱딱한 태도에 마음을 닫고 '나도 할 말은 있어'라는 마음이 솟아난다. 더 시간이 지나면 "네가 그러니까 주변 사람들하고 다 원수가 되는 거야"라며 상대에게 불화의 원인을 돌린다. 화해 없이 흘러버린 시간 사이에 서로를 미워할 이유들이 쌓이고 결국 마음이 멀어져 관계를 영영 닫아버린다.

사랑을 하기로 마음먹는 일도 결코 쉬운 일은 아니지만, 화해를 하겠다 마음먹는 일 역시 만만치 않게 어렵다. 그래서 오늘도 많은 이가 사랑하는 사람과 혹은 나 자신과 화해하지 못한 채 가슴을 치며 어두운 곳으로 침잠한다. 나에게 상처를 준 사람, 씻어버리고 싶은 아픈 과오를 기억 속에서 완전히 지우고 싶은 경우도 있을지 모른다. 기억을 통해 우리는 관계를 지속한다. 잊게 되는 일도 있고 잊을 수 없는 일도 있다. 기억하고 있는 일을 지금 현재 어떻게 해석하느냐에 따라 '관계'에 결정적인 영향을 미친다.

간직하고 싶은 기억도 있고, 잊어버렸으면 하는 기억도 있을 것이다. 만일 기억이 모두 상실된다면 어떤 일이 일어날까? 이치조 미사키의 소설을 원작으로 한 〈오늘 밤, 세계에서 이 사랑이 사라진다 해도〉라는 영화가 있다. 주인공 마오리는 사고를 겪은 후 자고 일어나면 전날의 기억이 사라지는 '선행성 기억상실증'에 걸린다. 사고 이후의 일은 하나도 기억하지 못하니, 사고 이후에 만난 사람은 아예 알아보지 못한다. 그런 마오리에게 평소 존재감이 별로 없던 토오루가 난데없이 다가와 사귀자고 고백한다. 두 사람은 사귀게 되고 마오리는 그다음 날 토오루를 전혀 알아보지 못할 것에 대비해 그와 있었던 일을 상세히 일기에 적어둔다. 그리고 아침이 되면 일기를 읽으며 그동안 있었던 일들을 외운다.

두 사람은 점점 더 사랑하게 되지만 심장병으로 살날이 얼마 남지 않은 토오루는 마오리의 절친에게 자신이 죽으면 마오리의 일기에서 자신과 관련한 내용을 모두 삭제해달라고 부탁한다. 일기에서 삭제되면 마오리에게 자신이 없는 사람이 될 것이란 생각에서 한 부탁이었다. 너무나 슬픈 이야기다. 소중한 사람을 기억할 수 없게 된다는 사실은 상상만으로도 가슴 아프다. 사랑하는 사람이 갑자기 떠났는데 아무것도 남겨진 게 없고, 좋았던 기억도 희미해진다면 얼마나 슬플까?

이와는 반대로 어떤 경우 평소 미워하던 사람이 멀리 떠나거나 갑자기 세상을 떠남으로써 더 이상 미워할 수 없게 되기도 한다. 그 '대상'이 사라지고 난 후, 시간이 지나면서 그토록 지워버리고 싶었던 기억들이 조금씩 새롭게 해석되기도 한다. 화해할 마음이 아직 남아 있다면, 혹 나를 힘들게 하는 일이 용서할 수 있을 만한 일이라면 화해하길 바란다. 그리고 용서할 수 있길 바란다. 인생은 생각보다 짧고, 그 대상이 죽음이나 이민처럼 멀고 먼 길을 갑자기 떠나는 일이 당장 생길지도 모른다. 미워하며 보냈을 시간을 화해를 통해 좀 더 편안한 마음과 웃음으로 채우길 바란다.

　나 역시 그런 삶을 살아야겠다. 엄청나게 큰 수술은 아니지만 갑자기 수술을 받고 한동안 누워 지내다 보니 죽음이 생각보다 가까이 있을지도 모른다는 걸 실감했다. 나에게 주어진 시간은 한정적인데 아직 마음으로 용서하지 못한 일들, 사람들, 관련된 미련들이 너무 많이 남아 있었다. 지난 1년간 몸을 회복해 건강한 시간을 선물로 받았으니 조금씩 더 용기를 내야겠다. 오늘 하루가 마지막인 것처럼 살기 바란다. 소중한 여러분과 그리고 소중한 여러분의 인생을 위해.

1 슈퍼비전: 학습 지도와 구별해서 '교육 지도'라고 부르는 개념으로 수업 개
  선을 위해 진행되는 일련의 활동을 뜻한다. 각 관리자 간 상위자층과 하위
  자층 사이에서 진행된다.

2 에니어그램: 사람을 아홉 가지 성격으로 분류하는 성격 유형 이론

3 이마고 부부관계 치료: 이마고 부부관계 치료는 주로 '배우자 선택'과 '부부
  갈등'의 원인을 각자의 어린 시절 발달 상처와 관련지어 치료에 적용한다.
  어린 시절 특히 부모와의 관계에서 아직 끝내지 않은 작업, 즉 미해결 과제
  가 있다고 보고 이것이 부부관계에서 연장되고 있는지 발견한 다음 사랑
  을 되찾을 수 있도록 돕는다.

4 투사적 동일시: 방어기제 중 하나다. 원하지 않는 자신의 일부분이나 원하
  지 않는 내부 대상을 분리시켜 투사하고, 해를 입히고, 조정하고, 소유하고
  자 하는 심리적 기제다.

5 『너 이런 심리법칙 알아?』(이동귀, 21세기북스)

6 위클래스: 위클래스는 학교 생활에 적응하지 못하는 학생들을 위해 별도
  의 프로그램을 제공하는 제도다.

7 Ibrahim Senay, Dolores Albarracín, Kenji Noguchi(2010), 'Motivating

goal-directed behavior through introspective self-talk: the role of the interrogative form of simple future tense'. psychol sci, 21(4), 499-504.

8 〈위클리비즈(2014. 10. 04)〉, '행복의 5가지 조건, PERMA를 훈련하라'

9 『선샤인 논술사전』(강준만, 인물과사상사)

10 『강연과 논문』(마르틴 하이데거, 이학사)

11 『잡동사니의 역습』(랜디 프로스트·게일 스테키티, 월북)

12 『굿럭』(존 크럼볼츠·앨 레빈, 새움)

13 『나는 왜 무기력을 되풀이하는가』(에리히 프롬·라이너 풍크, 나무생각)

14 Bowen, Murray(1978), 'Family Therapy in Clinical Practice. New York: Jason Aronson, Inc.'

15 Brennan, K. A., Clark, C. L., Shaver, P. R.(1998), 'Self-Report Measures of Adult Attachment: An Integrative Overview', 『애착과 심리치료』 (DAVID J. WALLIN, 학지사)

16 〈뉴욕타임스(2011. 10. 30)〉, 'A Sister's Eulogy for Steve Jobs'

17 『비폭력대화』(마셜 로젠버그, 한국NVC센터)

이상한 나라의
평범한 심리상담소

초판 1쇄 발행 2023년 5월 15일

지은이 이원이
펴낸곳 믹스커피
펴낸이 오운영
경영총괄 박종명
편집 이광민 최윤정 김형욱
디자인 윤지예 이영재
마케팅 문준영 이지은 박미애
등록번호 제2018-000146호(2018년 1월 23일)
주소 04091 서울시 마포구 토정로 222 한국출판콘텐츠센터 319호 (신수동)
전화 (02)719-7735 | **팩스** (02)719-7736
이메일 onobooks2018@naver.com | **블로그** blog.naver.com/onobooks2018
값 17,500원
ISBN 979-11-7043-410-8 03180